本书受中央高校基本科研业务费专项资金资助

休谟道德哲学研究

胡军方 ◎ 著

A Study of Hume's Moral Philosophy

人民出版社

目　录

导　言　/1

第一章　情感与同情　/15

　　第一节　情感　/15

　　第二节　同情　/32

　　第三节　情感的作用与地位　/41

第二章　行为与动机　/45

　　第一节　理性与动机　/45

　　第二节　情感与动机　/55

　　第三节　当代发展与影响　/63

第三章　道德区分与道德情感　/74

　　第一节　道德基础的争论　/74

　　第二节　休谟论道德的区分　/83

　　第三节　道德情感的进一步分析　/101

第四章　德性评价与德性伦理　/119

　　第一节　德性评价　/119

第二节　德性伦理　/139

第五章　人为之德　/157

　　第一节　传统的正义观与休谟的正义观　/158

　　第二节　作为人为之德的正义　/166

　　第三节　其他人为之德　/212

第六章　自然之德　/223

　　第一节　同情与自然之德　/223

　　第二节　自然之德的再考察　/242

第七章　超越与对话　/255

　　第一节　休谟道德哲学的特征、地位和作用　/255

　　第二节　情感作为道德的基础何以可能　/263

　　第三节　情感伦理学：超越休谟的思考　/270

　　第四节　他山之石：与儒家伦理的初步对话　/275

参考文献　/283

后　记　/294

导　言

一、从情感角度对休谟道德哲学进行研究的理由与意义

本书主要是从情感角度对大卫·休谟（David Hume）的道德哲学进行研究。休谟的伦理思想主要体现在《人性论》的第三部分和《道德原则研究》之中，当然在休谟的其他一些论著和相关论文之中也有体现。《人性论》的第一、第二部分出版于 1739 年，第三部分出版于 1740 年，而《道德原则研究》则出版于 1751 年。休谟的主要意图是采用经验主义的方法对人性进行研究，正如其在《人性论》中的小标题"在精神科学中采用实验推理方法的一个尝试"一样。休谟把对知识、美学、伦理学等众多内容的研究都包括在其人性研究的范围之内，认为人性的研究是科学的基础。因而，休谟对道德哲学的研究也是基于其对人性的研究。尤为重要的是，休谟的道德哲学是建立在对知性、情感的分析的基础之上。《人性论》第一部分是休谟道德哲学的认识论基础，这部分的知觉理论、想象原则、因果原则等内容在休谟的道德哲学中发挥了重要作用。《人性论》第二部分是休谟道德哲学的心理学基础，这部分的同情理论、间接情感、冷静情感、动机理论等内容在休谟的道德哲学中发挥了不可替代的作用。《人性论》的第三部分，也就是道德部分，既是前两个部分主要思想的具体运用，也是前两个部分主要思想的正确性的证明，而前两个部分则为道德部分提供了认识论和心理学的基础。当然，休谟在道德部分的思想具有一定的独立性，但是与前两部分具有紧密的联系。由《人性论》第三部分改写而成的《道德原则研究》，从形

式上看具有更大的独立性，而且也显示出与《人性论》中的伦理思想的一些不同之处，但是如果脱离休谟对知性和情感的论述则是很难理解其思想的。

本书立足于从休谟思想的整体性出发，选取的研究切入点是休谟的"情感"，探索情感、道德情感与道德的联系。休谟对人性的看法，与传统的观点显示出了很大的不同。传统上基本上认为人是理性的，所以在理性与情感的关系上也就突出了理性的作用，认为理性处于统治地位，而情感始终处于受控或引导的地位。休谟通过自己的研究，认为理性不仅在认识上的作用是有限的，在道德中同样也是如此，他的革命性的结论"理性是情感的奴隶"，则把传统上对于理性与情感的关系完全颠倒过来了。在行为实践领域，情感处于支配地位，理性则起着引导作用。如果排除了理性的传统意义上的作用，采用经验主义的方法又排除了神学在道德中的作用，那么道德的基础就需要重新予以说明和探究。这个时期的情感主义的伦理思想，恰好为休谟的道德哲学提供了必需的思想资源。休谟在汲取前人研究成果的基础上，进一步对情感进行了科学的分析，并且把这种分析作为道德情感与道德的基础。

在休谟看来，情感与道德之间存在着紧密的逻辑联系。情感自身的来源、分类、运行机制等内容首先就成为了必须解答的课题。对于情感的分析，为道德情感的阐明提供了心理学基础。在此基础上，我们才可以分析休谟关于道德情感的来源、分类与运作的过程等问题，这些分析现在看来是属于道德心理学的范畴了。这些问题的展开与休谟关于道德区分的基础、道德行为的动机、德性评价等问题联系在一起的。因此，从情感的角度切入对休谟道德哲学进行研究就显得非常必要，因为只有这样我们才能够发现休谟的情感伦理思想的特质和精华，才可以清楚认识其思想与弗兰西斯·哈奇森（Francis Hutcheson）和后来的情感主义思想的相同与不同之处。

休谟道德哲学在西方伦理思想史上具有重要地位。虽然在休谟生前，其哲学与伦理思想并不为同时代人所赞同，相反还沦为嘲讽和批判的对象，但是，这并不能抹杀休谟道德哲学的历史贡献与深远影响。

首先，休谟道德哲学的历史贡献是不能为时间所淹没的。在18世纪的西欧，随着神学的式微，道德的基础发生了动摇。自然科学从神学的禁锢中解放出来，自身取得了独立的发展并获得了很大成就，牛顿的研究及其理论为其他科学的研究树立了典范。与自然科学领域相比，社会科学尤其是伦理学的发展面临着很大的问题。在伦理学领域，道德的基础到底是什么？英国此时的伦理学理论，不论是理性主义伦理学还是早期情感主义伦理学，虽然都试图在重建道德的基础方面做出新的探索，但最终还都要诉求神学的保证。休谟对此种现象极为不满，主张伦理学要以人性的研究为基础，只有这样伦理学才能获得一个稳固的基石。因而，如同休谟自己认为的那样，以人性为基础的道德哲学研究可以与牛顿在自然科学领域的研究具有同等重要的意义。

其次，休谟道德哲学具有独特的理论魅力。相比于现代两种主要的规范伦理学，不管是后果论还是义务论，休谟道德哲学都显示出自己不同的思想特色。后果论与义务论，主要回答为什么应当这样行为，而不是那样行为。功利主义注重结果的合目的性，会导致忽视个体的需求和利益的问题。义务论过于强调行为的规范性要求，而忽视了行为主体的需求、心理感受甚至行动效果。休谟道德哲学在解释道德行为的动机方面具有很大的优势，同时把社会的利益、甚至规范要求都考虑在内。相比于上述两种规范伦理学面临的明显困境，休谟道德哲学对情感与规则的重视显得更为全面。在行为动机上，现代的休谟主义与康德主义还在进行理论上的交锋。

再次，休谟道德哲学对西方伦理思想的发展具有深刻的影响。休谟道德哲学直接影响了后来的亚当·斯密（Adam Smith）的伦理思想。休谟的同情理论和观察者理论，在斯密那里获得了进一步的发展。道德领域中的休谟问题，带来了道德实证主义与非实证主义的持久争论，并且一直到现在还是道德哲学研究的重要问题。休谟的情感主义伦理思想，对后来的情感主义产生了深刻的影响。休谟伦理思想中的功利色彩，对功利主义也有着不可忽视的影响。因此，巴里·斯特德（Barry Stroud）认为，"对于休谟的问题的讨论，以及对于出现在本世纪哲学中的由它们派生出的那些问题的讨论，如果做一番透彻的指导性的说明，那几乎也就是详尽无遗地表示出了本世纪的哲学。"①

二、国内外研究简述

休谟道德哲学在西方伦理思想史上具有重要的地位。虽然在休谟生前，其本人的思想受到了当时很多人的批评、歪曲和嘲讽，但还是有一些哲学家对其思想进行了一定的研究与批判。西方在20世纪20年代以前，对休谟思想当然包括休谟的道德哲学的研究还是显得不够深入。但是，20世纪30年代之后，西方学术界对休谟思想的研究兴趣越来越浓厚，出版了很多研究著作。70年代，成立了休谟研究协会，创立了《休谟研究》杂志，并建立了专门的网站，这就为更好地研究休谟思想提供了一个理论平台。

美国学者J.费舍（James Fieser）在其主编的"休谟思想的早期回应"的第一卷，也就是对休谟道德哲学的早期回应中认为，最早对休谟的道德理论作出回应的是哈奇森。②哈奇森在看完休谟《人性论》的第三部分，也就是道德学部分的手稿后曾致信休谟，对休谟的道德理论提出了三点不同的评判。哈奇森认为休谟对德性的分析过于技术化，他反对把正义作为人为之德，反对休谟对德性的分类方法。③1740年《人性论》的第三部分正式出版，最早对此的评论是1741年来自一份法国的杂志，这个评论主要比较了休谟的道德理论与哈奇森的道德感理论、霍布斯的正义思想，并对休谟的思想提出了简要的批评。在1751年《道德原则研究》发表之后，休谟的伦理思想才逐渐引起更多学者的关注和讨论。

1759年亚当·斯密发表了《道德情操论》，他批评了休谟把功利和赞同感相结合的观点，但发展了休谟的同情理论，明确提出了公正的观

---

① ［美］巴里·斯特德：《休谟》，刘建荣、周晓亮译，济南：山东人民出版社1992年版，"前言"第2页。

② 在《人性论》的中文译本中，就该书的出版在当时的一些反应做了介绍。［英］休谟：《人性论》（下），关文运译，北京：商务印书馆1980年版，第752—753页。

③ James Fieser, (ed), *Early responses to Hume's moral*, Bristol: Thoemmes Press, 1999, p. xxii.

察者理论。在对休谟伦理思想的研究者之中，最早进行全面论述和研究的是托马斯·里德（Thomas Reid）。里德在 1788 年发表的 *Essays on the active powers of man* 一书的 "Of Moral" 部分，集中讨论了休谟的道德思想。里德诉诸理性人的常识信念来解决哲学问题，同时他指出了休谟伦理思想中的危险之处。他认为，如果人的情感结构发生了变化，按照休谟的理论，道德的会成为不道德的，道德会变成邪恶。[①] 此外，功利主义思想家和伦理学家，如杰里米·边沁（Jeremy Bentham）和亨利·西季威克（Henry Sidgnick）讨论了休谟的功利思想。边沁在《政府片论》的一个脚注中写道，"当我读了这本著作中有关这个题目（指一切善德的基础蕴藏在功利之中—译者注）的部分，顿时感到眼睛被擦亮了。从那个时候起，我第一次学会了把人类的事业叫做善德的事业。"[②] 西季威克则注意到了，在功利一词的使用上，休谟与边沁是不同的。西季威克敏锐地指出，"休谟的著作有时甚至想证明更多的东西，而不只是我们在判断行为时所抱有的道德情操同它们的被预见到的愉快（或痛苦）后果之间的简单而普遍的和谐。"[③]

在 20 世纪之前，西方伦理学家的理论兴趣主要集中于讨论休谟的德性和功利思想，把休谟思想解释成怀疑论。约翰·罗尔斯（John Rawls）在《道德哲学史讲义》中写道，"在 19 世纪后半个世纪，（在英国唯心主义者中间）格莱恩和布拉德雷（追随于休谟的 18 世纪苏格兰批评家里德和贝蒂之后）主导着对休谟的阐释，他们把休谟阐释成一位激进的怀疑论者，把他的观点看做是经验论的归谬论证。"[④] 从 20 世纪上半叶以来，这种情况发生了改变。1930 年，英国道德哲学教授 C.D. 布劳德（Charlie Dunbar Broad）在《五种伦理学理论》一书中，把休谟的伦理思想作为重要的思想理论予以研究。最为重要的是在 1941 年，诺

---

① James Fieser, (ed), *Early responses to Hume's moral*, Bristol: Thoemmes Press, 1999, p.165.

② ［英］边沁：《政府片论》，沈叔平译，北京：商务印书馆 1995 年版，第 149 页。

③ ［英］西季威克：《伦理学方法》，廖申白译，北京：中国社会科学出版社 1993 年版，第 438 页。

④ ［美］罗尔斯：《道德哲学史讲义》，张国清译，上海：上海三联书店 2002 年版，第 30 页。

尔曼·肯普·史密斯（Norman Kemp Smith）出版了《大卫·休谟的哲学》，他反对把休谟的思想解释成以前所说的怀疑论，提出了一种新的自然主义的解释。斯特德认为，诺尔曼·肯普·史密斯对休谟的解释在理论上具有革命性的意义，他受史密斯阐释的启发，也从自然主义的角度来研究休谟思想。

20 世纪后半叶以来，西方学术界出版了大量研究休谟思想的著作。弗里德里希·哈耶克（Friedrich August von Hayek）、阿拉斯代尔·麦金太尔（Alasdair MacIntyre）、罗尔斯等重要思想家都把休谟思想作为重要的研究对象。麦金太尔认为，休谟的人为之德与他的功利思想是互相矛盾的，休谟试图通过同情或利他主义来解决这个矛盾的努力是失败的，"显然，休谟乞灵于同情是要在一条鸿沟上架设桥梁，即可以用来无条件地坚持普遍绝对规则的理由与可以从我们特殊的，起伏不定的受环境控制的欲望、情感和兴趣中得到行为及判断的理由之间的鸿沟。"[1]罗尔斯在《道德哲学史讲义》一书中，对休谟的道德哲学进行了较为详尽的研究。

近二三十年以来，西方出现了许多有代表性的研究专著，包括 J. L. 麦凯（J. L. Mackie）的《休谟的道德理论》（1980 年）、A. 费卢（A. Flew）的《大卫·休谟：道德科学的哲学家》（1986）、Páll S. 奥达尔（Páll S. Árdal）的《激情与价值》（1989 年）、A. C. 拜尔（A. C. Baier）的《情感的发展：对休谟人性论的反思》（1991 年）、J. 伯里克（John. Brieke）的《心灵与道德：休谟道德心理学的一种考察》（1996 年）、J. 伯利（James Baillie）的《休谟论道德》（2000 年）等。除了这些研究专著之外，还有大量研究休谟伦理思想的论文，这些论文涉及休谟思想的具体方面，因其数量实在是过多，暂且就不一一列举出来。总的说来，西方思想界对休谟思想的研究日益深入，积极探求休谟伦理学的现当代价值，在许多方面都取得了很大的发展。

在我国国内思想界，早在 20 世纪 20、30 年代就有学者开始介绍休

---

① ［美］麦金太尔：《德性之后》，龚群译，北京：中国社会科学出版社 1995 年版，第 64 页。

谟的思想。张钦博士在《休谟伦理思想研究》一书中，对我国学术界从开始至今研究休谟思想的情况作了很好的说明和总结。①从1928年开始，在《哲学评论》的第2卷第1期发表了系列学术文章，包括有张东荪、金岳霖、陆志韦和黄子通的论文。建国之前，也有学者翻译出版了休谟的著作，包括徐宝谦翻译的《宗教自然演进史》、伍光建翻译的《人之悟性论》。1949年以后，《人性论》、《人类理智研究》、《道德原则研究》陆续翻译出版，并且有不同的版本。《休谟政治论文选》、《休谟经济论文选》、《人性的高贵与卑劣》、《自然宗教对话录》、《宗教的自然史》也已经翻译出版。

到目前为止，国内研究休谟的代表作主要有阎吉达的《休谟思想研究》（1994年）、李瑞全的《休谟》（1995年）、罗中枢的《人性的探究 休谟哲学述评》（1995年）、黄振定的《通往人学途中 休谟人性论研究》（1997年）、周晓亮的《休谟哲学研究》（1999年）、高全喜的《休谟的政治哲学》（2004年）、张钦的《休谟伦理思想研究》（2008年）。还有其他的一些研究论文和学位论文，也都对休谟思想及其伦理思想进行了研究。

目前，国内外学术界对休谟思想的哲学、伦理、政治、经济等思想方面进行了较为深入的研究，取得了大量的研究成果，就其道德哲学研究而言，主要有以下几个方面。

（1）休谟的同情理论

亚当·斯密在继承了休谟主要伦理思想的同时，也做出了重要发展，特别是在同情理论上。亚当·斯密和休谟一样，认为同情是人的本性。但是，亚当·斯密认为经由同情产生的情感不是他人的情感，而是我们处于一个公正的观察者角度，基于当时的境况产生的一种适宜的情感，"确实，旁观者的感受与受难者的感受在某些方面总会有所不同，对于悲伤的同情与悲伤本身从来不会全然相同；因为旁观者会隐隐意识到，同情感由以产生的处境变化只是一种想象，这不仅在程度上会降低

――――――――――

① 张钦：《休谟伦理思想研究》，北京：中国社会科学出版社2008年版，第298—300页。

同情感，而且在一定程度上也会在性质上改变同情感，使它成为完全不同的样子。"①

Páll S. 奥达尔认为，如果不介绍休谟的同情理论，就不会对休谟的《人性论》给予一个令人满意的说明和评价。② 休谟的同情不是一种情感，而是一种情感机制，这种机制是类似于情感产生和传递的一个通道。C.R. 布朗（Charlotte R. Brown）对同情的心理机制、步骤做了描述，同情这一心理过程或者心理机制包括四个步骤，通过同情就可以说明我们如何具有和他人相同或相类似的感觉。③ B.R. 马修斯（Bernard Reese Mathews）在《休谟的同情理论》中专门研究了休谟的同情观。罗尔斯在《正义论》中认为，休谟的同情不是一种强有力的感情，但是同情还是一种有活力的主要心理特征，"不管同情可能是多么软弱，它还是构成了一种把我们的道德见解结合为契约的共同基础。"④ 马丁·霍夫曼（Martin L. Hoffman）在同情是移情这个层面深化了同情理论的研究，从道德心理学的角度分析了移情与道德发展之间的关系。⑤ 吴亚玲认为，同情是道德感的根据，可以解决道德感的个体差异与道德感的普遍性要求之间的矛盾，同时还指出了休谟同情理论的局限性。⑥

（2）休谟的道德情感理论

休谟把道德的基础建立在情感之上，情感自身有哪些分类、其产生的原因、结果、本质和机制是怎么样的呢？《人性论》中的第二部分（论激情）和第三部分（论道德）具有什么关联、是如何相连的？休谟的道

---

① ［美］亚当·斯密：《道德情操论》，蒋自强等译，北京：商务印书馆1997年版，第22页。

② Páll S. Árdal, *Passion and value in Hume's treatise*, Edinburgh : Edinburgh University Press, 1989, p.41.

③ Charlotte R. Brown, "Hume on Moral Rationalism, Sentimentalism, and Sympathy". Elizabeth S. Radcliffe (ed.) *A Companion to Hume.* p.233 (Blackwell Publishing Ltd, 2008).

④ ［美］罗尔斯：《正义论》，何怀宏等译，北京：中国社会科学出版社1988年版，第184页。

⑤ ［美］马丁·霍夫曼：《移情与道德发展：关爱和公正的内涵》，杨韶刚等译，哈尔滨：黑龙江人民出版社2002年版。

⑥ 吴亚玲：《论休谟的同情理论》，《江西社会科学》2009年第8期。

德情感理论主要包括了哪些内容，具有怎样的理论意义及局限？这些问题都与如何理解休谟的道德情感理论相关。

A. C.拜尔在《情感的发展：对休谟人性论的反思》一书中对休谟的情感理论进行了详尽的研究，力图展示休谟思想及其情感的过程和力量。Páll S.奥达尔在《激情与价值》中指出，道德情感等同于休谟所说的间接情感，并从二者产生的对象、原因、印象与观念的双重联结方面论述了之所以等同的原因。J. P.莱特（John P. Wright）在《休谟的"人性论"》一书中也认为道德情感是间接情感。但是，T. K.赫恩（Thomas K. Hearn，Jr）在《Árdal 论"人性论"中的道德情感》一文中对此提出了反对意见，认为休谟在《人性论》中并没有明确地把道德情感等同于间接情感，同时还认为休谟在《人性论》第二部分的论述并不是理解休谟的道德理论的绝对必要部分。美国学者 J. 费舍在其主编的"休谟思想的早期回应"的第一卷（也就是对休谟道德哲学的早期回应）中指出，休谟的道德哲学在《人性论》和《道德原则研究》之间存在着一个心理学上的区分，《人性论》中主要讨论了两类道德心理学的主题，一种是作为行为主体的行为动机的道德情感，一种是作为观察者的赞同与不赞同的道德情感。王淑芹认为，休谟把道德感看成是同情的产物。[①] 黄振定认为，休谟把道德归于情感，把德恶归于苦乐感觉，把德恶关系归于印象观念间及自我与对象间的机械因果性，从而取消了人在道德实践领域的自由。[②]

在怀疑论、自然主义、情感主义的解读之外，现在麦克道威尔等人提出了一种具有重要影响的解读理论，即作为一种新情感主义的情感理论（Sensibility Theory）。针对休谟对价值及其基础的看法和观点，博莱克伯恩（Simon Blackburn）提出了投射主义（Projectivism）的观点，对此麦克道威尔则提出了情感理论（Sensibility Theory）。投射主义强调主观情感对外部事物的投射，以此而形成价值，情感投射与价值之间具有因果关系。情感理论则反对这种过强的形式，主张情感反应与事物属

---

① 王淑芹：《近代情感主义伦理学的道德追寻》，《中国人民大学学报》2004 年第 4 期。

② 黄振定：《休谟的情感主义道德观》，《淄博学院学报》2000 年第 2 期。

性之间是适合的，是互为因果的同属关系（sibling）。

（3）休谟的德性理论

休谟的德性理论一直以来是西方思想界批评的对象，他对德性的分类和看法遭到了西方 18 世纪和 19 世纪许多思想家的批判。哈奇森最先对休谟关于德性的分类给出了批评。里德批评休谟把德性和功利联系在一起。西季威克认为，休谟注意到了德性总是产生幸福和快乐，尽管功利主义很大程度上与常识相一致，但不是绝对地一致，功利主义是一种规范行为的更科学的论述。J.L. 麦凯在《休谟的道德理论》一书的序言中认为，休谟对人为之德的解释本质上是社会学的，而对自然之德的解释本质上是心理学的。但是，人为之德被认为是德性而被赞同还是要通过同情机制，所以同情机制是休谟整个道德哲学的基础。[①]J. 伯利在《休谟论道德》中认为，理解休谟的自然德性理论的一种方式可以从休谟对正义的论述之中获得，这种方式是"毋庸置疑的原则"，即没有任何行为能够成为德性的或道德善的，除非在人性之中存在某种产生它的动机，进行道德区分的感觉。[②]张钦在《休谟伦理思想研究》一书中在谈到德性及其评价时，从德性的表征、德性的标准和道德评价的依据给予了分析。萨·巴特尔认为，休谟改变了西方伦理学的传统，把德性的事实判断与价值判断相应地分开，把讨论的重点引向了德性的效用或有用。[③]还有学者对休谟的德性思想作为一种德性伦理进行了研究。

（4）伦理学上的休谟问题

在《人性论》第三部分第一章第一节的结尾，休谟加上了一个"相当重要"的附论，就是通常我们所说的休谟问题，即"是"（事实）与"应当"（价值）的问题。G.E. 摩尔（G.E. Moore）肯定了休谟的这种区分，并运用元伦理学的分析方法，指出了伦理学上的"自然主义谬误"正是缘于对二者的混淆，提出了他自己的价值直觉主义理论。维也纳学派坚持事实与价值之间的绝对二分，A.J. 艾耶尔（Alfred Jules Ayer）就认为价值陈述只是不真又不假的情感的表达，并且认为只有包括了一些伦

---

① J. L. Mackie, *Hume's moral theory*, Boston : Routledge & K. Paul, 1980, p.4.

② James Baillie, *Hume on morality*, New York : Routledge, 2000, p.143.

③ 萨·巴特尔:《论休谟的德性效用价值论》,《北京师范大学学报》2008 年第 6 期。

理学的词的定义问题，才构成伦理学。"伦理的词不仅用作表达情感，这些词也可以用来唤起情感，并由于唤起情感而刺激行动。"①之后的 C. L. 斯蒂文森（Charles Leslie Stevenson）、R. M. 黑尔（Richard Mervyn Hare）也坚持这种区分。J. R. 塞尔（John R. Searle）认为可以将事实区分为自然事实和习俗事实，自然事实无法推出价值判断，由习俗事实则可以推出价值判断，"我正是求助于上述这种习俗化形式的义务、做出许诺，才从'是'推出'应该'"。②麦金太尔认为可以从"功能性概念"中推出价值判断。斯特德认为，休谟的意思并不是像后来的思想家所做出的那种区分，休谟主要是强调由于道德判断所具有的那种性质，所以不能为理性所认识，道德的基础不是理性而是情感。③詹姆斯·雷切尔（James Rachels）分析了不能从"是"推出"应当"的错误，但同时他也指出了在作为前提的"是"中包含了人的欲望，这样才能推出应该的结论，而这并不排斥休谟问题的实质。④张传有认为，那种简单地把"是"与"应当"的问题理解为事实与价值的问题，并推测休谟反对由事实判断推出价值判断的说法，在一定程度上误解了休谟的原意。⑤

（5）休谟道德哲学的本质特征

在 18、19 世纪，休谟思想主要被解读为将英国经验主义贯彻到底的激进的怀疑论。诺尔曼·肯普·史密斯对这种历史的解读提出了批评，并提出了极有创见的自然主义解读，对以后的思想家产生了重大的影响。斯特德就坚持对休谟思想自然主义的解释。罗中枢的《人性的探究 休谟哲学述评》一书也是从自然主义角度来解读休谟思想的，他提

---

① ［英］艾耶尔：《语言、真理与逻辑》，引自万俊人主编：《20 世纪西方伦理学经典》（I），北京：中国人民大学出版社 2004 年版，第 185 页。

② ［美］塞尔：《怎样从"是"中推出"应该"》，引自万俊人主编：《20 世纪西方伦理学经典》（I），北京：中国人民大学出版社 2004 年版，第 507 页。

③ ［美］巴里·斯特德：《休谟》，周晓亮、刘建荣译，济南：山东人民出版社 1992 年版，第 249 页。

④ ［美］詹姆斯·雷切尔：《自然主义》，引自休·拉福莱特主编：《伦理学理论》，龚群主译，北京：中国人民大学出版社 2008 年版，第 92 页。

⑤ 张传有：《休谟"是"与"应当"问题的原始含义及其现代解读》，《道德与文明》2009 年第 6 期。

出了自然主义的经验论、自然主义的人性论和自然主义的怀疑论。我国台湾学者李瑞全在《休谟》一书中认为，休谟的特色是分析观念产生所依据的人类心灵所自然而有的需求和运作方式，以说明观念的真正意义，这就是休谟的自然主义。同时，李瑞全也指出了休谟思想的自然主义的局限性，认为其忽略了人类经验和心灵运作的复杂性。邓晓芒对这种自然主义的解读提出了批评，认为这种解读试图从人本主义来挖掘休谟哲学中有生命的东西，但由于其缺乏更深层次的思辨基础，而局限在日常自然经验的水平上，因此超不出休谟本人的自我理解，无法从休谟那里开拓出更深刻、更具现代意义的思想契机。

三、基本结构与划分原则

理性与情感的关系是传统哲学与伦理学的一个重要话题。长期以来，理性在西方哲学中的统治地位是毋庸置疑的。情感因其易变、主观等特征，通常被冠以非理性的称谓，一直都处于受理性控制的局面。随着近代自然科学和哲学的发展，哲学真正开始关注人自身的认识能力与手段。唯理论与经验论的争论虽然主要集中在认识领域，但经验论自身的发展已经开始打破了理性的独断与狂妄。休谟的经验主义与怀疑论彻底揭示了理性自身的局限性。

休谟对理性与情感的反思立足于人性的基础上，人性既为哲学研究的对象，也为哲学所依靠的最终根源。在认识论上，理性的作用与地位受到了休谟的根本挑战，习惯与习俗则获得了极大的重视。理性在认识论上地位的动摇就表明，简单地把理性作为伦理学的基础是有问题的，是对理性未加考察而盲目相信的结果。从沙夫茨伯利开始的情感主义伦理学，已经注意到情感在伦理学中的重要作用。近代情感主义与理性主义在伦理学上的争论揭示了情感、理性和道德的关系在伦理学的中心地位。

休谟伦理学在对这一历史争论的回应中，分别考察了理性与情感各自的作用方式和范围，得出了理性是而且应当是情感的奴隶这一颠覆性的结论。休谟对于情感的分析无疑具有重要的理论意义。休谟的情感伦理思想既是对这场争论的总结，也把它推向了一个更深的层次。从情感的角度来反思道德，反思人性，这是休谟伦理思想留给我们的宝贵遗产。

本书从情感切入来分析情感与道德的关系，力求把休谟的情感伦理思想尽可能地展示出来。基本的思路是从情感到道德情感，以此为契机进入道德理论与具体德性的论述。第一章主要分析什么是情感、情感的分类、运作机制、地位与作用、同情。情感的产生方式、分类及运作为道德情感的阐释奠定了必要的基础。人与人之间的感情不是封闭的，而是可以互相传达、感染和交流的，同情就是说明情感之间相互影响的机制。

第二章主要分析休谟的行为与动机理论。在自由与必然的关系上，休谟持相容论的立场。在行为实践领域，休谟首次提出了理性不能作用于意志而产生行为的动机，只有情感才能成为行为或道德行为的动机。休谟对动机性情感的分析植根于其自然主义的人性论之中。

对情感的分析是为了说明道德情感与道德。第三章从关于道德基础的历史争论中来考察休谟如何通过对理性的具体考察而否定理性在道德中的基础地位，如何通过对情感的分析为情感在道德中的基础地位的确立提供了必要的理论准备。休谟把理性的范围限定在观念与事实的领域，而把道德的领域交给了情感。在道德情感以及同情理论中，情感在道德哲学中的重要作用得到了确立。

如果说第三章侧重于道德情感在道德判断中的作用的话，那么第四章是关于道德情感在德性评价等德性思想中的作用与地位。在德性评价上，休谟主要是从观察者的角度进行的。扎根于普遍观点的同情保证了道德评价的客观性与一致性，也显示出了评价中动机与效果的统一。在此基础上，分析了休谟德性思想中蕴含的德性伦理，强调道德情感在德性中的特殊作用。

第五章论述的是人为之德。在伦理学上正义是一个古老的话题，历史上已有过关于正义的非常丰富的论述和思想。休谟主要是从情感的角度来谈正义，这是与之前的正义理论的重大的不同之处。正义作为规则，其产生于人们的互惠动机与愿望，在社会实践的过程中，正义的协议逐渐沉淀为习俗。正义作为德性，情感与同情在这种德性的评价与形成中发挥了重要的作用。在分析了正义这个首要的人为之德后，进一步分析了忠顺、贞操与淑德这些同样建立在情感基础之上次要的人为之德。

第六章论述自然之德。如果说人为之德是通过人为措施或习俗的发展而形成的，人性中并不具有也不自然地赞同这种德性的自然倾向；那么，自然之德则是人性中所固有的一种倾向，对这种德性的赞同并不依赖于人为的措施，而是基于人性的自然倾向。这不仅体现在对这种德性的评价上，也体现在道德行为的动机上。把仁爱作为首要的自然之德，既显示出休谟情感伦理学与传统德性论的不同，也反映了基督教的影响。在分析了仁爱德性之后，休谟进而论述了伟大的心灵与自然才能。把自然才能作为一种德性，这显示出休谟在德性评价上的泛德性化色彩。

第七章是结语部分。休谟的道德哲学，采用经验主义的方法研究人性，把道德的基础建立在情感之上，这既是对此前情感主义伦理学的极大深化，也深刻而持续地影响了后来伦理学的发展。因此，休谟的道德哲学在西方伦理思想史上占有着重要的历史地位。休谟道德哲学带给我们的不只是具体的结论，也使我们对情感与道德的关系作进一步的反思，这种反思反过来可以继续深化我们对包括休谟在内的西方情感伦理学的研究。在对休谟道德哲学与儒家伦理进行初步比较后，认为前者的思想获得了来自儒家伦理的理论支持。

本书的主体部分有六章的内容，最后是一个结语。从六章的内容上看，前面两章主要是考察《人性论》中的情感部分；第三四章主要是《人性论》中道德部分的总论中的内容；第五六章分别考察了休谟对具体德性的论述。从这样的安排中可以看出一个大致的逻辑结构，即情感—道德—德性的结构。在这个结构关系中，情感部分是后二者的心理学基础，道德总论部分是德性思想的理论基础，德性思想在前述基础上得以阐明。结语部分给予了一个概括性的论述，表明休谟道德哲学的理论特色、理论生命力与理论价值。

第一章　情感与同情

　　休谟的道德哲学可以被认为是情感主义的，情感在道德中处于基础地位。为了更好地理解他的道德哲学，首先就有必要认识清楚他所说的情感。这涉及情感的界定、同情等问题，这些是《人性论》中第二部分"论激情"要研究的问题，但休谟后来在《道德原则研究》中省略了这个部分。休谟后来的这种做法并不说明对情感的心理学研究是不重要的，也不代表休谟不重视这个部分。相反，对情感的心理学研究这个部分是理解休谟的道德哲学乃至整个哲学的一个重要前提。

　　休谟借助于知识论中的一些内容与原则来分析情感，阐明了情感的产生、分类和运作机制。情感既有评价性的特征，又有动机性的特征。在情感的相互作用上，同情是一个主要的原则。同情不是某种具体的情感，而是情感传递的机制。在对同情的说明中，休谟主要是运用了因果关系予以说明。情感与同情联系在一起，可以发现情感具有的自然性与社会性，这为我们如何具有一致的情感创造了条件。休谟对情感的分析体现了经验主义与自然主义的统一。

第一节　情感

一、什么是情感

　　休谟对情感（passion）的研究主要立足于其认识论的基础之上。休谟认为，心灵中所呈现的东西都可以称作知觉，知觉分为印象与观念两类。印象又再分为原初印象和次生印象，原初印象就是感觉印象，而次生印象就是反省印象。原初印象或感觉印象包括五种感官印象和人体的苦乐感觉，次生印象或反省印象则包括情感和情绪。从休谟的论述可以清楚地知道，情感是反省印象，不同于观念。

休谟以描述的方式解释了作为反省印象的情感的产生过程。一个印象最先刺激我们的感官，使我们具有苦乐的感觉或知觉到苦乐，这是感觉印象。当这些感觉印象过去之后，就留下了作为复本的观念。也就是说，苦乐的感觉印象成为了关于苦乐的观念。当这些苦乐观念回复到心中时，就产生了欲望和厌恶等新印象，这些新印象就是反省印象，也就是情感。

把情感作为反省印象有其理论来源。在洛克那里，反省与感觉（sensation）相对，被用于表示心灵的反照，或者指心灵注意其运作时的过程。对洛克而言，这并没有把情感包括为内部感觉。用洛克的话说，情感不是第一性的质，而是第二性的质。当然这并不是完全否认了外部事物的影响，因为产生情感的苦乐感觉是与外部事物相联的。把反省和情感相联出现在哈奇森的著作中，他在把情感与感觉相区分的基础上，认为情感是来源于对快乐或痛苦感觉的反思。① 对哈奇森而言，对感觉的反思，比如由一件漂亮的衣服而产生的感觉，这种反思只是产生情感的条件。这与休谟是不同的。休谟认为，作为反省印象的情感或者由苦乐的感觉印象立即产生，或者是通过苦乐观念的中介而产生。反思不是产生情感的条件，相反，反思就是情感。

通过洛克和哈奇森等人的影响，休谟认为情感是一种心灵的知觉，它们不再是事物自身中所具有的性质，而是人的心灵对外部事物的投射或润色。休谟对情感与苦乐感的关系的强调，表明了他在使用情感（passion）一词上遵循了传统的观点。从词源上看，"passion"指它被动地受到外部环境的影响，它的拉丁词是"passio"，意思就是"被激发起来"。在亚里士多德那里，情感是指伴随着快乐或痛苦的感觉，"所

---

① ［英］弗兰西斯·哈奇森：《论激情和感情的本性与表现，以及对道德感官的阐明》，戴茂堂等译，杭州：浙江大学出版社 2009 年版，第 44—45 页。

谓感受，我是指欲望、愤怒、畏惧、自信、嫉妒、快乐、友谊、憎恨、思念、上进心、同情等，简而言之，就是那些被快乐和痛苦跟随的事情。"① 在亚里士多德之后，许多论述都依据好的或坏的对象或经验来说明情感。因此，快乐和悲伤这些情感是镜像（mirror image），是依据于好的或坏的经验或对象而形成的。

　　与笛卡尔相比，休谟对伴随快乐或痛苦感觉的情感的说明不是生理学的或物理学的，而是心理学或自然主义的。休谟认为，对人类感觉包括快乐和痛苦感觉的研究是解剖学家和自然哲学家的事情，而不是精神哲学家的事情。休谟的目的是要研究人类心灵的本性和原则，研究情感的本性、来源、原因和结果。他的这种研究都是在经验主义的框架内，研究的对象是情感自身的运作方式。

　　休谟从经验主义和自然主义角度对情感的论述，使得他对情感的用法相对比较宽泛，较传统而言具有不同的特征。在西方传统上，简单而言情感一直被理解为心灵或灵魂的干扰、失调，被认为是与理性相对立的。我们可以发现，对情感的这种论述始于柏拉图，并一直持续到19世纪中叶。在柏拉图看来，人的灵魂由理性（理智）、激情（passion）和欲望三个部分组成，激情和欲望属于非理性部分。② 虽然在柏拉图的灵魂观中，激情获得了一席之地，但是激情却处于理性的控制之下，要接受来自理性的命令，"理智起领导作用，激情和欲望一致赞成由它领导而不反叛。"③ 与柏拉图一样，亚里士多德也把人的灵魂划分为理性和非理性两个部分，非理性部分也要遵从理性、服从理性的法则。人的情感、欲望都属于非理性部分，因而要受到理性的控制和指导。与柏拉图不同，亚里士多德认为情感因分有理性而具有一定的理性。斯多亚学派认为情感具有一定的认知特征，但往往与错误的认知联系在一起。亚里

---

　　① ［古希腊］亚里士多德：《尼各马克伦理学》，王旭风等译，北京：中国社会科学出版社2007年版，第57页。

　　② 在这种划分中，并没有情绪（emotion）在其中。柏拉图认为情绪是一种低级的东西，它是混杂的、零乱的，远离了人的理性。因此，柏拉图是以一种鄙视的眼光来看待情绪的。

　　③ ［古希腊］柏拉图：《理想国》，郭斌和等译，北京：商务印书馆1986年版，第170页。

士多德之后的神学家对情感的看法总体上延续了柏拉图的观点，也把情感看做非理性的，需要接受来自理性的命令。

近代的笛卡尔在身心二元框架下对情感进行了讨论，他的观点在理论界产生了广泛和长期的影响。他把情感划入到精神的范畴，认为情感不仅包含了生理变化和行为反应，同样也包含了诸如知觉、信念和记忆这样的心理过程。"在考察了灵魂中的情感与其他思想的不同之后，似乎我们就可以把情感界定为知觉、感觉或者灵魂中的情绪，它们是我们特别提到的，而且它们是由精神的运动所产生、保持和加强。"① 笛卡尔的这种观点影响了休谟，休谟就认为情感是一种受激发的感觉（feeling）。

在英国哲学家中，情感被当做猛烈的情绪（emotion），通常是源于人的本能，而感情（affection）则被认为是冷静的情绪，包括了一个人对所处情形的理性认知。② 在哈奇森的著作中，我们可以发现他对情感（passion）持传统的看法。他认为感情是产生于对善或恶的理性认知或反思，是非物质的灵魂的产物，它们是平静的；而情感则是来自于物质性的身体，它们是猛烈的，是身体的失调。因此，哈奇森认为要用平静的感情对情感进行约束、限制和控制，"我们的道德感官，尽管它赞许所有特殊的友善感情或激情，以及由抽象思考而来的平静的特殊仁爱，然而它也赞许用平静的普遍仁爱对所有特殊感情或激情的约束和限制。"③

相对于传统对情感的理解，休谟对情感的看法是宽泛的。首先，他把人的一些本能、倾向也认为是情感，包括身体的某些欲望和心灵的某些欲望。其次，他把英国哲学家所认为的感情也归入了情感之下，并对情感重新进行了划分。最后，和传统的观点一样，他也认为快乐和痛苦

---

① Cheshire Calhoun, Robert C. Solomon, *What Is an Emotion*, New York: Oxford University Press, 1984, p.59.

② James Fieser, "Hume's classification of the passion and its precursors", *Hume Studies* Volume XVIII, Number 1 (1992), p.48.

③ ［英］弗兰西斯·哈奇森:《论激情和感情的本性与表现，以及对道德感官的阐明》，戴茂堂等译，杭州：浙江大学出版社 2009 年版，第 25 页。

准确地说不是情感，而是一种感觉（feeling），但不同于感官感觉（sensation）。而情感也属于广义上的感觉（feeling），它们伴随着快乐和痛苦，但是又不同于快乐和痛苦的感觉。另外，休谟也把情绪（emotion）归入情感，但休谟使用情绪一词相对较少，这个词指与身体相联的具有激动特征的情感。而情感（sentiment）也可以划入 passion，休谟主要在暗含某种价值倾向性上使用该词，如道德情感（moral sentiment）。因为这种宽泛的用法，诺尔曼·肯普·史密斯认为，"情感（passion）是休谟对本能（instincts）、倾向（propensities）、感觉（feelings）、情绪（emotions）和情感（sentiments），还有通常所谓的激情（passions）的最一般的称谓；并且他认为信念也是一种情感（passion）。"①

对于休谟而言，尽管他对情感的用法比较宽泛，但是却具有他自己的理论特色。② 正如他在《人性论》的副标题所写到的那样，他要在精神科学中采用实验推理的方法。他从经验主义立场出发，对人性做彻底的研究。休谟对人性的这种经验研究主要是针对人的心灵活动，通过致力于研究心灵运作的方式，以发现人的本性和原则。通过这些原则，他认为能够解释我们的观念和推理、情感、道德和美学判断，还有我们的政治构成。这种乐观的观点就是所谓的休谟的自然主义观点，对情感的分析和研究就是自然主义在该领域的运用和体现。休谟对情感的研究主要是描述性的，通过对情感运作方式的分析和描述，同时也发现情感自身存在的规范性。休谟自己写到，"如果我们在考察若干现象时发现，这些现象可以被归结为一个共同的原则，而且可以从这个原则推出另一个原则，那么我们就将得到少数几个简单的原则，所有其他原则都依赖于它们之上。"③ 所以，休谟的情感是自然主义的，情感自身具有各自的

① Norman Kemp Smith, *The philosophy of David Hume*, London: Macmillan, 1941, p.11.

② 休谟在"论情感"部分使用主要突出"passion"是一种受激发的感觉"feeling"，这种感觉可以分为本能性的情感"instincts"或倾向"propensities"，又可以分为依据快乐或痛苦而产生的情感，这类情感中包含着价值因素的就是道德情感"moral sentiment"。

③ 引自休谟对人性论所写的概要，见周晓亮：《休谟哲学研究》，北京：人民出版社 1999 年版，第 367 页。

原则和运行规律。

休谟对情感的看法与后来的伦理学中的情感主义观点是很不相同的，虽然后者受到了休谟理论的影响。[①] 在道德语言的分析框架下，现代情感主义伦理学认为道德判断表达的是言说者的主观态度或情感，伦理学被排除在科学的范围之外。此种形式下的情感成为了完全主观的表达，缺乏了共同情感所形成的客观性和普遍性原则。休谟把道德包括在精神科学中，我们进行道德判断的道德感虽然是一种主观情感，但不只是个人情感的任意表达并丧失了规范性。道德情感自身是可以与他人分享的，是经过了普遍观点的调整，从而我们可以获得一致的道德判断。这一思想在后面会有详细的分析。

二、情感的分类

休谟对情感的分类受到了传统对情感的分类的影响。传统上存在着一种对情感的基本分类，首先把情感分为几种基本的或原始的情感，然后通过这些基本或原始情感而产生或解释其他情感。最流行的做法是把情感分为快乐（joy）、悲伤（sorrow）、希望（hope）、恐惧（fear）。柏拉图最早涉及了这些情感，斯多亚则提出了一种有影响的情感理论。斯多亚对情感的分类通过西塞罗而流传下来。在西塞罗的论述中，情感首先被分为爱与恨，其根据在于对象是善还是恶。然后对二者进行再分类，其根据在于对象是当下显现还是为人所期望。善的对象产生爱，进而产生欲望和快乐；恶的对象产生恨，进而产生恐惧和悲伤。更进一步而言，现实的善和恶的对象产生了快乐和悲伤，而预期的善和恶的对象则产生了欲望和恐惧。最后再对这四种基本或原初的情感进行细分，其根据在于这些情感的不同程度和在不同对象上的运用。哈奇森则认为，斯多亚的四种原初情感是纯粹的感情（affection），它们包含较多的理性和认知成分，而除了这些纯粹感情之外还有受身体影响的激情（pas-

---

① 称休谟的道德哲学是情感主义的，一直是在与现代情感主义伦理学相区分的意义上使用的。

sion），这些激情类似于传统的非理性的、盲目的情感。①

　　休谟在把情感分为直接情感和间接情感时就吸收了斯多亚关于情感分类的观点。无论是直接情感还是间接情感都与善或恶的对象有紧密联系。在解释直接情感时，休谟认为，"我所谓直接情感，是指直接起于善、恶、苦、乐的那些情感。"②"当福利是确定的或很可能的时候，它就产生了喜悦。当祸害处于同样情况时，就发生了悲伤或悲哀。当福利或祸害不确定时，于是随着这两方面的不确定的程度，发生了恐惧或希望。"③由此我们可以清楚地发现，休谟的四种直接情感基本上是斯多亚的四种基本情感，不同的是休谟用希望代替了欲望。当然，休谟的直接情感分为欲望、厌恶、快乐、悲伤、希望和恐惧、绝望、安心。直接情感除了来自善或恶的对象的影响，或者说快乐或痛苦之外，休谟还把发生于自然的冲动或本能的这类情感也称为直接情感，并认为这类情感是无法说明的。

　　在受到传统的情感分类的影响的同时，休谟对间接情感的分类被认为是他自己的独创。这四种主要的间接情感是骄傲、谦卑、爱和恨。休谟区分直接情感和间接情感的依据是这些情感产生的方式。直接情感是直接来源于善、恶、苦、乐的，而间接情感的发生也是遵循同样的原则，但是需要有其他性质与之相结合。间接情感除了那四种主要的间接情感之外，还包括野心、虚荣、妒忌，怜悯、恶意、慷慨和它们的附属情感。④但在间接情感中，休谟还是遵循了传统的做法，⑤认为四种基本的或原初的间接情感，经过不同的方式组合而构成了其他的间接情感。我们发现，在哲学史上，除了休谟，还未有哲学家从直接和间接的角度

　　①　[英]弗兰西斯·哈奇森：《论激情和感情的本性与表现，以及对道德感官的阐明》，戴茂堂等译，杭州：浙江大学出版社2009年版，第43页。

　　②　[英]休谟：《人性论》（下），关文运译，北京：商务印书馆1980年版，第310页。

　　③　[英]休谟：《人性论》（下），关文运译，北京：商务印书馆1980年版，第477—478页。

　　④　[英]休谟：《人性论》（下），关文运译，北京：商务印书馆1980年版，第310页。

　　⑤　传统的观点指的是几种基本的情感通过一定的方式组合而构成了其他的情感。

去划分情感，而更多的是从积极和消极以及被动与主动等角度去对情感进行分类。

休谟对情感的第二种分类是把情感分为平静的与猛烈的两种，这种分类主要是依据于情感作为反省印象时的强度大小。休谟认为，"反省印象可以分为两种，即平静的与猛烈的。对于行为、著作和外界对象的美和丑所有的感觉，属于第一种。"① 从这段话可以看出，道德情感和美学上发生的审美情感都应该属于平静情感。我们在下道德判断时，我们的道德情感是很平静的，不像我们在愤怒时心灵所处于的那种激动状态。爱和恨、骄傲与谦卑等情感则属于猛烈的情感，"爱和恨，悲伤和喜悦，骄傲与谦卑等情感属于第二种。"② 休谟自己也意识到，把情感分为平静的和猛烈的并不是很精确。对诗歌和音乐的欣赏的心情可以达到很高的程度，而一些猛烈的情感也可能衰退成一种柔和的情感。

休谟把情感分为平静的和猛烈的做法是较为一般和通俗的，因为传统上有些哲学家也持这种分类方法。从亚里士多德开始，就已经注意到了情感可以是平静的或猛烈的。如愤怒这种情感，在某种条件下可能是平静的，在另一种条件下则成为了猛烈的。在哈奇森那里，平静的情感是纯粹的感情，它们是与认知和反思联系在一起的；而猛烈的情感则是混合的感觉，它们更多的是与身体运动相关。休谟接受了哈奇森的这种分类，在后来谈到相互冲突的情感时，冷静情感发挥了理性的作用，因而通常把冷静情感误认为是理性。所以，在情感冲突的过程中，实际上平静情感要借助反思的力量，从而使得平静情感虽然是平静的但却是强有力的，而且在力量上要胜过猛烈的情感。

也有学者指出，休谟对情感的论述还包含着第三种分类方法，也就是把情感分为本能的情感和获得的情感，当然休谟自己并没有把这种划分作为一种独立的分类方法。属于本能的情感包括饥饿、性欲等其他少数的肉体欲望，欲求我们的敌人受到惩罚和希望我们的朋友得到幸福的

---

① ［英］休谟:《人性论》（下），关文运译，北京：商务印书馆1980年版，第310页。

② ［英］休谟:《人性论》（下），关文运译，北京：商务印书馆1980年版，第310页。

心理欲望，还包括仁慈，对生命的爱恋和对儿女的怜惜，等等。这些本能性的情感也被称为原始的或初始的（primary）情感，因为他们不是通过苦乐感觉而获得的，这些情感是来自我们的本能或倾向。获得性的情感指来自善、恶、快乐、痛苦的情感，包括了直接情感和间接情感。获得性的情感也被称为次生的（secondary）情感，因为它们是以苦乐感觉为基础。诺尔曼·肯普·史密斯首先指出了情感的这种分类，他认为原始的情感严格地是本能的情感，产生于自然的冲动和本能，而没有在先的快乐或痛苦伴随。而次生的情感产生于在先的快乐或痛苦的印象，包括了直接情感和间接情感。直接情感又分为平静的和猛烈的，平静的情感包括了道德情感和审美情感，而猛烈的情感分为伴随意志作用的欲望、厌恶、快乐、悲伤、希望和恐惧。①

但多数评论者和哲学家对上述第三种分类有不同的看法，他们认为，这一类划分反而把情感的分类变得十分复杂，因为他们力图在次生的情感中把直接和间接的、平静和猛烈的这两类统一起来。直接情感又可以分为平静的和猛烈的，而间接情感也可以分为平静的和猛烈的。但是，对道德情感到底是直接情感还是间接情感存在着不同的看法，休谟本人对此也没有明确的论述，所以有的人把道德情感归入直接情感里面的平静情感，而有的人则把道德情感归入间接情感里面的平静情感。还有就是本能的情感，它们既可以是冷静的而有力量的，这种力量是胜过猛烈情感的。所以，本能的情感也不好分类，但它们确实又是平静而强有力的。正是因为这种复杂性和矛盾性，本书依据休谟的两种基本分类，在有些地方涉及本能的情感时也承认这是休谟所认可的一种情感，它主要用于解释一些情感的属性和来源，而非说明情感的类型，本能情感既不同于直接情感也不同于间接情感。

总的来说，休谟对情感的两种分类只是基本的分类，并没有严格的

----

① Norman Kemp Smith, *The philosophy of David Hume*, London: Macmillan, 1941, p.168. Árdal, Páll S 也做了相同的分类，Árdal, Páll S, *Passion and value in Hume's treatise*, Edinburgh: Edinburgh University Press, 1989, p.10. 还有罗尔斯也持这种类似的分类方法，［美］约翰·罗尔斯:《道德哲学史讲义》，张国清译，上海：上海三联书店 2002 年版，第 44 页。

界限和范围。休谟的这种分类既是继承了传统的分类法，也有休谟自己的创新。关键的一点，休谟认为这些情感都是心灵的状态，我们都可以经验到。通过这种经验的观察，可以发现情感产生和运行的一些主要原则。因此，休谟对情感的分类其实暗示了情感自身不是如传统认为的是灵魂的干扰，而是有着自身运作的原则与机制。

三、情感的运作机制

在 17、18 世纪，关于情感的讨论没有标准的术语，也没有单一而共同的问题形式。笛卡尔对情感的观点是二元论的，而霍布斯则持机械论的观点。休谟对情感的分析，旨在扩展他在《人性论》第一部分对人性的自然主义、经验主义的研究。他在分析了我们的观念和推理之后，把其中的联结主义运用到情感的论述之中。他对情感采取的是内省地观察我们心灵中的感觉，而并没有诉诸产生情感的任何终极原因。休谟假设自然是简单的，所以通过很少的一些联结机制或其他原则来解释我们变化而多样的情感的结果，这些机制或原则也在人类心灵中起了多方面的作用。

休谟认为，情感是反省印象，所以在情感之前就有一个在先的印象或是印象的观念。在先的印象是受刺激而产生的快乐或痛苦的感觉，而这些快乐或痛苦的感觉产生了情感。快乐或痛苦的原初印象自然的、立即就产生了直接情感。快乐和痛苦的感觉，与其他的条件相结合就产生了间接情感。当在先而现前的印象消逝之后，对快乐或痛苦感觉的回忆也可以激发情感。对某个对象的想象而产生的快乐或痛苦的预期，也可以激发情感。在回忆、想象和预期这些形式中，发生的不再是现前的快乐或痛苦的感觉，而是快乐或痛苦的观念，这些观念也可以产生情感。所以在情感的产生过程中，印象和观念之间的关系发挥了重要的作用。休谟对情感的描述不是要说明情感的构成要素，而是要阐明它们的特征和因果关系。他认为，一种情感作为一种感觉，既有一种可区分的或明显的现象特征，还有一种可识别的原因与结果的序列。但是，休谟考虑的是情感的心理原因，即在先的知觉（印象和观念）有规则的在心灵中出现，而不是生理上的原因。

我们首先来看间接情感。休谟认为间接情感是单纯而一致的印象，是不能下定义的。我们所能做的就是把伴随这些情感的各种条件进行描述。休谟认为，间接情感事实上必须要有这些情感的对象和产生这些情感的原因。骄傲和谦卑的对象总是自我，而爱和恨的对象总是他人，这些情感总是把我们的注意力引向自我或他人。当我们感到骄傲或谦卑时，我们是在想到我们自身，而当我们感到爱或恨时，我们想到的是某个他人。因而，这些情感总是以人为导向的，或者说是以人为其对象。这些情感中的每一种原因都是令人快乐或痛苦的事物（或事物的观念），这些事物与作为这些情感的对象的自我或他人有着紧密的联系。

休谟使用了观念联结原则来解释间接情感的产生。观念联结原则是指有关系的观念在心灵中是相互联结的，也就是说，当相互关联的两个观念中的任何一个出现，接下来另一个就会出现。休谟在论述情感时主要使用了相似性这种联结，一个愉快的情感易于被另一个愉快的情感跟随，而一个痛苦的情感则会被另一个痛苦的情感所跟随。所以，在先的快乐的感觉可以产生骄傲或爱，而在先的痛苦的感觉则可以产生谦卑或恨。具体而言，休谟是利用印象与观念之间的双重联结来解释间接情感，间接情感的产生包含了印象与观念的双重关系。我们以骄傲为例来说明这种联结的具体过程。一个骄傲的原因的观念，如一栋漂亮的房子，通过观念的因果联结，与它的制造者或所有者的观念是紧密相联的。而这栋漂亮的房子，或者是因为外观，或者因为实用和安全等，当它们呈现在心灵面前则产生了快乐的感觉，而这种快乐的感觉易于被骄傲所伴随。这栋漂亮的房子的观念产生了快乐的感觉，而当这栋房子的主人是自我时，这种快乐的感觉就转变成了骄傲。在此过程中发生了两种转变，一种是观念的转变，由这栋房子的观念转变到了自我的观念，一种是由快乐的印象转变到了骄傲的反省印象。产生骄傲的情感的原因是这栋房子，它们具有产生快乐的各种特征；而骄傲的对象则是自我。休谟通过印象与观念的双重联结就清楚地解释了间接情感产生的机制，他自己的归纳大致是，凡与我们自己或他人关联着的一切愉快的对象都借着观念和印象的联结而产生骄傲或爱，而凡不快乐的对象则都产生谦卑或恨。①

我们再来看直接情感。直接情感的产生有三种方式。第一种方式是不能说明原因的，休谟把来自自然的冲动或本能而产生的情感也归入直接情感。这些情感包括肉体的食欲、性欲等欲望，惩罚和友爱等心灵的欲望。②第二种是产生直接情感的主要方式，直接情感是来自善、恶、快乐、痛苦的印象，这种方式是自然的、直接的、立即的。直接情感既可以通过现前的快乐或痛苦的感觉而产生，也可以通过快乐或痛苦的观念，也就是通过回忆或想象而产生。在这里要特别说明的是，这种方式中在先的痛苦或快乐的感觉和跟随其后的直接情感并不是休谟所说的因果关系，它们的产生是立即的、自然的，只是心灵中呈现的知觉，它们并不是间接情感那样的因果序列。第三种方式与第二种方式相比，就不是自然的、立即的，这种方式产生的直接情感由于与间接情感的关系，也就具有因果序列。假设一个直接的快乐的印象，这个印象由一个是与我们自己或其他人有关的对象发生，通过印象与观念的联结而传来了骄傲或爱。伴随着骄傲或爱这些间接情感的快乐不仅给予了我们的欲望等直接情感增添了一种附加的力量，而且有时候还产生直接情感。比如，通过与他人的机智的交谈而获得的快乐，通过印象与观念的联结产生了爱那个人的感觉，这种间接情感的爱就会产生对他人利益的欲求这种直接情感。休谟认为，慈善就是伴随着爱的那种欲望，是对于所爱的人幸福的一种欲望和对于他的苦难的一种厌恶，慈善与爱之间是借一种自然而原始的性质而发生联系的。③

休谟讨论得最多的是间接情感，占了《人性论》中"论情感"部分三分之二的篇幅，休谟之所以这么安排有可能是他认为间接情感是他的独创，所以要花很大的篇幅进行论述。当然，休谟对情感的另一种分

---

① ［英］休谟:《人性论》（下），关文运译，北京:商务印书馆1980年版，第325、369页。

② ［英］休谟:《人性论》（下），关文运译，北京:商务印书馆1980年版，第478页。

③ ［英］休谟:《人性论》（下），关文运译，北京:商务印书馆1980年版，第419—420页。

类，即平静的和猛烈的情感，理解这种分类的情感也是很重要的。这种分类的情感的运作相对来说要复杂一些，因为二者是相互区别而又可以相互转化的。从对意志的影响这个角度来说，存在着一个主导情感，同时还有其他的情感或情绪存在。这种主导的情感可以是平静的，它可以把混合或结合在心灵中较微弱的情感转变成自己，也可以通过印象与观念之间的联结变得强有力量。一个处于热恋之中的人，他的主导情感是喜爱他的对方，他的情人的一些小过错和任性虽然会带来一些不愉快，但是这些微弱的情感会给予主导的或优势的情感以附加的力量。如果他发现他的情人爱上了其他人，那么他对情人的爱马上就会转变，甚至转变为恨。这个时候情人的任性不再是给爱增添附加力量，而是给予恨以额外的力量。

除了情感的主导原则或原理之外，休谟还谈到了习惯与想象这两个原则对情感所具有的力量程度的影响。习惯的重复作用给予情感的转化一种顺利感，顺利所带来的快乐并不是精神的激动，而是精神的顺畅，这种活动有时会非常有力。所以，习惯可以增强一切积极的习性，而减弱消极的习性。抽象或一般的对福利的思考，对我们的情感的影响是微弱的，这种思考带来的只是微弱的情感。这种情感与实在而现前的快乐来比，其力量要小得多。但是，通过习惯的作用，这种微弱的情感可以变得强有力，有时候可以成为我们的主导情感和我们的积极习性或倾向，并成为行为的一个原则。在想象原则上，休谟认为想象和情感有一种密切的结合。祸福观念对我们情感的影响随着我们想象的变化而变化。一个一般的祸福观念，产生的情感通常是模糊的，而一个具体而熟悉的快乐观念，产生的情感是确定而生动的。休谟举了古希腊史中的一个著名的史实，说明了一个一般的祸福观念如何可能通过想象而产生一个生动的印象，从而可能影响当时古希腊人的判断和决策。①

通过以上的论述，我们可以发现，情感产生的主要机制是印象与观念之间的联结机制。在情感的转化方面，主导原则、习惯原则和想象原

---

① ［英］休谟:《人性论》(下)，关文运译，北京:商务印书馆1980年版，第463页。

则发挥了重要的作用。这些机制或原则都是通过经验观察，从描述的角度得出的关于情感运作的规则。

四、情感的特征

关于什么是情感以及情感的特征等问题，它们是西方哲学中非常重要的内容。在休谟以前的哲学传统中，正如他自己所论述的那样，理性与情感是二元对立甚至相互斗争的。情感作为理性的对立面，被认为是盲目的、不断变化的和不可靠的。这样的二元对立甚至影响到了休谟自己，只不过他改变了传统的做法，在精神哲学中强调和确立了情感的主导地位。

从理性与情感的对立这样一个框架来看，情感可被分为两种，一种是不理性或者反理性的（irrational），一种是非理性或者不具有理性（nonrational）。第一种观点的典型代表是斯多亚主义，第二种观点的典型代表是詹姆斯主义。斯多亚主义虽然认为情感是不理性的，具有错误的信念，但用现代的话语来说他们的观点是认知主义的。认知主义认为情感是或者包含了判断、信念，情感有其对象，并对它有所判断与评价。詹姆斯主义则与此相反，认为情感是一系列的生理反应或感觉，由于这些反应与感觉而产生了情感。用现代的话语来说，詹姆斯主义是一种非认知主义，情感与理性无关。从认知主义与非认知主义的角度来看，休谟对于情感到底持什么样的观点呢？

一种观点认为，休谟关于情感的论述是非认知主义的。休谟认为情感是一种感觉印象，是不可下定义和描述的。"情感是一种原始的存在，或者也可以说是存在的一个变异，并不包含有任何表象的性质，使它成为其他任何存在物或变异的一个复本。"[①] 情感不是理性的对象，不具有真伪，"它们是原始的事实或实在，本身圆满自足。"[②] 休谟的这些论述

[①] ［英］休谟:《人性论》（下），关文运译，北京:商务印书馆1980年版，第453页。

[②] ［英］休谟:《人性论》（下），关文运译，北京:商务印书馆1980年版，第498页。

再加上笛卡尔的影响，即情感与生理与心理结构的关系，如"特有的本性""永久的构架和组织"，①使得人们认为休谟的观点是非认知主义的。这种观点正确地指出了情感具有的生理基础与结构，并且可以进一步说明情感所具有的表达性特征。

如何理解情感不是理性的对象，不具有真伪呢？根据休谟对理性的看法，理性的对象有观念和事物，关于这二者的判断或命题是有真假的。比如数学与逻辑中的观念之间的关系，"1+1等于2"为真而"A既存在又不存在"则为假。在关于事物的判断方面，"某物是圆形的"这个命题是有真假的，如果事实上某物是方形的，此命题则为假。虽然休谟对物质实体和存在的观念进行了哲学分析并具有自己的观点，但休谟并不否定关于某物的判断具有真假之分。休谟认为，情感并不具有如上的真假之分。圆形的观念来自对圆形的印象，前者是后者的摹本。情感本质上是印象，它并不反映外部的事实，因而它是原始的存在。具有某种情感是一种真实的心理状态，无所谓真假。虽然外部事物会影响人的情感，但情感并不反映这些外部事物。情感有其自身的来源，它不同于关于外在事物的印象与观念之间的关系。的确，这些观点给人以很强的非认知主义的特征。但是，情感的非认知主义这种观点却是不完整的，忽视了休谟对于情感的心理与道德心理的分析，也忽视了这种心理分析是在休谟的观念论中进行的事实。

另一种观点认为，休谟关于情感的论述是认知主义的。这种观点认为，休谟的情感有其对象和判断或评价。以间接情感为例，无论是骄傲与谦卑还是爱与恨，这些情感指向的对象是自我或他人，原因有财富与美德，而且这些情感都是评价性情感。就直接情感而言，喜悦与悲伤、恐惧与希望、欲望与厌恶，这些情感都是相关于某个对象，虽然这个对象有时候可能不是非常具体。比如恐惧，这种情感总是指向某种对象，相关于这个对象的某个让人害怕的性质。就道德情感而言，它的认知特征更为明显。我们的赞同与不赞同，总是通过行为而指向某种品质，形

---

① ［英］休谟：《道德原则研究》，曾晓平译，北京：商务印书馆2001年版，第146页。

成了对这种品质的道德判断。情感作为我们的一种意识，具有意向性的特征与结构，总是以某物为对象，这种意向性就是认知性。认知主义的这种解读在休谟那里确实有文本的支撑，休谟对于情感的心理学解释证实了这一解读。

既然情感有其对象，有其产生的原因，情感就与外部事物发生了一定关系。如果误以为对象存在或者具有某种原因，一般认为与此有关的情感是不正确的。休谟在论及审美及其趣味的标准的时候，认为审美和趣味都有其标准，并且举例以证明他的观点。休谟在《论趣味的标准》一文中，引用了《堂·吉诃德》里的一则故事。从两个人品酒而判断酒中有某物的例子中可以看出，我们的感觉与趣味的标准和外在事物有关，趣味的正确与否甚至与外部世界是否相符合有关。① 要想确保趣味的正确，就需要理性的作用以使情感运用于正确的对象和原因。休谟写道："如同在其他许多方面一样，在这方面，理性即使不是趣味的基本要素，至少也是运用趣味时所必需的。"② 以趣味的例子来看，情感就具有很强的认知主义特征。

这样理解的话，情感似乎就有真伪之分，从而第一种观点就是不成立的。然而，如同非认知主义的解读一样，认知主义的解读也是不完整的。休谟非常重视同情在情感中的作用，同情在动物和幼儿那里都是存在的，但却不能认为二者具有认知主义的特征。另外，情感的表达性特征离不开生理基础，休谟对于表达性在同情中的强调也说明了认知主义的解读是不完整的。

就情感的认知主义与非认知主义两种观点而言，任何一种观点都难以做到对情感的完整解读。一方面，情感有其意向性，情感与个人对世界的信念、态度与价值等有联系；一方面，情感有其表达性，情感的表达依赖于或者具有一定的生理基础与结构。以恐惧为例，这种情感因某个对象的令人害怕的性质而产生，也会表现为诸如心跳加速、肌肉紧张

---

① ［英］休谟：《休谟散文集》，肖聿译，北京：中国社会科学出版社 2006 年版，第 221 页。

② ［英］休谟：《休谟散文集》，肖聿译，北京：中国社会科学出版社 2006 年版，第 225 页。

等一系列的生理反应与感觉，不管这些感觉是否被意识到。信念在我们的情感中似乎是必不可少的，但有时候身体的不适感觉引起了痛苦与悲伤等情感。因而，认知主义与非认知主义的解读可能都不完整。认知主义实质上是把情感规约为或还原为信念与态度等判断，这种还原是一种过度的简化。同样，非认知主义是把情感还原为基于生理的感觉或表达，这种方式也是一种过度的简化。在休谟那里，他并未采取任何这样一种简化的方式，情感既具有认知主义的特征，也具有非认知主义的特征。

休谟的情感同时具有认知主义与非认知主义的特征，意味着情感的复杂性与多样性。情感既具有生理 - 心理的复杂结构，也具有社会 - 文化的特性。这样的复杂性使得我们对情感的认识要放弃那种过度简化的二分法，关注或采用一种综合的观点。A. C.拜尔持一种综合的观点，以道德现象学的方法搭建认知主义与非认知主义进行沟通的桥梁。①A. C.拜尔这种综合的观点，可视为一种源自于而又发展了休谟的观点。当然，在休谟那里，情感的非认知主义特征并未像后来的詹姆斯主义或情感主义那样明显与充分；而他受理性与情感二元对立的哲学传统的影响，情感的认知主义特征同样并未凸显。但毋庸置疑的是，休谟的情感同时具有认知主义与非认知主义的特征，并且采用的是一种综合的观点。情感是一种感觉，同时又是印象与观念的复合，而且又受到社会与文化的影响。

除了认知主义与非认知主义之外，休谟对情感的特征的看法受到洛克的影响。洛克区分了事物的第一性质和第二性质，形状、大小等属于前者，颜色、味道等属于后者。休谟把他的观念论中的观念比作第一性质，把印象比作第二性质。"观念可以比作物质的广袤和填充性，而印象，尤其是反省印象，可以比作颜色、滋味、气味和其他可感知的性质。"②属于反省印象的情感类似第二性质意味着什么呢？就第二性质是

---

① Lilli Alanen," What are emotions about", *Philosophy and Phenomenological Research*. Vol.67, No. 2 (Sep. 2003), pp.311-334.

② ［英］休谟:《人性论》(下)，关文运译，北京：商务印书馆1980年版，第403页。

主观的而言，情感本身亦是主观的感受。如同颜色一样可以混合，反省印象或情感也可以合并，情感的这种特征造成了人类心灵一些非常奇特的现象。正是因为如此，我们才会有慈善、恶意，甚至二者的混合。休谟所言的这种特征表明，诸多情感是由基本情感通过合并或混合而产生的，这一点前面已经有所论述。在后面论述道德部分的时候，情感的这一性质与善恶的性质相关，被认为是一种投射的观点。

第二节　同情

一、同情：心灵之镜

除了本能的或原初的情感外，其他的情感都有产生的原因，而且我们已经在上面做了相关的论述。无论是直接情感还是间接情感，都是来自于快乐或痛苦的感觉，苦乐感是产生情感的主要来源。休谟在"论情感"中认为，同情对情感有着重要的影响，是"一种次生的原因"。[①]在后面的"道德学"部分，同情原则发挥了不可替代的作用。

休谟的同情理论如同他对情感的看法一样，在继承了传统同情理论的同时也做出了自己独特的理论贡献。从14世纪到17世纪中叶，同情只是作为两个事物之间的同类或密切关系，并没有运用于人们情感之间的交流。在17世纪后期，英国的加尔文主义的清教徒认为，人的本性是邪恶的、不道德的，这种观点得到了霍布斯的哲学观点的支持。霍布斯阐述了人的行为的心理机制，认为人的本性是自私的，人类的一切行为最终都是来自自私的情感。为了反对清教徒和霍布斯的观点，当时的部分思想家开始对人类的心理作出分析。他们认为，同情和怜悯这些情感的存在证明了并不是所有的情感都是导向个人的自我利益，因为这些情感是以他人的利益为目的的。对他人的同情被认为是我们仁慈本性的

---

① ［英］休谟：《人性论》（下），关文运译，北京：商务印书馆1980年版，第352页。

一个清楚的标志。这个时期主要的观点还是把同情和怜悯、仁慈联系在一起，同情也主要是非意愿和被动的特征。在18世纪，同情在宗教和道德哲学中成为了一个常见的主题。沙夫茨伯利（Shaftsbury）把同情的积极作用引入到他自己的情感主义的道德观，强调了自然感情和社会生活的愉悦性。沙夫茨伯利不再集中于怜悯和怜惜中悲伤和悲哀的同情的交流，而是看到了社会中愉悦的感情交流是快乐的一个主要来源。巴特勒（Joseph Butler）放弃了从本能的，非反思的同情来说明怜悯，他认为怜悯是对他人福利的关注，他使用想象的替代来解释怜悯。当我们把自己放在他人的处境中，我们会感到一种和他人类似的情感。这样就不需要诉诸本能的、自动的同情，想象的替代就是一个有意识的、反思的过程。① 但是，巴特勒并没有解释清楚我们是如何获得关于他人的情感的一个知觉或感觉的。

休谟之前的哲学家已经开始了对人类活动的心理学研究，并且把同情引入到伦理学和情感的研究之中。休谟在对情感和道德的分析中也都涉及了同情。我们可以发现，休谟对同情的使用显示出了他的独特性。第一，休谟认为同情是我们人性的一种性质或倾向，通过同情我们可以传达和接受他人的心理倾向和情感。第二，对他人情感的知觉是依据印象与观念之间的联结，通过想象而发生的。休谟认为这就是同情的本性和原因，同情"只是一个观念借想象之力向一个印象的转化"。②"每当我们发现其他人的意见和感情以后，我们就以这个方式那样地深入到这些意见和感情之中去。"③ 第三，同情不是某种情感，而是产生情感的一种机制和能力。同情不是怜悯，也不是爱或恨，但通过它可以传达憎恨、愤怒、尊重、爱情、欢乐、忧郁等情感。休谟把人们的心灵比作互相反映的镜子，一个重要的原因就是通过同情，我们的心灵不仅反映了

---

① Herdt, J.A., *Religion and faction in Hume's moral Philosophy*, Cambridge, U.K: Cambridge University Press, 1997, p.35.

② ［英］休谟:《人性论》（下），关文运译，北京：商务印书馆1980年版，第465页。

③ ［英］休谟:《人性论》（下），关文运译，北京：商务印书馆1980年版，第355页。

人们的情感，而且还具有了和他人相同或相类似的情感。前者更多的是一个认知的过程，主要借助于因果推理；而后者更多的是一个情感传递的过程，这个过程是自然的，是立足于我们的人性倾向。第四，同情具有社会性。人类是具有社会结合的欲望的动物，同情是一种适合于社会结合的条件。"每一种快乐，在离群独享的时候，便会衰落下去，而每一种痛苦也就变得更加残酷而不可忍受。不论我们可以被其他任何情感所推动，如骄傲、野心、贪婪、好奇心、复仇心或性欲等，这些情感的灵魂或鼓动原则，都只是同情作用；如果我们完全除去了别人的思想和情绪，这些情感便都毫无力量。"① 最后，同情是道德区分的来源，它不仅产生了一切人为之德的道德感，而且也是自然之德的道德感的一个主要来源。

从休谟对同情的界定和其特征的描述上看，还有必要对其作出进一步的辨析。通过同情而产生的情感到底是谁的情感？如果是他人的情感，那么我们的情感就与他人的情感相同，这种情况严格的说是移情而不是同情。在婴儿那里，他们会根据我们的表情而作出相应的情感反应。演员可以完全投入表演之中，而观众在观看表演的时候，产生的移情是把自己放置于相同的情境之中，因而表现出和演员一致的情感，从而产生情感共鸣。休谟自己写到，"一个悲剧诗人通过他所介绍进来的角色，表象出一长串的悲伤、恐怖、义愤和其他感情来，而悲剧的观者（spectator）也就随着经历下这一长串的感情。"② 从休谟的这种论述可以看出，似乎休谟的同情就等同于移情。如果是这种情况的话，同情就只是传达情感的一个通道，简单地把一个人的情感传达给另一个人。但是

---

① ［英］休谟:《人性论》（下），关文运译，北京：商务印书馆1980年版，第400页。

② ［英］休谟:《人性论》（下），关文运译，北京：商务印书馆1980年版，第406页。在休谟那里，他使用的是 sympathy 一词，中文翻译为同情。Empathy 一般翻译为移情。同情（sympathy）与移情（empathy）是相互区分的，前者是通过同情机制形成自己的情感，后者是具有他人的情感。休谟对 sympathy 的使用较为宽泛，包括了empathy，但休谟主要是在上述所说的前者的意义上使用。David Hume, *A Treatise of Human Nature*, edited, with an analytical index by L. A. selby—bigge, Oxford: The Clarendon Press, 1896, p.316.

实际情况却并非如此。一栋漂亮的房子的主人，因为房子所带来的快乐产生的是骄傲的情感。而对于作为观察者的我们来说，通过同情的快乐产生的并不是骄傲的情感，而是一种尊重的情感。甚至连这栋漂亮房子带给其主人的快乐也是不同于观察者的快乐的，房子的主人所享受的快乐是"一种原始的快乐"，而观察者的快乐则是"一种次生的快乐"。①这两种快乐在生动程度上是有区别的，特别是经过同情的多次重复之后，在观察者中所产生的情感就是极其微弱和混乱了。如此看来，休谟的同情虽然包含有移情成分在内，但不能等同于移情，经由同情而产生的情感与它的原始情感是有某种区别的。

通过同情而产生的情感，还有可能只是自己的情感，是自己情感的一种投射，从而把自己的情感误认为是他人的情感。休谟认为，同情是和自我的观念密切联系在一起的。因为我们不能直接知觉到他人的情感，所以同情是借助于想象，由一些外在的标志而推知他人的情感。在这个过程中，如果我们只是简单的依据一些外在的标志，这个推理过程肯定是不准确的，很有可能是别人并不具有某种情感，而我们从自己的角度认为他具有这种情感。所以，为了确保我们推论的准确性，就必须要把我们放置在他人所处的境况中。通过了解产生他人的情感的真实原因，我们才可以确定他人具有这种情感。但是，我们无法确保这些原因所产生的影响在我们身上和他人身上是一样的。因为个人所处的位置不一样，或者个人的倾向不一样，因而对环境的反应是不一样的。有时候某种对象或原因产生了他人的一种情感，而在我们却并未如此。我们很容易受与我们自己关系密切的对象或原因的影响，"我们与任何对象的关系越是强固，想象就越容易由此及彼进行推移，而将我们形成自我观念时经常带有的那种想象的活泼性传到相关的观念上去。"②这种情况的发生就沦为了自我主义，把自己限制在自我的圈子里面，从自己的角度来理解他人和他人的感受。但是这种情况明显的与休谟的论述是相矛盾

①［英］休谟:《人性论》(下)，关文运译，北京：商务印书馆1980年版，第403页。

②［英］休谟:《人性论》(下)，关文运译，北京：商务印书馆1980年版，第354页。

的，休谟认为正是通过同情，我们跳出了自我狭小的圈子和范围，使我们体会到了他人的感受，使我们意识到他人的感受和我们自己的感受都是同样真实存在的。因此，在这里我们要避免在使用同情原则时可能会陷入的自我中心主义，在充分了解的基础上通过同情准确的体会到他人的情感。

通过以上辨析可以明白，同情不是一种完全被动的、自动的机制或装置，通过它一个人的情感可以简单而准确地传达给另一个人。同样地，同情也不是一种完全主动的能力，通过它我们可以把我们自己的情感投射到他人，而把我们自己的情感误认为是他人的情感。同情是一种主动和被动相结合的心理原则，它是人性的一种强有力的原则，在联结的基础上显示了一种能动的机制或能力。

二、同情的机制

在理解了同情的含义和特征之后，接下来分析同情的机制：同情是如何工作和进行的。在具体的说明之前，我们要确定这样一个前提，那就是休谟对同情的阐明是与知性论部分紧密联系在一起的。休谟认为这两个部分是一种类似的关系，知性论部分的原理或原则可以运用于同情的运作之中。

正是因为知性论部分和同情原则的这种联系，所以我们就有必要说明知性论部分观念的联结原则。休谟认为，"产生这种联结，并使心灵以这种方式在各个观念之间推移的性质共有三种：类似，时空接近，因果关系。"① 观念的联结是和想象的运作一起的，因为想象可以自由地移动和改变观念。先看类似方式，在我们的思维过程中，想象很容易使一个观念转变到任何另一个和它类似的观念。比如传统谚语说的，一朝被蛇咬，十年怕井绳。再看接近方式，我们的感官根据对象的互相接近的次序而做出有规律的变更，所以想象因长期的习惯，在想象它的对象时

---

① ［英］休谟:《人性论》（上），关文运译，北京：商务印书馆1980年版，第22页。

是依次经过空间和时间的各个部分。如果你回到久未居住而变化很大的故乡，你的回忆会随着你对周围的注意力而呈现当时的情景，当你看到你自己的故居时，你会想起你的邻居，进而想起其他的事情来。关于因果关系，休谟认为在三种方式中，因果关系的范围最为广泛。当一个对象作为原因存在时，我们自然就会推测它的结果；当一个对象作为结果出现时，我们自然就会回溯到它的原因。比如休谟认为血统关系是一种因果关系，看见一个小孩我们就自然地会想到这个小孩的父母亲。这三种观念的联结方式都被休谟运用到了同情理论中。

在情感的产生过程中，我们是根据我们自身中的苦乐感这种原始的印象而产生了我们的情感。苦乐感的产生需要对象的刺激，我们的苦乐感和情感不是对象的性质，它们是第二性的。虽然有的对象看起来是令人快乐的或痛苦的，但这只是我们把我们的情感投射到这些对象之上，是我们的情感润饰这些对象的结果。在同情中，我们是传达他人的情感，而不是把我们的情感投射在他人身上。虽然通过同情我们的情感可以反过来影响他人的情感，但首先是他人的原始的情感，而我们的情感只是次生的。所以同情的过程，就与一般的情感产生过程是不同的。一般的情感的产生只是因为对象刺激起了我们的苦乐感，在此基础上形成了我们的各种情感。而在同情中，首先出场的并不是我们的苦乐感，他人并不是刺激我们而产生我们的苦乐感。所以，一般的情感直接或间接的产生于我们自身的苦乐感，而同情的情感不是起源于这种苦乐感，因为他人的情感不能起源于我们的苦乐感。而且，我们不能直接感知他人的一切感觉和情感，正如他人不能直接知觉我们自身的一切感觉和情感一样。因此，对同情的说明不能依据于苦乐感这种原始印象，而只能从他人情感的外在标志入手才能给予解释。

同情的过程是如何进行的，这个过程具有什么样的机制呢？对同情的心理机制的说明和详细描述，必须结合联想的三大原则：相近原则、相似原则、因果原则。这一心理过程或者心理机制包括四个步骤。休谟认为，当任何情感借同情而注入心中时，那种情感最初只是依赖于这种情感的结果，通过这个情感观念的外在标志而被我们认知的。也就是说，我们通过这些外在标志，比如声音、表情、姿势等，从而获得他人的情感观念。进而通过反思自己过去的经验，想想自己的情感是如何有规则的与自己的声音、表情、姿势联系在一起的。当发现别人的外在表现与自己相似时，就会认为他人也有和自己相似的情感。这是第一个步骤，在这个步骤中使用了因果原则和相似原则。这个情感观念立刻就转变为我们心灵中的一个印象。如果关于他人的情感观念是令人快乐的，依据情感传递时的相似原则，一种快乐的印象或观念会传递相同性质的情感，那么在我们自身上也往往产生快乐的印象。由一个情感观念而转变为一个印象这是第二个步骤。此时，通过这种观念而产生的印象还不是具有很大的强力和活泼性，必须发挥想象的力量把印象和其他观念相联结。当我们把自己放置在他人的处境中，通过想象设身处地地了解了产生他人情感的原因后，这些原因的观念使得我们的印象得到了很高程度的强力和活泼性。这是第三个步骤，我们的情感成为了一种生动而活泼的印象。我们易于经历在相同的处境中与自己相似的人的情感。我们会与自己年龄相似、性别相同、国籍相同的人具有相似的情感。这样，我们就获得了与他人相似或相同的情感。这是同情的最后一个步骤。休谟认为，自然在一切人之间保持了一种很大的类似性，通过这种类似性，我们在他人方面所观察到的任何情感或原则，都可以在自身发现与之平行的情感或原则。[①]

休谟通过我们自己的心灵的内部活动的描述，揭示了我们是如何通过同情而获得与他人相类似或相同的情感的。休谟认为，观念和印象这两种知觉的根本不同是它们的强烈和活泼程度的不同。因而，我们对他人情感而形成的观念和他人的真实情感这种印象之间并不具有性质上的区别，他们的组成部分是完全相同的，两者只是强烈和活泼程度上的差别。而这种差别可以依靠印象和观念的关系所消除，所以，借助想象的力量，通过观念之间的联结，一个情感的观念可以借此大大地活跃起来，以致变成那个情感自身。休谟对同情给予了一个形象的描述，"正像若干条弦线均匀地拉紧在一处以后，一条弦线的运动就传达到其余条

① ［英］休谟:《人性论》（下），关文运译，北京：商务印书馆1980年版，第354页。

弦线上去；同样，一切感情也都由一个人迅速地传到另一个人，而在每个人心中产生相应的活动。"① 休谟对同情的这种说明，似乎显示他人的情感必然可以传达给我们，唯一的差别只是程度的不同而已。他运用观念论对同情的说明，使得同情具有自动性，或者说是一种类似机械性的装置；而他对想象的强调，则又说明了同情是人类的一种能力。虽然休谟对我们的情感的最终原因不进行追问，对同情也是同样如此，他只是采用经验描述的方法来阐明我们的情感和同情，但我们还是可以发现休谟是非常乐观的。他也认为别人的情感不能直接呈现于我们心中，我们只是感到别人情感的原因或效果，进而从这些原因或效果就可以推断出那种感情来，并且通过同情我们自身也具有相似的情感。休谟还把同情原则运用到审美和道德领域，道德领域则是他使用同情的主要领域。

但在道德领域这种看法遭到了质疑。这种质疑正是针对休谟的想象和观念联结在同情中的运用所导致的问题。这种反驳观点认为，同情是容易变化的，相比于远离我们的人，我们更容易同情接近我们的人。因为同情受到了联想的相近原则的影响，相近的人更能激发我们的同情，我们对他们的感觉印象更为生动。于是，相比于陌生人，我们更容易同情相识的人；相比于外国人，我们更容易同情本国人。虽然同情有这种变化，可是，我们对于同样的道德品质会给予同样的赞许，不管这个被赞许的对象是在中国还是在英国。同样的道德品质都会得到一个明智的观察者的尊重。同情会因人而异，但是尊重却不会。所以，我们的尊重不是由同情发生的，不是建立在同情原则的基础上的。② 休谟意识到了这一局限并对这种质疑给予了反驳。休谟承认同情的远疏近亲是一种自然事实，它也和我们的自然本性相符合。我们的想象比较容易受特殊的事物的影响，而比较不容易被一般的事物所影响。但是我们的位置是不断变化的，随着位置的变化，一个远离我们的人会成为我们相近的人，一个陌生人会成为相识，一个国外的人和我们一样都是人类。所以，休

---

①　［英］休谟：《人性论》（下），关文运译，北京：商务印书馆1980年版，第618页。

②　［英］休谟：《人性论》（下），关文运译，北京：商务印书馆1980年版，第623页。

谟认为，我们的"想象坚持着对于事物的一般看法，并把这些看法所产生的感觉和由于我们的特殊而暂时的位置而发生的感觉加以区别。"①

在同情过程中，受相近原则影响，我们对那些在时间和空间上与我们相近的人容易发生同情，这种同情的程度胜过了我们对时间和空间都相对遥远的人的同情。这种同情与自我观念紧密地联系在一起，以自我为同情的中心，而根据与我们距离的远近而发生不同程度的同情。在相似原则上，类似的情况同样也会发生，我们更容易同情那些在身体上或心理上与我们相似的人。比如我们对同龄人的同情胜过不是同龄的人，在具有相似经验的人们之间也更容易发生同情。这种以自我为中心的同情在因果关系中表现得尤为明显，相对于别人的孩子而言，父母会对自己的孩子的感受更加敏感，自己孩子的每次痛苦都更容易牵动父母的心。除了受这三种明显的关系的影响外，我们的同情还受到相识关系和习惯等的影响。同情的想象在运作的过程中受到了这些关系的影响，而这种影响的展开是以自我为中心的。休谟的反驳正是要跳出自我的狭小圈子，使我们的想象遵守一般的观点，由此发生的同情是可以和他人分享的。我们在观看一部古希腊的电影或阅读古典小说时，主人公与我们的时空距离都很遥远，与我们的类似性也小，和我们更加没有血统关系，但是我们仍然被这个主人公的事迹所感动，被他强烈的爱国之情所感染。我们的同情之所以这样，正是因为我们的想象脱离了自我的限制，而从一个一般或普遍的角度来感受主人公的事迹和情感。而大部分的人都受到这种感动，这一事实也证明了同情原则在某些情形中不是以自我为中心的，我们可以获得相互分享和交流的情感。

对同情的阐明我们可以总结如下，虽然我们对他人的感觉和情感并不具有直接的知觉，但通过同情他人的情感传达给了我们，使得我们具有了和他人相类似的情感。同情的运作主要是依据观念之间的相近、类似、因果关系，通过想象而进行的。同情不可避免地要受到自我观念的影响，但是想象依据一般的观点而使我们把来自自我观念的

①［英］休谟：《人性论》（下），关文运译，北京：商务印书馆1980年版，第629页。

影响降到最低。这样，我们的同情就是一种普遍的同情，是可以相互之间分享的。

第三节　情感的作用与地位

休谟的哲学包括道德哲学，给人的一个印象是十分重视情感的作用与地位，这与休谟背后的理论传统是分不开的。近代欧洲哲学出现了理性主义与经验主义两大传统，休谟采用了经验主义的做法。在英国的道德哲学领域，出现了理性主义与情感主义的争论，休谟加入了情感主义的阵营之中。经验主义与情感主义在休谟那里获得了很大的发展，并且在他那里走向融合。这带来非常大的影响，一方面削弱了理性在哲学中的作用于地位，另一方面确立了情感在哲学中的作用与地位。

休谟是近代经验主义哲学的集大成者。经验主义大多采用由经验形成观念，再由观念形成知识的理论进路。在休谟以前，这一理论进路自身出现了问题。洛克在面对心外有物的理论问题的时候，通过理性推理而确定外物的存在。洛克的做法遭到了贝克莱的反驳，后者认为洛克的推理是没有经验依据的。贝克莱在反对洛克的同时又陷入了另一问题，观念的来源最终需要上帝的帮助。洛克与贝克莱的经验主义的问题，源于其理论的不彻底，但都一定程度上削弱了理性的作用。

休谟采取严格的经验主义立场，这在他的《人性论》中的副标题可以体现出来。休谟认为，所有的观念都来自于印象。对于休谟而言，最重要的就是要解释因果观念的来源。在洛克和贝克莱那里，他们虽然认同观念来自于经验的观点，但是都认同因果关系是一种逻辑关系，是理性推理的基础。正是在这一点上，休谟不同于洛克和贝克莱。休谟关于因果观念的来源的解释有两个阶段，分别是批判和建设阶段，休谟的解释具有经验主义和自然主义的特征。

在批判阶段，休谟针对因果观念的理性作用提出批判，批判的对象包括理性主义与他之前的经验主义。理性主义认为因果观念或推论是理性的运用，因果关系是演绎推理、是必然的。经验主义同样认为因果推论是理性的，但它是或然的。休谟认为，因果推论不是观念间的先验推理，也不是基于事物的某种"能力""隐含的力量"，这两种推论方式都是不成立的。在这个阶段，休谟反对理性是因果观念或推论的基础的传统观点。在建设阶段，休谟对因果观念提出了自己的解释。根据观念来自印象的观点，休谟马上面临了一个难题，即因果观念缺乏对应的印象，这个难题来自于严格的经验主义。在经验主义的立场上，休谟对此给出了一个自然主义的解释。"因为任何一种动作在屡次重复之后，如果产生了一种偏向，使我们不借理解的任何推论或过程，就容易来再度重复同样动作，而我们总说那种偏向就是习惯。"[1] 因果观念来自于习惯，它是我们内心中的一种倾向性。因果信念，"它一定是信念所含有而虚构所没有的某种情感、某种感觉。和所有其他的情感或感觉一样，这种情感或感觉一定由'自然'（即关联原则的作用）在我们的内心唤起。"[2] 因果观念中的必然性同样来自于我们内心的感觉或印象，而不是来自理性的推论。

特别值得一提的是，在休谟的观念论中，情感对于观念和信念都有重要作用。"正如刺激我们的情感几乎绝对必需一个信念似的，同样，情感也很有利于信念。不但传达愉快情绪的那一类事实，而且往往还有给人痛苦的那样一些事实，也都因为这种缘故更容易成为信念和意见的对象。最易被人唤起恐惧的一个懦夫一听到人们讲到危险，马上就会加以同意，正如一个心情悲哀和忧郁的人，每逢听到滋长他的主导情感的事情，就轻信不疑。"[3] 休谟表达的是我们的判断和情感相互协作的观点，情感的作用是不能排除的。我们具有的信念的是否有力和稳固，与我们的情感的强烈程度有关。由此可见，休谟在认识论中肯定了情感的积极作用。

---

① ［英］休谟:《人类理解研究》，关文运译，北京:商务印书馆1981年版，第41页。

② ［美］夏洛特·兰德尔·布朗，威廉·爱德华·莫里斯:《从休谟出发》，孙礼中、李肖飞译，哈尔滨:黑龙江教育出版社2017年版，第95—96页。

③ ［英］休谟:《人性论》（上），关文运译，北京:商务印书馆1980年版，第140页。

在道德哲学领域，休谟是英国近代情感主义的集大成者。英国近代的理性主义与情感主义虽然都反对霍布斯的自私的观点，但在道德的基础这个问题上却发生了持续的争论。理性主义者持道德实在论的立场，肯定理性在道德中的基础地位。情感主义者受洛克的经验主义的影响，认为价值判断与来源和我们的情感相关。休谟反对前者的观点而赞成后者的观点，他也分批判和建设两个阶段来表达他的伦理思想。

在批判阶段，休谟既批评理性主义的观点，也批判霍布斯的观点。针对理性主义的道德实在论，休谟借用洛克的观点来反驳。行为的善恶性质，不是理性可以发现的事物本身具有的某种关系极其适合，否则其他非道德事物也会具有道德关系。善恶的性质，类似事物的第二性质，依赖于我们的主观感觉而不是理性的发现，主要与快乐或痛苦的感觉相关。休谟赞成情感主义对于霍布斯的反驳，人类心灵中除了自私的欲望之外，仁爱、同情与怜悯都是真实存在的，后者更应该成为道德的基础。在建设阶段，休谟的情感主义具有自己的理论贡献。休谟此前的情感主义，如哈奇森认为我们具有道德感，但道德感的来源却有神秘主义的色彩，并且认为仁爱是道德行为的基础。休谟不赞同情感主义的上述观点，他要给予情感和道德情感更加经验的解释。否则，情感作为道德的基础是难以立足的。在此，我们不具体讨论情感如何作为道德的基础，后面对于这个问题会有详细的讨论。

对情感和道德情感的解释，与休谟的观念论有密切的关系。情感属于印象或反省印象，情感的运作机制与印象和观念的联结相关。休谟对于这种联结的说明是在经验主义与自然主义的框架内，这从同情理论可以看出来。同情理论表明，我们的情感具有社会性，是可以相互交流和共享的。这不仅是因为我们有一个共同的人性的前提，而且也取决于我们的社会生活的需要。以快乐或痛苦为主要来源的情感，以及依赖同情原则，休谟对与情感相关的问题给出了心理学上的解答。这些问题涉及情感的来源、本性、运作、产生的原因等，特别是情感是否具有稳定性和一致性的问题。休谟对情感的考察，充分的验证了他的观念论，同时也为之后的道德哲学做了必要的理论准备。休谟的这种考察有一个很重要的影响，即在心理学上否定理性的主导作用，确立了情感自身的作用与原则。

在休谟哲学中，理性的作用遭到了很大的贬损，随之而来的是情感的作用得到了凸显。情感的作用体现在认识论、心理学与道德学等诸多方面，尤为体现在道德与美学之中。在认识论中，因果推论并没有理性的根基。休谟肯定情感在形成观念与信念中的作用，并且强调判断与情感的相互协助。在心理学中，情感自身有其产生的原因、运行机制与原则，我们的情感具有一定的稳定性并且相互之间具有传递性和一致性。在道德哲学中，情感是道德的基础，这不仅体现在一阶的道德判断上，而且也体现在二阶的善恶的性质和价值的来源上。休谟在以上诸多方面都肯定了情感的作用与地位，这是休谟哲学重情感的集中体现。

正是因为情感的这种重要作用，情感在休谟哲学中的地位也就彰显出来。从《人性论》三个部分之间的关系来看，情感论的部分是认识论和道德论的中间部分。情感论部分为认识论中的观点提供了直接运用和验证，并且也为道德部分做了必要的准备。道德部分为情感论部分的观点提供了直接运用和验证，从而间接证明了认识论中的观点。因此，情感论部分对于认识论和道德部分的理解都是很重要的，它处于一个三者相互联系的中介的位置。特别是，情感论部分与道德部分具有更为紧密的联系，如同情理论和动机理论。可以说，休谟的道德哲学不能离开他的整个哲学体系，尤其不能离开情感论部分。因此，这是我们选择从情感论部分开始研究休谟道德哲学的原因。

第二章 行为与动机

　　对情感的心理学阐明为如何说明人的行为实践奠定了基础。行为是自由的还是必然的，这是需要首先回答的问题。休谟对自由与必然有其自己的解释，在此基础上持一种相容论的观点。这种相容论主张，行为在不受外在强制的情况下是自由的，同时行为及其背后的动机与性格具有必然联系。行为的动机是出自理性还是情感呢？休谟区分了人性中理性与情感的不同本性、特征、作用范围与方式。依据二者的这些区别，在行为实践领域理性服务于情感，情感处于支配地位和发挥了主导作用。

　　休谟的动机理论在当今仍然有着重要影响，也遭到很多的反对和质疑。休谟的动机理论发展为休谟主义的动机理论，二者在坚持一些核心观点的同时也有一定的差异。休谟和休谟式的动机理论都坚持情感或欲望的支配地位和主导作用，理性发挥了工具理性的作用。这样的观点遭到了康德和康德式的观点的反驳，认为工具理性难以进行合理性辩护，并主张行为的动机应该是来自实践理性。在这种观点的对立与交锋中，我们可以看到休谟动机理论对实践哲学的持续的影响。

第一节 理性与动机

一、自由与必然的问题

　　人类的行为是自由的，还是被决定的？理性或情感对于人类的意志与行为会有什么影响？这些都是非常复杂而且极富争议的问题，休谟试图以他的人性论来回答这些难题。休谟首先是要回答人类行为是否是自由的还是被决定的，然后回答行为的动机问题。在此，我们主要论述休谟对第一个问题的看法。

自由与必然的问题是哲学史上一个长期受到争议的问题，这个问题的讨论离不开休谟的人性理论，特别是他的观念论。什么是自由、什么是意志、什么是必然，每个概念都非常复杂。对休谟而言，三个概念的界定虽然是复杂的，但依据观念论可以作出解释。

自由与必然的问题在《人性论》和《人类理解研究》中都进行了讨论，休谟都是先从必然这个概念开始的。休谟对必然的看法是一致的，以他的观念论为理论基础。在观念论中，因果问题一般又被称为休谟问题。依据经验归纳而形成的必然观念，不是事物本身具有的普遍必然性。休谟反对离开人类的经验或心理倾向，我们单凭理性可以发现事物的普遍必然规律。因果关系中蕴含的必然性"仅仅是心灵由一个对象转到它的恒常伴随物、由一个对象的存在推断另一个对象的存在的一种确定的倾向"。① 休谟认为，必然性在自然事物与人类行为中是一致的，其本质都是事物或行为的恒常结合与心理的推断。基于事物之间的恒常结合，我们以此形成习惯性的联想，从而得出了事物的因果关系和因果观念。同样，基于意志、动机或性格与行为之间的恒常结合，我们产生了二者之间因果联系的推断。事物之间的因果必然性与行为之间的必然性具有类似性，二者的理论基础是休谟的人性论与观念论。

在休谟那里，必然性不是来自外部事物，也不是来自理性推理，而是来自基于经验的心理倾向或习惯。在行为上，行为的必然性也只是我们的习惯，习惯是人生的伟大指南。虽然行为的必然性没有理性的根基，但却是为我们需要的。当我们说某人要为他自己的行为负责的时候，在法律或道德上就必须要肯定行为与主体的联系，而且是具有必然的联系。否则，一个伤害行为如果不能够和产生这个行为的主体联系甚

---

① ［英］休谟：《人性论》（下），关文运译，北京：商务印书馆1980年版，第438页。

至必然联系起来,那么为伤害行为负责就是不可能的。如果行为具有必然性,它是否还是自由的呢?因为在责任概念中,我们只为自由选择的行为负责,而对被决定的行为不负责任。一个某个行为是不得不做或者被迫做的,没有个人选择的自由,那么我们通常也说对于这个行为某人不负有责任。责任概念似乎包含了两个相互矛盾的要素,一个是行为的必然性,一个是行为的选择性。如果一个行为是必然的,那就取消了自由选择;而一个行为是自由选择的,也就取消了必然性。

面对这样的矛盾,休谟肯定人的自由选择。也就是说,个体可以对行为作出自由的选择。问题的关键是,休谟如何理解自由?休谟认为:"所谓自由只是指可以照意志的决定来行为或不行为的一种能力。"①作为行为能力的意志的自由,"很少有人能够区别自发的自由(如经院中所称)和中立的自由。很少人能够区别与暴力对立的自由和意味着必然与原因的否定的那种自由。"②从这段话可以看出,休谟区分了两种自由,即自发的自由和中立的自由。自发的自由与暴力相对立,指的是没有受到外在的强制或胁迫。中立的自由与必然相对立,指的是不受任何事物的支配或影响。在这两种自由中,休谟赞同第一种自由,而反对第二种自由。就第一种自由而言,行为不受外在的强制,意味着个人可以作出自由选择。在第二种自由那里,行为不具有必然性,意味着个人做出的选择都是任意的。休谟反对把自由理解为任意或机会,认为这是一种虚妄的感觉或经验。

休谟之所以认为中立的自由是一种虚妄的感觉,是因为它忽视了行为的必然性。我们完全可以想象自己的某个行为是自由的,"但是一个旁观者通常能够从我们的动机和性格推断我们的行动……而依照前面的学说,这正是必然的本质。"③在我们以为行为是中立的自由的背后,我

---

① [英]休谟:《人类理解研究》,关文运译,北京:商务印书馆1981年版,第85页。

② [英]休谟:《人性论》(下),关文运译,北京:商务印书馆1980年版,第445—446页。

③ [英]休谟:《人性论》(下),关文运译,北京:商务印书馆1980年版,第447页。

们的行为实际上受到必然性的支配或影响。因此，中立的自由是完全不存在的。如果它存在，这不仅危及责任，还将危及人类的法律与道德。法律与道德都假设了人类的行为受其影响或支配，而如果人类的行为完全是出自中立的自由，那么对行为的奖罚将不会起任何作用。

在此，我们可以发现在自由与必然的关系上，休谟持一种相容论的观点。就行为不受外在的强制而言，它是自由的；就行为有其内在原因而言，它是必然的。这种相容论的观点，兼顾了行为的自由与必然，认为二者是可以统一的。休谟的相容论的观点，是否已经解决了自由与必然的关系问题呢？从自由而言，行为不受外在强制是自由的，但是在受到强制的情况下，我们仍然可以说是自由的。这种情况下之所以说是自由的，因为也并不违背休谟所说的行为能力的意志。假设 A 拿枪指着 B，按照休谟的自由与暴力相对立的观点，B 就是不自由的。但是，B 仍然有自由，可以选择说出某个秘密或者不说。从必然而言，它意味着一种因果链条，行为的发生是有原因的，而这个原因又是由其他原因导致的。如果行为在这样的因果链条上，它就是必然发生的，没有其他的可能出现。但是自由意味着某个行为本来可以不发生，如某个伤害或犯罪行为，人可以作出这样的自由选择。这样的自由选择，是责任所需要的。反之，某个完全必然的行为，很难谈得上对该行为负有责任，因为它否定了行为本来可以不发生。这么说来，休谟的相容论是非常粗略的，只是一个断言，并没有给出详细地论证。在斯特德看来，在自由与必然的关系上，"我们需要证明，而不是断言自由与必然完全相容。"①在自由与必然的关系这个复杂问题上，休谟的相容论并未真正解决它。

作为行为能力的意志的自由，还有一个重要的概念是意志。什么是意志？"我所谓意志只是指我们自觉地发动自己身体的任何一种新的运动，或自己心灵的任何一个新的知觉时、所感觉到和所意识到的那个内在印象。"②意志这种印象和情感一样，是不能下定义的，但意志并不属

---

① ［美］巴里·斯特德：《休谟》，刘建荣、周晓亮译，济南：山东人民出版社1992 年版，第 207 页。

② ［英］休谟：《人性论》（下），关文运译，北京：商务印书馆 1980 年版，第437 页。

于情感。意志与情感都来自于苦乐的感觉，或者说是后者的结果。意志与情感都是苦乐感觉的结果，但二者是不同的。苦乐感直接通过意志而发动行为，似乎这是人的趋乐避苦的本能。苦乐感也可以直接产生欲望与厌恶等直接情感，这些情感通过影响意志而产生行为。"当身心的行动可以达到趋福避祸的目的时，意志就发动起来。"[①] 休谟把意志作为行为的能力，并且把它与苦乐感相联系，可以看出他否定了理性对于意志的决定性影响或支配作用。为什么不是理性，而是人的本能与动机性情感支配意志和行为后面会有相应的论述。在这里，如果我们把意志与自由联系起来就会发现，通过作为苦乐感的结果的意志，自由实际上是追求自我利益。自发的自由就是在不受外界强制或干扰的情况下，追求自我利益的满足。从政治哲学的视角看，休谟的自发的自由类似于消极自由。消极自由也是在不受如政府或他人的强制的情况下，自发的追求个人的利益。这一点在休谟的正义理论中得到了体现，基于正义原则而建立的政府，它的动机与目的根本上都指向个人利益的满足。

从必然、自由与意志的相互联系上看，在行为领域必然的存在意味着中立的自由是不可能的，但与免除强制的自发的自由是可以调和的。自发的自由作为行为能力的意志，它与我们的苦乐感和欲求相联系。苦乐感作为意志的原因，意志作为苦乐感的结果，二者具有一种因果关系，因此意志的产生具有必然性。休谟关于三者关系的意图，其实是为否定理性在行为中的支配作用，而肯定情感在意志与行为中的主导地位做准备。

二、理性与信念

在阐释了自由与必然的关系之后，休谟论述了理性与情感在行为、意志领域的具体运用，这被称为是休谟的动机理论。休谟的动机理论是自然主义的动机理论，人的本性和原则是休谟的自然主义动机理论的理

---

① ［英］休谟:《人性论》（下），关文运译，北京：商务印书馆1980年版，第478页。

论基础。休谟的动机理论在动机论中是一种特别而重要的理论，它不仅在一般的行为领域，而且在道德行为的领域都发挥了重要的作用。

休谟首先指出了传统哲学的做法，那就是把理性与情感对立起来，重视理性而贬斥情感。"理性的永恒性、不变性和它的神圣的来源，已经被人渲染得淋漓尽致；情感的盲目性、变换性和欺骗性，也同样地受到了极度的强调。"① 休谟对传统哲学的做法给予了强烈的反击，他主要从以下两个方面指出了传统哲学的错误：第一，理性单独不能成为意志或行为的动机，第二，理性在指导行为或意志方面不能反对情感。

理性为什么不能成为行为的动机？这是由其本性和原则决定的。理性可以分为两种，一种是"依照理证来行判断"，一种是"依照概然推断来判断"。② 第一种是处理观念之间的关系，主要运用于数学与逻辑中；第二种是处理世界中事实之间的关系，主要体现为因果推理。这两种理性的作用在于发现真或伪，"真或伪在于对观念的实在关系或对实际存在和事实的符合或不符合"。③ 休谟认为，人的行为动机属于实践领域而不是思辨领域，理性的本性和作用方式决定了其不能作为行为的动因。理性的判断是平静的、懒散的，完全没有主动力，永远不能阻止或产生任何行为或情感。休谟分析了理性起作用的两种方式。单独从第一种作用方式，即理性是处理观念之间的关系，很少有人认为这种方式可以成为任何行为的原因。这种方式只有在指导因果推理的过程中，才能影响我们的行为。从第二种作用方式看，由苦乐感产生的欲望或厌恶情感，扩展到由理性所指出的那个对象的原因和结果。这里就有了因果推理，随着我们的推理发生变化，我们的行为也因之变化。我们的行为随着推理的变化而改变，似乎说明了第二种作用方式可以成为行为的动因。休谟认为，如果我们没有在先的欲望或厌恶，如果我们对原因和结

---

① ［英］休谟:《人性论》（下），关文运译，北京：商务印书馆 1980 年版，第 451 页。

② ［英］休谟:《人性论》（下），关文运译，北京：商务印书馆 1980 年版，第 451 页。

③ ［英］休谟:《人性论》（下），关文运译，北京：商务印书馆 1980 年版，第 498 页。

果都是漠不关心，我们就不会关注那些原因和结果。斯特德举了一个很好的例子来说明这种情况。我通过观察或推理知道隔壁房间有一个西瓜，通过推理还知道如何做才会得到这个西瓜。显然，如果我根本就没有吃西瓜的欲望，或者把它送人的其他欲望，单靠这些推理我是不会做任何事情的。① 所以，理性不能产生行为的冲动，我们使用它以发现事物的特征和事物与其他事物之间的联系。除非有一种吸引的情感或对某物的厌恶已经存在，否则关于事物的因果知识不会影响行为。

单是理性不仅不足以产生任何行为，而且在指导行为意志方面也不能和情感争夺优先权。理性和情感不会互相反对，因为理性并不能产生行为的冲动，理性就肯定不会反对某个冲动；只有一个情感可以反对另一个情感。当时还有一种解释方式认为，理性产生心灵的表象状态；这些心灵表象以某种方式呈现或描述了我们的世界，或者真实或者虚假。休谟认为，情感不是表象，是一种原始的存在，并不包含有任何表象的性质，从而不是任何存在物的一个复本。例如，愤怒是一种感觉，既没有真实也没有虚假，"当我愤怒时，我现实地具有那样一种情感，而且在那种情绪中并不比我在口渴、疾病或是五英尺多高时和其他任何对象有更多的联系。"② 情感作为反省印象，它们的主要来源是苦乐感，而苦乐感并不是关于世界的原始印象，它们是原始的。依据休谟的看法，作为洛克所区分的第一性质的印象与第二性质的印象虽然同属知觉，但它们的性质是不同的，产生的方式也不一样。所以，由第二性质的苦乐感而产生的情感还是属于第二性质，它们不同于关于世界的表象的第一性质的印象或观念。情感因为不呈现或描述世界或对象，所以它们就不具有真实与虚假之分。因此，这两种不同性质的知觉从根本上说是不能相互反对的，我们的理性并不能反对我们的情感。

---

① ［美］巴里·斯特德:《休谟》，刘建荣、周晓亮译，济南:山东人民出版社1992 年版，第 214 页。

② ［英］休谟:《人性论》（下），关文运译，北京:商务印书馆 1980 年版，第 453 页。在中译本《人性论》中，"饥饿"一词的翻译可能是错误的，英文原文是 angry，所以正确的翻译应为"愤怒"。David Hume, *A Treatise of Human Nature*, edited, with an analytical index by L. A. selby—bigge, Oxford: The Clarendon Press, 1896, p.415.

虽然有时候我们说某种情感是不合理的，如一个人不应该对另一个人生气或愤怒。但是，休谟认为，只能在情感伴随着判断的范围内，才能说情感违反理性。因此，情感在下面两种意义上被称为是不合理的。第一，在情感的对象并不存在之时而误认为对象的存在，而表现出某种情感；第二，情感在选择达到目的的手段上的不正确而没有达到我们的目的，我们的因果判断出现了错误。当一个情感既没有发生关于情感对象或目的的错误，也没有选择达不到目的的手段，理性就不能谴责我们的情感。所以休谟认为，一个人如果宁愿毁灭世界而不肯伤害他自己的一根指头，这并不违反理性。如果为了防止一个印第安人或与我们完全陌生的人的些小的不快，我宁愿毁灭自己，那也不是违反理性的。总之，一种情感必须在伴随着错误的判断下才被认为是不合理的。但严格说来，不合理的只是判断，而不是情感。①

休谟认为，"人性由两个主要的部分组成，这两个部分是它的一切活动所必需的，那就是感情和知性。"② 他在对理性进行界定和分析之后，根据意志和行为活动的特点，认为理性单独不能成为行为的动机，而且在指导意志和行为方面不能反对情感。在关于动机方面，休谟得出了一个与传统极为不一致的观点，"理性是并且也应该是情感的奴隶，除了服务和服从情感之外，再不能有任何其他的职务。"③ 休谟的这个结论是对传统哲学的强烈回应，他不仅论证了情感不是理性的附属，而且在行为实践领域还把这种传统关系颠倒了过来。休谟也许认为，在人类活动所必需的情感和知性两个主要部分中，排除了知性的作用之后，在意志和行为中起决定作用的理所应当就是情感了。但是，休谟过于集中于对传统哲学的反驳，而忽视了对行为的动机的正面阐述。情感如何作用于意志和行为，休谟的情感的分类如何与行为的动机联系起来，作为

---

① ［英］休谟:《人性论》（下），关文运译，北京:商务印书馆1980年版，第454页。

② ［英］休谟:《人性论》（下），关文运译，北京:商务印书馆1980年版，第533页。

③ ［英］休谟:《人性论》（下），关文运译，北京:商务印书馆1980年版，第453页。

行为的动机是什么样的情感，这些问题在休谟的著作中我们没有发现明显的答案。

休谟对理性为什么不能成为行为的动因做出了详细的论述，但是对情感如何成为行为的动因却阐释的不够。实际上，休谟的动机理论并没有否定理性在行为动机中的作用，只是理性作用的发挥必须与情感相结合。

正是休谟对理性的界定和意志对行为的作用引起了广泛争论，有些哲学家对此提出了反对意见。斯特德认为，休谟对理性的理解过于简单和狭窄，是在一种较弱的意义上的理解，忽视了理性是一种心理能力，也忽略了推理是一个心理过程。他认为，一个人相信的东西是真实或虚伪的，但对此物的发现或相信则没有真伪之分。一个人的相信或信念如同情感一样，是一种"存在的变异"，是"非描述性的"和没有真值的，就像休谟所说的感到愤怒或有五英尺高这些状态一样。尽管理性对象或命题等是描述性的，是非真即伪的东西，是无法引起行为的，也不能与情感相对立。但不能由此认为，单纯的理性或推理是不能引起行为的。斯特德说道，"就至此休谟所表明的观点而言，根据推理发现某命题为真这一点是能促使一个人有所作为的，即使这个命题本身无法导致任何事发生。"①比如我通过观察，认为和相信外面在下雨，因而做出了不外出的决定。虽然外面在下雨这个命题或理性对象是有真伪之分，但是此时我的推理或相信这种心理状态是没有真伪之分的，这种推理是可以导致行为的发生的。

斯特德的观点代表了对休谟思想的反驳的一种看法，这种看法认为理性或信念直接就可以引发行为。另一种反驳的观点是这样的，他们基本上赞同休谟的理性单独不能激发行为的动机，但是理性通过激发情感进而促使行为的发生。这种反驳的观点的理由是依据休谟的有关论述。休谟在"论影响意志的各种动机"中说到，"显而易见，当我们预料到任何一个对象所可给予的痛苦或快乐时，我们就随着感到一种厌恶或爱

_____

① ［美］巴里·斯特德:《休谟》，刘建荣、周晓亮译，济南:山东人民出版社1992年版，第218页。

好的情绪，并且被推动了要去避免引起不快的东西，而接受引起愉快的东西。"① 同时，他在"论信念的影响"中认为，"信念的作用就是将一个简单观念提高到与印象相等的地位，并以对于情感的一种同样的影响赋予它。信念只有使一个观念在强力和活泼性方面接近于一个印象，才能产生这个作用。"② 休谟的这些话被一些哲学家解读为，关于一个快乐的对象的信念产生了喜好这个对象的动机性的情感，促发了追求这个对象的行为，而一个痛苦的对象则产生了厌恶这个对象的情感，促发了要躲避这个对象的行为。A. C. 拜尔认为，关于什么是善的或好的信念确实可以激发意志，信念甚至关于情感的思想可以影响我们的情感和动机。③

这些理论的关键之点认为，理性或认知是决定性的方面，先于或独立于欲望和情感，是行为的最终决定力量，而不管欲望或情感的实践作用。针对这两种反驳的观点，我们可以做如下分析。在休谟所理解的理性的作用方式范围内，理性确实单独不能作为行为的动机。而从信念的角度看，有些信念不是来自理性的，如信仰上帝或天空是蓝色的信念。如果说这些不是理性的信念可以产生行为，那也不能说明理性可以成为行为的动机。而且，从休谟的以上论述也不能得出这种结论，认为休谟允许一些信念可以激发动机，要不然休谟就会让步于理性主义。因为，对于痛苦和快乐的预期的信念就不是由理性产生的，知觉到的对象和对象之间的联系是以单一的经验而呈现在心灵中。休谟关于这个说到，"我们把这种情形称为知觉，而不把它称为推理，在这种情形下，恰当地说，并没有任何思想或活动，而只是通过感觉器官被动地接纳那些印象。"④ 而且，如果离开了人的苦乐感这种人的本性或倾向，根本就不会产生关于痛苦或快乐对象的预期的信念，而只剩下关于对象的一些事实性的信息。所以，我们所形成的关于对象的快乐或痛苦的预期并不单纯

---

① ［英］休谟：《人性论》（下），关文运译，北京：商务印书馆 1980 年版，第452 页。

② ［英］休谟：《人性论》（上），关文运译，北京：商务印书馆 1980 年版，第139 页。

③　Baier, Annette C., *A progress of sentiments: reflections on Hume's Treatise*, Cambridge: Harvard University Press. 1991, p.159.

④ ［英］休谟：《人性论》（上），关文运译，北京：商务印书馆 1980 年版，第 89 页。

是关于外部对象的一些描述性的事实，而是经过了我们内心的一种润饰。在产生这种预期的过程中，情感与信念是相互作用的。"正如刺激我们的情感几乎绝对必需一个信念似的，同样，情感也很有利于信念。不但传达愉快情绪的那一类事实，而且往往还有给人痛苦的那样一些事实，也都因为这种缘故更容易成为信念和意见的对象。"① 所以，这两种反驳并没能够真正驳倒休谟的关于理性不能单独促发行为的观点。

第二节　情感与动机

一、情感作为动机

休谟认为理性和情感构成人性的两个主要部分，意志虽然不同于理性和情感，但它并不是一个独立的主要部分。在行为的动机上，理性既然被排除在外之后，情感自然地就成为了行为动机。休谟对于情感与动机的关系并未进行详细的分析与论证，到底何种情感可以成为行为的动机呢？

依据第一章中对情感的三种分类，我们依次分析哪种或哪些情感是行为的动机，或者说是动机性的情感。第一种分类是把情感分为间接情感与直接情感，这是休谟的一种主要的分类方法。间接情感有四种，分别是骄傲与谦卑、爱与恨。骄傲与谦卑不是一种动机性的情感，它们不能直接的影响意志或促发行为。爱与恨这两种间接情感本身也不是一种动机性情感，但"欲望和厌恶就构成爱和恨的本性"，② 因而爱与恨蕴含着促发行为的力量。由此看来，骄傲与谦卑、爱与恨这两组间接情感是相互区分的。"因为骄傲与谦卑只是灵魂中的纯粹情绪，并不伴有任何欲望，并不直接刺激起我们的行动。但是爱和恨本是并不是自足的……

---

① ［英］休谟:《人性论》（上），关文运译，北京:商务印书馆 1980 年版，第 140 页。

② ［英］休谟:《人性论》（下），关文运译，北京:商务印书馆 1980 年版，第 405 页。

爱永远跟随着有一种使所爱者享有幸福的欲望，以及反对他受苦的厌恶心理；正像恨永远跟随着有希望所恨者受苦的欲望，以及反对他享福的厌恶心理一样。"① 虽然这两种间接情感可以相互区分，但是就其本身而言并不能作为动机性的情感。爱与恨也只有和欲望、厌恶、希望等直接情感相结合，才可以促发行为。因而一般而言，我们把间接情感都称之为非动机性的情感。

直接情感主要有六种，分别是欲望与厌恶、喜悦与悲伤、希望与恐惧。依据休谟的看法，直接情感都是动机性的情感。这些直接情感直接地由苦乐感产生，因而"心灵借着一种原始的本能倾向于趋福避祸，即使这些祸福只被认为是存在于观念之中，并且被认为是只存在于任何将来的时期"。② 当某个带来福祸的事物或观念出现在眼前或知觉中，心灵中自然地会产生苦乐感，从而产生欲望与厌恶等间接情感。当福祸是确定或可能的时候，产生了喜悦与悲伤；但福祸在未来是不确定的时候，产生了希望与恐惧。直接产生于苦乐感的欲望与厌恶等直接情感，影响我们的意志进而促发行为。在这里值得注意的是，休谟把基于苦乐感而作用于意志的直接情感，称之为基于"一种原始的本能倾向"，意味着这些情感倾向没有理性的基础，它们作为一种原始的存在只是基于人性的自然。在休谟那里，直接情感与意志、行为的关系只是基于经验观察而得出的，二者之间的必然联结并不是理性的发现。

休谟虽然把间接情感与直接情感进行了区分，后者而不是前者可以成为动机性的情感，但二者是相互影响的。不管是间接情感还是直接情感，都是产生于苦乐感。因为间接情感所蕴含的苦乐感，它可以"给直接的情感增添了一种附加的力量，并增加了我们对于对象的欲望和厌恶"。③ 例如，一件漂亮的衣服产生的快乐，本身就会产生直接情感，

---

① ［英］休谟：《人性论》（下），关文运译，北京：商务印书馆1980年版，第404页。

② ［英］休谟：《人性论》（下），关文运译，北京：商务印书馆1980年版，第477页。

③ ［英］休谟：《人性论》（下），关文运译，北京：商务印书馆1980年版，第477页。

而当这件衣服属于我的时候，骄傲的情感可以返回到直接情感，并给它们增添力量和赋予直接情感一种新的力量。换言之，间接情感可以使得直接情感更有力量，也就是更会影响意志和促发行为的发生。因此，间接情感虽然不是动机性的情感，但通过作用于直接情感，也可以影响我们的意志和行为。

休谟对情感的第二种分类是平静的情感和猛烈的情感。平静的情感与猛烈的情感的区分并不很严格，因而二者可以相互转化。关于平静情感和强烈情感的产生及其相互关系，是哲学中"最细致的一个思辨的题目"。平静的情感主要是与行为的善恶、美丑有关的情感，间接情感一般都是猛烈的情感。按照休谟的看法，平静的情感，有些是欲望与倾向，它们"常常决定意志"，①因而是动机性的情感。可以作为动机性情感的平静情感包括了两种，一种是我们天性中的某些本能，如慈善和愤恨等；一种是对于福祸的一般的欲望与厌恶。平静情感是一种有力的情感，有时候往往被误认为是理性的力量。平静情感通常会产生较少的情绪，这或者是因为它成为了主导情感，或者是因为习惯的力量；但当福祸变得确定或者增大的时候，平静的情感会变得猛烈起来；当观念借相像的力量而变成印象的时候，平静的情感也会被激发为猛烈的情感。平静情感作为一种动机性的情感，它和间接情感一样主要也与福祸相关，因而与苦乐感相关。因而，基于人性基础上的平静情感，主要的是基于一种本能的倾向的情感。

情感的第三种分类是本能的倾向或情感与获得的情感。在前面我们已经论述到，休谟并没有对这种分类给出分析。在第二种分类中已经可以发现，一些平静的情感如本能倾向，并不产生于苦乐感。如果把苦乐感作为一个初步的标准，那么不产生于苦乐感而是人性中的本能的倾向、情感分为一种，另外一种就是产生于苦乐感的情感，称之为获得的情感。一方面，本能的倾向可以影响甚至支配人的意志和行为，这种作用有时候不产生或产生很少的情绪，因而难以被意识得到。另一方面，

---

① ［英］休谟:《人性论》（下），关文运译，北京:商务印书馆 1980 年版，第456 页。

本能的倾向，如同苦乐感一样，可以产生直接情感，"直接的情感还往往发生于一种自然的冲动或完全无法说明的本能"。① 本能倾向通过产生直接情感，进而影响人的意志与行为。从这两方面来看，本能倾向都可以可以作为动机性的情感。获得性的情感，主要是指由苦乐感而产生的情感，但同时也包括了基于本能而产生的情感，因为本能可以产生苦乐感进而导致其他情感。直接情感与间接情感，猛烈的情感和一些平静的情感，都属于获得性的情感。在获得性情感之中，直接情感和一些平静情感可以作为动机性的情感。

从情感的三种分类中可以看出，作为动机性情感的主要是直接情感，它是基于本能和苦乐感而产生的。这些动机性情感的主要特征是原始的存在，它们不能进行进一步的分析与描述；它们都是趋利避害的，是基于原始的本能倾向。动机性情感的来源与特征表明，它们都不是理性的，甚至不能给出理性的说明。当然，这里的理性应该是狭义的，是在休谟所反对的意义上的理性概念。这些动机性的情感是在人的行为实践领域，不是观念之间的关系与事实之间的关系领域。所以，从休谟理论自身来看，他很好的辩护了行为的动机是情感的观点。

如果把动机性情感的来源、种类、特征，和自由与必然相联系起来会发现，休谟的行为之必然背后其实是和趋利避害的本能倾向相关，或者受其支配。因此，休谟的自由实际上也就是在不受干扰的情况下，行为表达了一种追求自我利益的本能倾向。休谟揭示的这样的一种人类行为的图景，根本上改变了传统哲学对于人的理性行为的刻画，也动摇了基督教对于人类行为的宗教说明。休谟的理论自身也带来了这样一个问题，即人类是否难以掌控自己的行为，行为的动机性情感如何与理性相协调？

二、情感与理性

前面提到了虽然情感在动机形成中是起决定作用的，而理性或信念

---

① ［英］休谟:《人性论》(下)，关文运译，北京:商务印书馆1980年版，第478页。

起到了引导作用，情感与理性共同形成了行为的动机。所以，阐释理性或信念与情感之间的原始关系就有助于进一步理解休谟的动机性情感。

　　情感与信念之间存在一种因果性的交互作用，根据激情的本性或倾向，一个人提供了二者相互产生的背景条件。在此意义上，情感领导或控制理性。一个人的情感本性将影响这个人所相信的东西，因为这些构成了一个人性情的倾向同时也因果性的构成了作为结果的信念。一个具有愤世嫉俗性情的人与一个乐观的人相比更容易相信他的朋友可能对他撒谎。同时，由理性获得的关于世界的特定信念，通过给我们的一般倾向提供特殊的对象而激发或唤起激情。所以，我对甜食的食欲，伴随着邻居的面包店有甜食的信念，将给我提供一个在早上上班的路上走进面包店的动机。基于背景的倾向，信念唤起了一个行为的当前欲望，这些倾向是非认知的或者非表象性的状态。把这种情形描述为信念产生动机的情形将是不确切的；信念自身不是产生情感，因为一般的，基础的情感在新状态之前就存在了，当然信念状态也是必需的。在实践推理的讨论中，休谟认为理性只提供给我们事实的信念，信念帮助我们如何获得激情的对象。

　　信念与情感的这种相互作用，休谟自己也给予了相关的论述，但却阐发得不够。在情感与动机的关系中，我们依据休谟对原始情感和次生情感的分类分开来看这两类情感在动机形成中的不同表现。首先是原始情感与动机的关系，一些肉体和心灵的欲望因为是人的原始冲动或本能，所以它们就不是由信念产生的。比如我们的食欲，显然不是信念的产物。但是我们可以说，我们关于某个特定对象的信念可以激发、引导我们的食欲，但不是产生我们的食欲。休谟认为在这些本能性的情感或倾向中，有一类情感在动机中的作用容易被人误以为是理性或信念的作用。这类情感休谟称之为平静的情感，这些平静的欲望或倾向，虽然是实在的情感，可是它们却在心灵中产生很少的情绪。所以，这些情感就不是通过它们被直接的感觉而被人认知的，而是由它们的效果而被人认知的。休谟认为，"这些欲望有两种：一种是我们天性中原来赋有的某些本能，如慈善和愤恨，对生命的爱恋和对儿女的怜惜；一种是对于抽象地被思考的福利的一般欲望和对于抽象地被思考的祸害的一般厌恶。"① 这些本能性的情感或倾向，它们在激发意志和行为方面，或者是可以被人直接认知或感觉到的，或者是不能直接被人认知或感觉到的。正是这些在先的情感或倾向，在动机的形成过程中起了基础作用。这些情感的对象，作为我们的欲求目标，它们的具体满足是依赖于信念的，要取决于对象的性质和达到目的的手段的信念。

次生的情感，也就是基于快乐或痛苦的感觉或观念而产生的情感，这类情感在前面的分析中已经指出了并不是信念的产物，而是一些知觉。这些知觉是同时呈现在心灵中的，并不能认为是推理的结果。基于快乐或痛苦而直接产生的直接情感，比如欲望与厌恶，这种情感的产生并没有通过任何推理，而只是在快乐或痛苦感觉的激发下自然形成的。而对于某个对象是快乐或痛苦的预期，正如在前面的分析中已经指出的，这种预期的信念不是由理性产生的，不是理性的推理，而且是以人的苦乐感这种人的本性或倾向为基础而形成的。在此形成过程中，信念和情感是相互作用的。休谟认为，容易被人唤起恐惧的一个懦夫一听到人们讲到危险，他马上就会同意，正如一个忧郁的人，每逢听到滋长他的主导情感的事情，就轻信不疑一样。"当任何能感动人的对象呈现出来的时候，它就发出警报，立刻刺激起某种程度的与之相应的情感；而在天然倾向于那种情感的人身上，尤其是这样。"② 休谟所举的例子表明，一个人的情感本性对于这个人将相信什么有一种原始的影响，这种影响是以潜在的形式存在的。不管我们是否意识到这种影响，作为本性或倾向的情感是客观存在的事实。所以，信念的情感背景就成为了信念产生的一个原因。一个具有悲观本性的人，与一个乐观的人相比，他更容易相信他身体上的一些异常是严重疾病的征兆。一个具有胆怯本性的人，与一个勇敢的人相比，他更容易相信黑暗中的某个东西是令人恐惧的事物。这些次生的情感，作为动机而言，不是间接情

---

① ［英］休谟：《人性论》（下），关文运译，北京：商务印书馆1980年版，第455页。

② ［英］休谟：《人性论》（上），关文运译，北京：商务印书馆1980年版，第140页。

感，而是直接情感。它们是生动的、活泼的，这些情感可以被人所知觉到，是行为活动中所具有的心理状态。这些情感与信念共同形成了动机。

从上面可以看出，休谟把人的本性或倾向作为了动机性情感形成的背景条件，这就说明这种动机性情感具有自然主义的特征。"刺激我们的情感几乎绝对必需一个信念"这句话可以理解为，我们的情感本性，与某种情境下的信念相结合，产生了个体的作为动机的情感。信念单独不能产生动机，但与个体的本性相结合就可以。这个观点与休谟认为理性单独不能成为行为的动因是相一致的。从这些论述可以得知，构成动机性情感需要这些要素，第一个是作为背景条件的人的本性或倾向，第二个是关于世界的事实性信念，第三个是本性和信念相结合而产生的情感。这三个要素构成了休谟的动机理论中的动机性情感。伊丽莎白·S.拉德克利夫（Elizabeth S. Radcliffe）论述了休谟的动机的形成过程，她认为所有的动机开始于（a）一个预期的令人快乐或痛苦的对象的观念，当（b）现前的印象促使主体（c）相信这个对象是现在出现，然后（d）主体的倾向导致他形成（e）欲求或厌恶这个对象的动机性情感。① 从这种动机理论的构成要素和形成过程来看，理性单独不能产生情感，它只有在自然主义意义上以人的本性和倾向作为背景条件才可以发挥指导作用。

以上论述的动机性情感的形成，主要针对的是作为行为动机的情感是如何受激发而产生的问题。在休谟自己的例子中，一个人如果宁愿毁灭世界也不肯伤害他的一个指头，这在一般看来是不合理的，而且受此情感而引发的行为很难得到大多数人的赞同。如果休谟的动机理论只限于此种观点，这是让人难以接受的。这种情况通常被认为是理性与情感之间的冲突，这种情感是非理性的，需要理性的控制。但是，休谟反对这种做法，因为理性和情感是本性上不同的，理性和信念都是表象性的，不能单独而强制地给情感提供规范性要求。休谟是要强调情感与理

① Elizabeth S. Radcliffe, "Hume on the Generation of Motives: Why Beliefs Alone Never Motivate", *Hume Studies* Volume XXV, Number 1 and 2 (April/November, 1999), pp.101-122.

性的不同，或者强调情感的独立的特征。如果休谟承认理性规则对情感的作用，那么势必就与他自己的观点相矛盾。这个问题的实质是情感的盲目性、偶然性与情感的普遍性要求之间的矛盾。如何解决这个矛盾呢？休谟认为，我们的情感只能被情感反对，理性在这一点上是无能为力的。所以，在动机性的情感中，情感要么是被另一情感反对和代替，要么是情感自身的规则改变了这种情感。但是，这并不能理解为情感反对理性，因为休谟承认理性的作用。

休谟认为，情感的规范性力量不能来自理性，而只能来自情感自身的原则，这种原则是根源于人的本性。所以，那些在我们看来受苦乐原则激发而产生的一些看似不合理的情感，它们会受到人性中追求"最大的利益或善"的倾向的制约。由此，我们会考虑具有内在价值的和长远利益的行为，在基于我们的本能的欲望的基础上克服和阻止那些追求表明价值和眼前利益的行为。虽然眼前的利益受更为强烈的情感的驱动，但是因为冷静情感的利益和设计，使得人们反对这种猛烈的情感。马格里（Tito Magri）认为，一种动机性情感不仅与其对象相联系，而且由它与心灵的原始倾向之间的联系而决定，这样我们就可以说它受到它的情形和我们的态度的偶然特征的最小影响或歪曲。[①] 这些平静或冷静的情感虽然自身是平静的，但在动机中却是强有力的。这些平静的情感，通过习惯和想象的作用，能够抗衡我们暂时的猛烈情感，并在动机中占有优势，而成为一种主导情感。这样，这些平静的情感就获得了心灵的力量，有时则能够塑造成我们的品格。

情感的规范性力量虽然最终不来自理性，但是理性也有助于规范性力量的形成。在追求自我利益与平静情感的基础上，理性确保如何才能够满足情感的需要。至于理性如何发挥规范性的作用，它如何与情感相协调的问题，还有待于进一步的阐明。

---

① Tito Magri, "Hume on the direct passions and motivation", Elizabeth S. Radcliffe (ed.), *A Companion to Hume*, Malden, MA: Blackwell Publishing, 2008, p.198.

第三节　当代发展与影响

一、休谟主义的动机理论

在休谟对情感的心理学说明中，其中一个非常重要的内容就是动机理论。休谟的动机理论产生了广泛而持久的影响，现代道德哲学中休谟主义的动机理论直接与休谟相关。休谟主义与康德主义在动机理论上的争论，推动并深化了哲学心理学中关于动机问题的研究。

在行为的动机这个问题上，休谟的观点可以说是既简单又复杂。就简单一面而言，休谟非常明确地指出行为的动机是情感，这是他的动机理论的一个基本观点。就复杂一面而言，休谟的情感的种类非常多，他并未明确地讨论情感与动机之间的关系。而且，在道德行为中，休谟对道德动机的探讨非常少。下面我们将先分析休谟动机理论中的一般理论与道德动机理论，然后再讨论休谟主义的动机理论。

在休谟的动机理论中，能够作为动机的情感被称为动机性情感，主要指直接情感，它们产生于快乐或痛苦的感觉。"人类心灵的主要动力或推动原则就是快乐或痛苦……苦和乐的最直接的结果就是心灵的倾向活动和厌恶活动；这些活动又分化为意愿，分化为欲望和厌恶，悲伤和喜悦，希望和恐惧。"① 除了直接情感之外，还有一类是我们的本能与倾向，它们也可以促发行为。在行为的动机中，休谟讨论了情感与理性的地位与作用。情感与理性的关系可以分为三种情况。第一种情况，情感单独可以促发行为。情感在不借助理性的作用甚至与理性相对的情况下仍然可以激发行为。第二种情况，理性单独不能产生行为，理性因其本性不具有意动性。第三种情况，情感与理性共同促发行为。在这种情况中，理性可以发挥指导性的工具作用，它服务于与情感或欲望等相关的目的。当我们预料到某个对象带来的快乐或痛苦，就会感到一种厌恶或

---

① ［英］休谟:《人性论》（下），关文运译，北京：商务印书馆1980年版，第616页。

爱好的情感，并且产生相应的行为。"但是显然，在这种情形下，冲动不是起于理性，而只是受着理性的指导。我们由于预料到痛苦或快乐，才对任何对象发生厌恶或爱好；这些情绪就扩展到由理性和经验所指出的那个对象的原因和结果。如果我们对原因和结果都是漠不关心，我们就丝毫不会关心去认识某些对象是原因，某些对象是结果。"① 从这三种情况中，我们可以发现休谟动机理论的核心观点，即情感具有优先性、居于基础地位。还要特别强调的一点是，情感不是来自于理性，情感有其自身的来源。有着独立来源和本性的情感，确保了情感在动机中的优先性与基础地位。

在道德动机中，休谟并未明确地论述这个问题。从休谟关于动机的一般理论来看，道德动机也是出自情感，主要是道德情感，而且这种情感的来源不是理性或实践理性。其实在休谟的道德动机中，能够充当动机的情感是多样的。仁慈与同情是我们人性中的一种自然和一般的倾向，这些情感在受到激发的时候就能直接促发利他的行为。在道德感这个主要动机之外，还有些其他情感可以作为辅助动机发挥作用。这些辅助动机有义务感，对惩罚的恐惧，对名誉的关切等。休谟在考虑狡猾的无赖的例子的时候，还提到了反思之后的德性的快乐与尊严。在道德动机上，休谟同样坚持了他在动机理论上的重要观点。情感或道德情感在道德动机中具有优先性和基础地位，道德情感有其自身的来源和心理运作的原则。

休谟的动机理论，特别是道德动机理论受到了康德的批评。在休谟那里，意志可以说是从属于情感，并不具有独立性。与休谟不同，康德不仅赋予了意志或自由意志的独立性，而且还把它作为道德的基础。康德这种做法带来的一个结果就是，在道德中排除情感的作用。一个出于情感的行为，虽然与道德规则相符合，但严格说来这个行为是没有道德价值的。针对休谟的仁爱与同情的道德行为，康德认为"在这种情况下这样的行为不论怎样合乎责任、不论多么值得称赞，但不具有真正的道

---

① ［英］休谟:《人性论》（下），关文运译，北京：商务印书馆 1980 年版，第452 页。

德价值"。① 这些行为的动机类似于对荣誉的爱好，谈不上具有道德价值。只有出于道德规则的行为，才具有道德价值。这个出于规则的行为的道德动机是一种对规则的尊重的情感，这种情感并不具有独立性和自己的来源，它依赖于实践理性并且以后者作为来源。而且，实践理性优先于所有的情感或道德情感。从应当意味着能够这一点来看，甚至纯粹的实践理性也可以激发道德行为。康德有一个很重要的区分，即主观根据与客观根据，这一区分表明了后者的动机性。"欲望的主观根据叫做冲动，意志的客观根据叫做动机。"②

休谟与康德的动机学说形成了两种截然不同甚至对立的动机理论，它们各有其理论优势和局限。就休谟的动机理论而言，它能够很好地解释一个行为的发生，但是未能给予这个行为是否合理以过多的关注。就康德的动机理论主要是道德动机而言，它在行为的辩护上有优势，但却不合理的排除了促发行为的心理因素。这两种动机学说，都是在情感与理性二者相互分离甚至对立的框架中提出的。不得不说，这种做法已经难以得到现代哲学与道德哲学的完全认同。后来的动机理论上的休谟主义与康德主义，虽然它们坚持了休谟与康德各自的动机理论中的核心观点，但也都做出了必要的修正。这些修正正是着眼于在维护各自理论中的重要观点的同时，如何更好地调和行为的解释与辩护二者之间存在的张力。

休谟的动机理论强调动机性情感的支配作用，同时也肯定理性的作用。休谟主义依据休谟的这种观点，认为行为的动机是欲望，信念也发挥了作用。休谟主义者如威廉斯与史密斯等人，对休谟的动机理论给予了强有力的辩护。威廉斯在《内在理由与外在理由》一文中，提出了一个相对简单的动机模式，这可视为是休谟的复杂的动机理论的一个发展。当我们问一个人为什么要做某件事情的时候，就是在问做这件事件的理由。理由有两种，一种是某人具有欲望的动机，一种是独立于动机

---

① ［德］康德:《道德形而上学原理》，苗力田译，上海：上海人民出版社1986年版，第47页。

② ［德］康德:《道德形而上学原理》，苗力田译，上海：上海人民出版社1986年版，第79页。

的说明。威廉斯称前者为内在的解释，后者为外在的解释。内在的解释的简单模型是："A 有一个理由做某件事情，当且仅当 A 有某个欲望，通过做那件事情，A 就可以使得那个欲望得到满足。"威廉斯称这种模型是"准休谟式的模型"。① 从这个模型中可以看出，威廉斯肯定了欲望的优先性和基础地位，他把欲望称之为行动者的主观动机集合。在内在理由中，欲望还与信念相关，或者与实践推理相关，信念与实践推理发挥的是工具性的作用。"实践推理的一个清楚的例子是导致如下结论的例子：一个人有理由做某件事情，因为那样做就是满足 S 中的某个因素的最方便、最经济、最令人愉快等等的方式。"② 威廉斯的这些观点与休谟的基本观点其实并无二致。

与休谟相比，威廉斯更为肯定理性慎思的作用，它可以通过推理而发现内在理由。这一观点意味着，欲望可以被改变，如果与之相伴随的信念发生改变的话。威廉斯甚至从第三人称的角度，肯定这种改变是合理的。这种做法产生了如下一个问题，休谟有时候认为欲望不能被信念改变，而只能由其他的欲望反对，威廉斯的观点与休谟出现了不一致。这取决于威廉斯如何定义欲望，但他并未对此有讨论。欲望可以被信念改变还带来了另一个问题，这或许是威廉斯强调理性慎思所隐藏的一个问题。当某人具有某个欲望，而其他的人却给他提出了其他的理由，这是威廉斯举的欧文·温格拉夫的例子。③ 在这个例子中，威廉斯肯定欧文·温格拉夫原来的欲望，而认为其他的理由是外在的理由。外在理由貌似是合理的，但是内在理由对欧文·温格拉夫也是合理的。也许不应该用是否合理来区分理由，只能是用是否有欲望来区分。之所以是外在的理由，就是没有另一个欲望能够激起他的兴趣。因此，这里还是休谟所言的欲望的改变要有另一个欲望出现的观点。但是在欧文·温格拉夫

① ［英］威廉斯：《道德运气》，徐向东译，上海：上海译文出版社 2007 年版，第 145 页。

② ［英］威廉斯：《道德运气》，徐向东译，上海：上海译文出版社 2007 年版，第 149 页。

③ ［英］威廉斯：《道德运气》，徐向东译，上海：上海译文出版社 2007 年版，第 151 页。

的内心中，另一个欲望并没有产生，虽然他知道与这种欲望有关的信念。欲望可以被信念改变的确切说法，还应是休谟的观点，即信念产生了另一欲望才可以改变原来的欲望。经过这样的分析可以发现，威廉斯的欲望或休谟的情感仍然具有优先性和基础地位。

在威廉斯的观点中，他并没有涉及欲望的本性和来源，对理性慎思的强调也凸显了欲望与理性慎思之间的紧张关系。这些问题在史密斯那里得到了一定的解决。史密斯明确提出休谟主义的动机理论，并作出了如下一个区分，即行为的激发性理由与规范性理由。他承认这种区分和内格尔的主观理由与客观理由的区分具有一定的相似性。在威廉斯那里，内在理由可以视为包括了激发性理由与辩护性理由，而外在理由则缺乏激发性理由。史密斯认为，当我们问一个行为的理由或动机的时候，这个提法是非常模糊的。因为这个理由既可以是激发性理由，也可以是规范性理由。问一个人为什么要那么做，与问那么做是否合理，这是两个不同的问题。在我们为一个行为辩护的时候，激发性理由是独立于并先于规范性理由的。激发性理由是一种心理真实的状态，是对行为的解释或潜在的解释。① 在这里，理解何为一种心理真实是一个难题。

这个难题与休谟对情感的看法有关。在休谟的观点中，他对情感到底持认知主义还是非认知主义的观点，这是一个争论不休的问题。一方面，休谟认为情感是一种具有一定倾向的原始存在，并不具有认知的内容，这与史密斯的心里真实类似。一方面，休谟又从经验论与观念论来揭示情感，这使得情感又具有认知的特征。史密斯的观点是坚持休谟的情感的非认知主义的一面，并认为这种欲望或情感才是激发性理由的基础。它不由理性产生，而且先于或独立于规范性理由，在激发性理由中处于基础地位。在这一点上，史密斯可以说强有力地支持了休谟的观点。

不仅欲望先于并独立于信念或理性，前者还可以产生后者。这一点可以从欲望具有优先中推论出来，因为欲望的满足需要一定的信念和

---

① Michael Smith,"The Humean Theory of Motivation"，*Mind*，New Series，Vol.96，No.381（Jan.1987），pp.36-61.

实现的手段。在霍布斯那里，正是出于自我保存这一主要的欲望或倾向，人们才订立契约并进行社会的联合。休谟也有类似的观点，出于自利或互利的需要，人们才相互戒取财物并产生了正义。史密斯利用了休谟《道德原则研究》中的一个例子和观点，说明欲望即具有优先性，同时也是最终目的。休谟认为："看来很显然，在任何情况下，人类行动的最终目的都决不能通过理性来说明，而完全诉诸人类的情感和感情，毫不依赖于智性能力。"① 当然，史密斯给出了更为仔细的论证。一个激发性理由关联于一个目的，这个目的需要世界适应于它，因此目的最终与某个欲望相关。史密斯所言的欲望，并不能做狭义的理解，而是类似于威廉斯的主观动机集合。为了满足欲望或目的，它要求相应的信念和行动。有时候，信念的改变或行动的失败，并未去除我们的欲望或目的，相反这一状况还会导致进一步的心理变化。正如休谟所言，心理变化的链条的持续是很长的，以至于我们难以再追溯其中的开端。

威廉斯的行为的内在理由的观点关联于"我应当如何生活"这个根本问题，史密斯的激发性理由深深的植根于我们的欲望，二者在行为动机的一般理论上不仅维护了休谟的观点，而且还极大地加深了哲学心理学中关于动机理论的研究。在行为动机的一般理论上，可以说休谟与休谟主义的动机理论是非常有力的。当然，休谟与休谟主义、休谟主义内部在动机上的观点也有不一致的地方。比如休谟主义强调行为的理由，强调欲望与信念二者构成了动机，这与休谟的观点不同。史密斯在区分激发性理由与规范性理由的时候，会导致一个问题，即休谟与休谟主义的动机理论在规范性上可能是不足的。这也正是康德和康德主义对之予以反驳的主要地方。正如斯特德指出的，那些持理性主义观点的"他们已经寄希望于道德领域。"② 无论是科尔斯戈德的关于理由的证成（justification）观点，还是内格尔的客观理由，他们主要是从道德哲学中捍卫

---

① ［英］休谟:《道德原则研究》，曾晓平译，北京：商务印书馆 1980 年版，第145 页。

② ［英］斯特德:《休谟》，周晓亮、刘建荣译，济南：山东人民出版社 1992 年版，第 229 页。

康德的观点，即道德的基础是实践理性。① 在道德哲学中休谟主义与康德主义的理论争论，在此不作进一步的分析。可以明确的一点是，休谟的动机理论仍然是哲学心理学中的一个非常重要的理论资源并具有很强的理论生命力。后面与儒家伦理的对话，使得休谟的道德动机获得了来自于不同文化的理论支持。

二、合理性辩护与实践哲学

休谟在论述行为与动机的时候，似乎过于注重对理性在行为的支配地位上的反驳，相对忽视了对行为与动机的合理性辩护。这导致了这样的问题，如果休谟的动机理论要想成立，那么它如何进行合理性辩护呢？

休谟在谈到一个行为或动机是否合理的时候，一般认为这种合理性应该被理解为工具理性。工具理性一般指寻求有效的手段实现某个目的。某个行为是否合理，在休谟那里主要取决于两个方面，即作为目的的事物是否存在与采取的手段是否有效。如果在这两个方面出现了错误，那么我们就可以说某个行为是不合理的。但是即使在上述情况下，休谟认为不是我们的行为不合理，严格地说而是我们的判断不合理。依据休谟的这种看法，行为的辩护似乎只在手段层面，行为自身以及行为的动机与目的不能给予辩护。一些主张康德式实践理性观点的人，把攻击的一个主要对象放在了休谟式的工具理性不能进行目的的合理性辩护这个方面。与工具理性相对的实践理性，要求对行为的目的进行评价，并且认为作为动机的情感以理性原则为原理，实践理性可以产生动机性情感和行为。因此，在休谟的动机理论中，合理性辩护的一个重要方面就是目的是否可以进行合理性辩护。

我们在前面论述动机性情感的时候，已经指出行为或动机的趋乐避苦特征，它来自于或者体现了人的本能倾向，行为的最终目的都是指向

---

① ［美］科尔斯戈德：《规范性的来源》，杨顺利译，上海：上海译文出版社 2006 年版；［美］内格尔：《利他主义的可能性》，应奇等译，上海：上海译文出版社 2015 年版。

个人利益。这样的观点让人觉得休谟的动机理论是自我主义的，或者是享乐主义的。的确，休谟对于自我利益或自爱是充分肯定的。但由此而认为休谟的动机理论是如同霍布斯一样的自我主义的理论，这确是一种误解。休谟如同情感主义的其他哲学一样，反对霍布斯把人类所有的行为都追溯到自私。在休谟那里，我们可以从《人性论》中发现平静情感与同情，在《道德原则研究》中可以发现人道或同胞感。同样，虽然休谟认为情感产生的最终来源是苦乐感，但并不能由此认为休谟主张享乐主义。享乐主义以追求快乐的满足为目的，并把快乐作为最高价值。在休谟那里，苦乐感虽然是其他情感的来源，但并不以感官的享乐为最高目的。针对这一点，罗尔斯说道："当说到休谟的观点既不是享乐主义的也不是利己主义的时候，我的意思是，情感的目的和目标既不是享乐主义的也不是利己主义的。"① 这是在休谟的目的的合理性辩护方面需要首先指出的。

从工具理性的角度来看，在休谟那里理性只是发挥两个方面的工具性的作用，即确定对象存在与采取有效手段。"一种情感既然只有在建立于一个虚妄的假设上，或者在它选择了不足以达到预定的目的的手段时，才可以称为不合理的，而永不能在其他任何意义下称为不合理的，所以理性和情感永远不能互相对立，或是争夺对于意志和行为的统治权。"② 如此说来，人类的情感、动机与目的在根本上就难以用理性进行评价。理性是情感的奴隶，始终只是为情感服务。休谟的这种观点和他举的一个例子，使得他的理论让人难以接受。在前面已经提到过这个例子，一个人宁愿牺牲或毁灭全世界也不愿让他的手指受伤，这样的观点遭到了很多的反对，并被认为是非理性的。与这种反对相反，休谟不认为上述那种意愿是非理性的。休谟是在他所理解的意义上使用理性这个概念，是在情感与理性具有不同本质的对立意义上谈及这个例子。情感不是事物的外在摹本，它是一种原始的存在，是自足的。在情感的这个

---

① ［美］罗尔斯：《道德哲学史讲义》，张国清译，上海：上海三联书店 2003 年版，第 44—45 页。

② ［英］休谟：《人性论》（下），关文运译，北京：商务印书馆 1980 年版，第 454—455 页。

意义上，与处理观念与事实之间关系的理性是完全不同的。因而理性不能评价情感，不能认为某些情感是非理性的，有些情感是理性的。如果换用其他的用语，休谟是在为理性划界，说情感是否理性实际上犯了范畴运用的错误。

如果不在情感与理性对立的意义上强调二者的本性不同，休谟自己应该也不会赞同宁愿毁灭全世界而不愿伤害一根手指的意愿和做法。那么，休谟会如何对待这种情感，他的动机理论如何应对这种动机性的情感呢？情感与理性的关系，类似目的与手段的关系，在休谟的动机理论中承认了理性的作用。理性的作用不是支配人的动机与行为，而是引导后者，"受着理性的指导"。① 休谟写道："我们一看到任何假设的虚妄，一看到我们手段的不足够，我们的情感便毫无反抗地服从于我们的理性。"② 从以上的表述中可以看出，理性可以影响情感从而发挥引导或指导性作用。但是，如果有些情感是强烈的，而且是当下非常渴求的，并且没有理性判断的两个方面的问题，那么理性就不能评价和难以改变这些情感。假设不愿伤害一根手指就是一种这样的情感，那么该如何对待它呢？一方面，理性会指出这种情感带来的结果是巨大的灾难，而违背这种情感造成的不利影响要少得多；另一方面，上述的观念之间的运作会刺激我们的另一种情感即平静的情感，它欲求人类的福利而厌恶人类的祸害。上述两个方面结合起来，我们的内心就会激发一种对人类福利的欲求的情感，通过观念的运作这种情感可能会生动起来，甚至变得强烈而有力。它与此前的不伤害一根手指的情感相互对立，并且会在力量上超过后者。

上述对待的方式会带来两个方面的影响。第一，休谟关于工具理性的论述，只强调两个方面的作用的观点似乎是比较狭义的。工具理性可以在包括两个方面的作用的基础上，还包含其他方面的作用。理性的这些作用仍然被认为是工具性的，因为它必须要与我们的本能倾向和情感

① ［英］休谟:《人性论》(下)，关文运译，北京:商务印书馆1980年版，第452页。

② ［英］休谟:《人性论》(下)，关文运译，北京:商务印书馆1980年版，第455页。

相结合，后者在动机中处于支配地位。这是从工具理性作为手段层面而言的，它可以在影响情感方面发挥积极作用。第二，从目的本身而言，如何具体的解释对于人类福利的欲求呢？理性服务于这个目的，是否要对作为结果的福祸进行功利主义式的计算？虽然休谟的理论具有功利的色彩，而且也影响到后来的功利主义，但是从整体上而言他不是一个功利主义者。他并未明确地提出功利原则，进而把动机性情感与这种原则进行联系。对人类福利的一般欲求，只是一种"心理学原理"，并不是一个以功利主义为原理的欲望。① 换言之，对人类福利的一般欲求作为平静情感或倾向，它受观念论的影响而体现为一种心理学上的机制，这种合理性辩护以心理学为基础，并不是功利主义式的理性原则。

如果休谟致力于心理学上的阐明，而不太关注合理性的辩护，当我们对人类福利的欲求不占支配地位的时候，这个时候应该怎么办呢？休谟式的合理性辩护，比如威廉斯，不仅扩大了动机性情感的范围，而且也扩大了理性作用的范围。但他们也都坚持一个核心观点，即理性只是作为工具理性使用。休谟式的观点也被认为面临着和休谟同样的问题，一旦手段-目的的关系容纳进非理性因素，特别是最终目的之中的非理性因素，那么这种合理性辩护将难以成立。② 据此，康德式的哲学家认为，工具理性因不能对目的进行合理性辩护，因而手段也难以得到合理性辩护；那些持工具理性观点的人，对实践理性持一种怀疑的态度。康德式的反驳并不能够完全驳倒休谟和休谟式的观点，因为人类的行为动机有时候确实是难以进行理性说明的。在这种情形中，我们面临的是欲望之间的选择，之所以如此选择，不是基于理性而是经验。康德式的对目的进行评价的做法，是在排除经验，甚至排除我们的情感和倾向之后，单纯从理性反思中进行。因而，康德式的理性必然性只是一种逻辑的必然性，它割裂了实践，或者在实践中并不排斥目的-手段的关系。

---

① ［美］罗尔斯:《道德哲学史讲义》，张国清译，上海:上海三联书店2003年版，第65页。

② ［美］科尔斯戈德:《规范性的来源》，杨顺利译，上海:上海译文出版社2010年版，第340页。

"然而，对休谟来说，这个必然性是实践的而不是逻辑的。"① 从实践的角度而言，休谟的工具理性的观点仍然是成立的。

　　在实践哲学中，休谟基于实践与经验对情感或目的进行评价会变得更为清楚。在《趣味的标准》一文中，休谟在承认趣味的差异的同时也坚持趣味有共同的标准，并且对共同标准如何形成给予了论述。休谟肯定和承认理性在共同标准中的作用，但后者的形成是在实践与经验中展开的。在道德哲学中，有些情感比如仁爱等自然情感自身就有规范性。休谟也承认理性反思或反思认可的权威，它在道德原则以及义务感的形成中发生作用，但这些都离不开实践与经验。在后者那里，合理的行为总是带有目的的选择与承诺，由此与人的性格与品质联系在一起。

---

① 徐向东:《道德哲学与实践理性》，北京：商务印书馆 2006 年版，第 106 页。

第三章　道德区分与道德情感

前两章主要考察了情感的本质、分类、运作方式、传达机制、情感与行为的关系，这些内容既显示了休谟对知性论部分中知识的运用，同时也为道德部分打下了基础。特别是对动机的讨论，休谟把心理学的结论运用到了行为实践领域，这也许表明休谟要从心理学的角度来研究该领域。休谟认为道德是属于实践领域而不是理论领域，因此，他的经验主义和心理学也适用于该领域。休谟对道德部分的讨论是从回应他那个时代所发生的道德争论开始的。在这个具有重要意义的时代争论中，休谟反对了理性主义在道德上的观点，而站到了情感主义的阵营中。

休谟反对道德的基础是理性，主张作出道德区分的是我们的道德情感。休谟的观点既与早期的情感主义有联系，也与经验主义哲学家有联系。关于道德或价值的来源与基础的问题，在现当代产生了进一步的争论。休谟的道德情感理论持一种道德非实在论的立场，可以称之为价值投射主义。道德情感虽然是主观的，却具有规范性，同情是对此进行阐明的重要的心理学原理。

第一节　道德基础的争论

一、理性主义与早期情感主义的争论

休谟总结了在他那个时代发生的伦理学上的一场争论，争论的焦点涉及道德的基础，即道德是建立在理性的基础之上，还是情感的基础之

上。休谟写道："有一场近来发生的争论很值得加以考察，这场争论涉及道德的一般基础：道德是导源于理性、还是导源于情感，我们获得对于道德的知识是通过一系列论证和归纳、还是凭借一种直接的感受和较精致的内在感官，道德是像对于真理和谬误的所有健全判断一样对一切有理性的理智存在物应当相同、还是像对于美和丑的知觉一样完全基于人类特定的组织和结构。"① 理性主义伦理学家主张道德的基础是理性，道德知识可以通过理性的论证和归纳而获得，道德是对于理性的符合，其代表人物是塞缪尔·克拉克（Samuel Clarke）、库德渥兹（Ralph Cudworth）、沃拉斯顿（Wollaston）等人。情感论的伦理学家则持反对意见，认为道德的基础是情感，道德知识的获得是凭借一种直接的感受和较精致的内在感官，其代表人物是沙夫茨伯利、哈奇森等人。休谟采用了后者的观点。

这场历史争论可以追溯到霍布斯，正是霍布斯的道德理论引发了那个时代的思想家的普遍反对。从总体上说，不管是理性主义学派还是情感主义流派，都反对霍布斯的道德观点。霍布斯认为，人类具有欲望与厌恶，但是他们的动机都是自私的。"善"与"恶"只是表达事物与言说者的欲望之间的联系的词汇。霍布斯认为，"任何人的欲望的对象就他本人来说，他都称为善，而憎恶或嫌恶的对象则成为恶；轻视的对象则称为无价值和无足轻重。因为善、恶和可轻视状况等语词的用法从来就是和使用者相关，任何事物都不可能单纯地、绝对地是这样。也不可能从对象本身的本质之中得出任何善恶的共同准则，这种准则，在没有国家的地方，只能从个人自己身上得出，有国家存在的地方，则是从代表国家的人身上得出的；也可能是从争议双方同意选定，并以其裁决作为有关事物的准则的仲裁人身上得出的。"② 在物质的世界中，并不存在客观的道德特征和联系。道德虽然具有一些客观的道德规则，但它们都是被建构起来或发明出来的假言命令，是满足个人利益或自私的目的的

---

① ［英］休谟：《道德原则研究》，曾晓平译，北京：商务印书馆2001年版，第22页。

② ［英］霍布斯：《利维坦》，黎思复等译，北京：商务印书馆1985年版，第38—39页。

工具。

霍布斯的道德哲学遭到了后来思想家的反对，在这一点上理性主义和情感主义的哲学家是一致的。理性主义者认为存在客观的道德关系，克拉克试图把道德的区分建立在一个先在的观念的关系的基础上，而沃拉斯顿则把道德的区分建基于经验的事实之上。情感主义者则主要反对了道德的基础是自爱。沙夫茨伯利认为人类自然地具有"公共情感"，这种情感是趋向于人们所归属社会的福利，虽然人类也具有趋向于个人自己的福利的私人情感。哈奇森也认为，仁慈是人类的一种自然和普遍特征，并不需要把仁慈解释成是自爱的结果。可见，在道德的基础这个根本问题上，理性主义者和情感主义者又是相互反对的。

克拉克认为，不同的事物之间具有必然的、永恒的不同关系。事物之间的必然联系，如同逻辑和数学关系一样是必然和永恒的。它们也是自明的，但不是因为这些原则是内在于我们的或可以立即、自动地被任何人所认识，这种自明性类似于笛卡尔的清楚、明白性原则，需要人们的理性反思才可以获得。这些不同的关系使得人类的行为成为适合或合理的，给行为施加义务或责任。存在着客观的责任与义务，它们源于事物的本性，先于或独立于上帝的意志，必然也独立于人类或政治权威。这些规则在任何方面都不是来自于自我利益，不是来自于主体正确行为的有利结果或错误行为的不利结果，也不是来自于任何人类的或神圣的现世或来世的奖惩。行为的规则是对我们的内在要求，不能归因于偶发的情感或感觉，它们是必然的、永恒的、不变的、可以被理性认知的。因此，道德义务的必然本性不是基于人类的心理事实，即不是霍布斯的自我利益的冲动，也不是道德感理论家提倡的利他的冲动；道德义务的本性是根源于事物之间的客观联系，这种客观联系决定了行为的适合与否，决定了我们的道德规则。"所以，克拉克认为论证推理可以发现道德原则和给行为提供相应的动机。对适合的知觉内在地是动机性的。"①

受到克拉克很大影响的另一位理性主义者是沃拉斯顿。他也试图证明道德义务的客观和永恒的本性，把德性与恶的区分建立在真理与错误

---

① Baillie James, *Hume on morality*, London and New York: Routledge, 2000, p.111.

的基础之上。沃拉斯顿认为，命题之所以为真，是因为它们表达了如其存在的事物，或者说，真理是与表达了事物自身的词语或标志相一致的。行为和命题一样具有意义，因而可以是真实的或虚假的。例如，我拿了你的钱包，并且花了你的钱，就相当于我错误的说这钱是我的。同样，如果我使用你的信用卡去购物，就相当于我说我是你一样。命题"我是你"是虚假的或错误的，是因为这混淆了事实的区分或者说与事实不相符合。同理，我使用你的信用卡购物，在没有你的同意下好像是像你一样在使用，这种行为也是与事实不符合的，因而是错误的行为。因此，道德上的德性与恶和正确与错误是一致的。换句话说，虚假或错误就是恶的一个必要和充分的条件，行为是错误的是因为它包含或体现了一个虚假的事实。沃拉斯顿把行为的正确与否依赖于是否与这些事实相一致，这种做法是有问题的。首先，某些行为在道德上比另一些行为是更坏的，而这不能说明一个事实比另一个事实更少真实性，或者命题本身具有更少的真实性。其次，如同克拉克一样，对真理的认识是一回事，而行为的动机是与此不相同的，不能从事物的本性或命题就可以给我们的行为提供一个行为动机。

沙夫茨伯利认为，人类具有一种有利于人类这个种族的情感，比如自然喜爱、父母的仁慈、同胞之爱、怜悯等。人类对自身拥有这种情感或倾向自然就会感到赞同，这种赞同就是对正确与错误的一种道德感。沙夫茨伯利同时也承认，人类还具有私人情感，它趋向于个体的福利。除了"天然情感"和"自我情感"，还存在一种"非天然的情感"，它不趋向于公众或个人的福利。沙夫茨伯利根据这些情感的存在而判断一个人的善与恶，"根据这些情感的存在，一个人可分为道德的或邪恶的；善的或恶的。这些情感的末一种，明显地完全是邪恶的。前两种，看它们的程度，也许是邪恶，也许是道德。"① 天然情感和自我情感似乎要合乎中道的原则才能被称为是道德的，因为这两种情感的过多或不及都是不道德的。在天然情感和自我情感的关系上，沙夫茨伯利认为这二者存

---

① 周辅成编:《西方伦理学名著选辑》(上卷)，北京：商务印书馆1964年版，第803页。

在一种自然的和谐，有了天然情感就有了自我享受的主要手段和能力，趋向私人的好处的情感，是善良的必要成分和主要成分。沙夫茨伯利的观点显得过于乐观了，人类中除了具有他所说的天然情感之外，事实上人们之间有时候是相互竞争的，而这些情感并没有对人类的竞争甚至冲突给予限制。而且，正如休谟所指出的，人为之德并不是出自于人类的天然情感，而是人类的一种人为设计或创造。另外，如果我们的道德感只是社会情感的一种自我意识的形式，那么随着社会情感的变化，道德感如何做出正确的道德判断呢？正如休谟所指出的，人类的情感受到想象运作的局限，但是道德义务是普遍的，不管我们对他人的感受是什么。因此，沙夫茨伯利对道德感的论述是不充分的。

哈奇森是这个时期情感主义的一位重要代表，他首先反驳了理性主义者的观点。理性主义者的一个基本观点认为，道德行为必须要与"真命题"相符合。哈奇森则认为，道德行为的性质不取决于与"真命题"相符合，因为不道德行为也是和"真命题"相符合，如抢劫行为也与"抢劫扰乱社会"的"真命题"相符合。哈奇森区分了道德的两个问题，即行为的动机和行为的判断标准。哈奇森正确的看到了道德行为的动机的重要性，并把动机和情感联系起来。针对有些理性主义者，如伯纳德·曼德维尔（Bernard Mandeville），认为道德行为是出于自利动机的做法，哈奇森也提出了批评。哈奇森认为，"这种学说永远不能解释人类生活的主要行为：友好的协作、感恩、天然感情、慷慨、公共精神和同情。"① 这种学说同样不能解释我们为什么会赞许发生在遥远时代和遥远民族的道德行为，因为这些行为并不能增加我们的个人幸福。哈奇森还认为，符合理性的行为其实是预设了本能或感情的前提，因为推动行为的最终力量来自于我们的情感。

哈奇森继承了沙夫茨伯利的道德感思想，并且将它明确化和系统化。哈奇森区分了道德善和自然善，对道德善的知觉和判断依赖于我们的道德感。他认为，"我们对于道德行为的一切知觉，必定不同

---

① ［英］弗兰西斯·哈奇森：《论激情和感情的本性与表现，以及对道德感官的阐明》，戴茂堂等译，杭州：浙江大学出版社 2009 年版，第 151 页。

于那些对于利益的知觉。我们把接受这些知觉的那个能力，称为道德感……"① 道德感作为一种感觉，它是一种不需要计算和推论而获得印象的能力。它是一种对意愿行为的立即反应，而与个人的外在利益无关。因此，道德感如同其他感觉一样是天生的，或者说是上帝赋予的，它先于任何知识或观念，"我们用它仅仅只指我们心灵的一种规定，在行为呈现给我们的观察时，先于有益于我们自己的利益或损失的任何看法而接受行为的可爱或怡人观念，正如当我们毫无任何数学知识或在那种形式或乐曲中没有看到不同于直接快乐的任何益处时，我们就会因规则形式或和谐乐曲而感到愉悦一样。"② 道德感的对象是仁爱的行为，它只对仁爱和利他的行为感到愉快和表示赞同，而对自私和利己的行为感到厌恶和不赞同。因此，德就在于普遍的仁爱之心和对社会公共利益的追求，而恶则反之。道德感是对这些的知觉，是做出道德区分的基础。道德的区分不是建立在自爱的基础上，也不是建立在理性的基础上。

二、休谟的回应

休谟非常清楚发生在他那个时代的这场道德争论，他的总的态度是反对理性主义的观点，而大致赞同道德感学派的观点。休谟的回答使得这场从霍布斯开始的争论达到了一个高潮，但是远未结束。这场争论对后来的道德哲学产生了深远的历史影响，同样休谟的道德观点对后来的思想家也产生了重大的影响。

霍布斯把道德建立在自私或自爱的基础上，认为道德、政治社会都是人为创造出来的，客观的外部世界并不存在道德的基础。后来的曼德维尔也持霍布斯的这种观点。他们认为仁爱是纯粹的伪善，友谊只是一种欺骗，忠实是一种获得信任和信赖的外表，这些都是人们追求自我利益时所披上的伪装，使他人没有防备而达到自我的利益的目的。道德只

① 周辅成编：《西方伦理学名著选辑》（上卷），北京：商务印书馆 1964 年版，第823—824 页。

② ［英］弗兰西斯·哈奇森：《论美与德性观念的根源》，高乐田等译，杭州：浙江大学出版社 2009 年版，第 98 页。

是一种伪装得很好的欺骗他人的手段，通过社会的提倡而获得公众的认可，并根据相应的行为而实行适当的奖惩。休谟并不赞同霍布斯把道德建立在自爱的基础上的做法，他追随沙夫茨伯利和哈奇森，认为除了自爱的情感之外，人类还存在着仁爱、同情、怜悯、对子女的爱、慷慨、友谊等天然情感或公共情感。这些情感在人类身上是自然具有的，它们并不需要从霍布斯的自爱而推论出来。休谟从人类历史和生活经验中指出除了自爱的其他情感的存在，这些公共情感不仅是人性的事实，而且也是人类社会历史中所体现出来的美好的东西。所以，休谟认为，霍布斯和曼德维尔把人类所有的情感都从自爱中推论出来，这显然违背了人性的事实，是过分追求其理论体系的简单性所导致的。相反，"一个主张与自爱截然不同的无私的仁爱的假设，较之于一个妄图把友谊和人道全都分解成自爱的假设，其实包含更大的简单性，也更合乎自然的类比。"①

但是，休谟的道德哲学也受到了霍布斯的影响。自爱的情感这一人性事实，不管是理性主义还是道德感学派都没有否认其存在。在沙夫茨伯利和哈奇森那里，都承认了私人的情感和自爱的存在。霍布斯对休谟的影响尤为重要的体现在人为之德上。在人为之德的动机上，休谟排除了建立在仁爱的基础上这种可能性，认为恰当的应该是自爱和有限的慷慨。这些人性的自然事实和外部条件相结合才产生了正义之德。所以，休谟与沙夫茨伯利和哈奇森不一样的一个地方在于，休谟虽然反对把自爱作为道德的基础，但是他在正义这个德性中肯定了自爱的存在。霍布斯和休谟关于人类社会初期的理论假设，都表明了当时的人们可能面临的所谓的囚徒困境。在当时的自然外在条件和人性的各种条件下，自爱的动机会胜过合作的动机。合作似乎是没有保障的，结果损害的却是自己的利益。虽然大家都知道合作会带来更好和更大的利益，但是在开始的时候并没有人会在毫无保障的条件下选择合作。所以，正义就需要每一个人的合作，而正义规则是普遍有效的，这样才建立了人类社会和人

---

① ［英］休谟：《道德原则研究》，曾晓平译，北京：商务印书馆2001年版，第153页。

为之德。

与休谟相比，理性主义的观点显得有点独断。理性主义把对道德的看法与数学和逻辑相类比，这种论证或推理并不是严格的论证，只是简单的类比，是把道德原则断言为具有数学和逻辑一样的正确性、不变、永恒、自明等特征。理性主义者认为外部事物、行为之间的客观关系决定了行为的适合或不适合，而这种客观关系是可以被我们的理性所认识的。所以，理性的准则也就是事物自身中的客观准则，是我们行为的标准。理性主义的这种做法遭到了休谟的反对，休谟主要是从方法论上进行的。休谟认为，理性主义者从事道德哲学的方法，这些方法的特征是无结果的逻辑和认识论的分析，对实践不能产生任何影响。这种方法充满了理性主义的行话或术语，比如"与真理一致"、"行为符合事物的本质"、"与理性一致"等。休谟采取的则是经验主义的方法，类似于霍布斯，主要是从经验主义的角度，对人的心理进行考察。他的这种考察在认识论上表现出了对理性的怀疑态度，认为所谓的因果关系并不是理性的必然产物，而只是由我们习惯性联想所形成的。休谟对理性的这种态度在道德上也是一致的，他怀疑理性对事物本质的认识，因而也就怀疑理性主义的道德观点。

休谟可能会赞同理性主义的做法，我们的行为要符合道德义务的要求，人类具有从自我利益超脱出来而遵循普遍的判断的能力。克拉克认为，我们的意志可以直接引导我们去做理性所告诉我们是义务的事情，并且认为这是人类的自然状态。如果我们未能这样做，是因为理解的疏忽和任性的情感与欲望。理性主义者对情感的看法相对而言是负面的，因而在道德上也就认为情感的作用是消极的。休谟与理性主义者的不同之处就在于，理性单独不能完成这种具有普遍道德要求的行为，对客观道德责任的纯粹认识并不能促发道德行为。在理性与情感在动机中的地位，我们在前面已经做了探讨，在道德领域也仍然是同样类似的情况。休谟与传统的思想家相比，就是在行为、意志、道德领域打破了传统的看法，而且以一种看似极端的做法反对了传统。理性不再是情感的统治者和主人，相反，情感成为了理性的主人，而理性却成为了情感的奴隶。

在反对霍布斯把道德的基础建立在自爱之上这个方面，休谟、沙夫茨伯利、哈奇森都持同样的观点。他们认为，人类的情感除了自爱之外，还存在与此相对立的另一种情感，就是仁爱。但是在什么是道德的主要原则方面，休谟表现出了和沙夫茨伯利、哈奇森不一样的看法。在反对霍布斯把自爱作为道德体系的主要原则之际，沙夫茨伯利与哈奇森认为仁爱是道德体系的主要原则。针对这种看法，休谟认为他自己的道德观并没有落入这种简单的做法。休谟通过对人性的考察，认为这两方面都是人性所具有的，"有某种和平鸽的微粒与狼和蛇的成分一道被糅进了我们的构造"。① 在人性的这两个方面与道德的联系上，休谟的观点前后似乎有点不一致。在《人性论》中，自爱在正义的来源中是人性的主观条件。而在后来的《道德原则研究》中，休谟则排除了自爱在整个道德理论中的作用。他认为，"贪婪心、野心、虚荣心以及通常（虽然不恰当地）包含在自爱这个名称之下的所有激情在此被排除于我们关于道德起源的理论之外，不是因为它们过于微弱，而是因为它们对于我们关于道德起源的理论没有适当的指引。"② 同样，休谟也并没有和沙夫茨伯利、哈奇森一样，把仁爱作为道德的主要原则。他提出了一种普遍的人道情感作为道德的基础，认为其他的情感因为缺少共通性和综括力而不能成为道德体系的基础，但休谟对于这种普遍的人道情感没有给出进一步的说明。

沙夫茨伯利、哈奇森把仁爱作为道德的主要原则，而对仁爱的知觉与赞同就是道德感的功能或对象。在哈奇森看来，人心中的观念都来自感觉与反省，人的外部感觉有视、听、味、嗅、触五种，分别对应于五种不同的外部感觉器官。除了外部感觉之外，还有广延、运动、静止、美德、邪恶等这些感觉，此类感觉是不能归因于物体作用于我们的外部感官而产生的。哈奇森认为，除了外部感官，人类心灵存在着其他的天然能力或内部感官。这些内部感官包括审美感（对事物美与丑的知觉）、

---

① ［英］休谟：《道德原则研究》，曾晓平译，北京：商务印书馆2001年版，第124页。

② ［英］休谟：《道德原则研究》，曾晓平译，北京：商务印书馆2001年版，第124页。

公众感（因他人的幸福而快乐，因他人的苦难而不快）、道德感（对自身或他人的善或恶的知觉）、荣誉感（对骄傲或羞愧的知觉）。① 道德感是指我们观察一个具有仁爱倾向的行为或动机时心中出现的一种特殊的快乐，我们感受或接受这种快乐的官能就是道德感。这种道德感是与生俱来的，是人的本性结构的一个部分，最终是造物主植入人类心中的。休谟则认为，我们不需要在人性的结构中假定有一种类似外部感官一样的内感官，即道德感官存在。我们在观察一个品质或行为时发生的快乐就可以成为我们下判断的依据，并且这种快乐的感觉是最终的，没有进一步的原因可以继续追随下去。休谟认为，"发生德的感觉只是由于思维一个品格感觉一种特殊的快乐。正是那种感觉构成了我们的赞美或敬羡。我们不必再进一步远求；我们也不必探索这个快感的原因。"②

通过对这场道德争论的论述，我们明白了理性主义者在道德上的根本看法，同时也了解了道德感学派的基本观点。他们的争论在休谟的道德哲学中都有一定的反映，但我们也可以看出休谟在一些很重要的方面推进了这种争论。他对理性的怀疑和对人性的科学考察，使得他在回应这场争论中显示出了其不同的理论特色和力量。

第二节　休谟论道德的区分

一、道德判断不是基于理性

在讨论道德的区分时，休谟采取的是否定和肯定论证相结合的方式。在作出道德的区分要么是理性，要么是情感的理论背景下，因为休谟自己的理论意图，他首先从反面否定了理性作出道德区分的可能，然后再对道德的区分作出肯定的论述。他的这种论证似乎也和他之前的论

---

① ［英］弗兰西斯·哈奇森：《论激情和感情的本性与表现，以及对道德感官的阐明》，戴茂堂等译，杭州：浙江大学出版社 2009 年版，第 5—6 页。

② ［英］休谟：《人性论》（下），关文运译，北京：商务印书馆 1980 年版，第 511 页。

述是有关的，因为道德学部分的推理会证实前面关于知性和情感所作的论述。因此，他对理性的怀疑是一贯的，不仅在知识论中体现出来，而且在道德学中也得到了坚持。

在前面的道德争论中已经得知，当时的理性主义者主要有克拉克和沃拉斯顿，休谟主要反对的就是这两个思想家。休谟对这个问题的讨论主要集中于《人性论》中第二卷第三章第三节和第三卷第一章第一节，还有就是《道德原则研究》中的第一章和附录一。在第二卷第三章第三节中，休谟是从影响人的行为的意志的角度来论述的。他认为意志不属于情感，是"内在印象"，与间接情感一样都是不可定义和无须做进一步的描述。人的行为受意志的影响，而影响意志的动机是人的情感而不是理性。"知性或是依照理证来行判断，或是依照概然来行判断，所以它的作用有两个方式：在一方面知性所考虑的是我们的观念的抽象关系，在另一方面它所考虑的是仅仅为经验所报告于我们的那些对象的关系。"① 从第一方面来看，单纯观念的关系并不能引起人的行为，但是可以在指导因果判断的意义上影响我们的行为，这就和第二方面联系起来。在实践中，我们发现一个对象或者导致快乐，或者导致痛苦，从而形成趋乐避苦的倾向。我们会爱好和主动追求可以带来快乐的对象，并且情绪和行为可以扩展到与这个对象有关的其他对象之上。某个对象可以产生快乐的趋势或事实并不能激发一个人的行为，而是这种观念产生了某种情感，并成为行为的动机。休谟认为，"在这种情形下，冲动不是起于理性，而只是受着理性的指导。"② 在这里，休谟并不是从伦理学的角度来讨论道德的基础，而是从一般的行为角度论述理性的有限作用，情感可以接受理性的指导。

在《人性论》第三卷第一节中，休谟从伦理学角度较为详细地分析了道德的区别不是从理性得来的问题。根据休谟的知觉理论，心灵中除了知觉以外，没有任何东西存在。知觉理论可以运用到道德学中，我们

---

① ［英］休谟：《人性论》（下），关文运译，北京：商务印书馆1980年版，第451页。

② ［英］休谟：《人性论》（下），关文运译，北京：商务印书馆1980年版，第452页。

所表达的赞许与谴责，都只是许多不同的知觉而已。既然知觉分为两类，即观念和印象，那么道德的区别是依据于观念还是印象呢？依据观念而做出道德区分的就是理性主义的做法，而依据印象作出区分的则是道德感学派的做法。休谟认为，理性主义者克拉克的观点是这样的，不同事物有不同的关系因而有永恒的适合性与适合性，这对于每个人的理性都是同一、永恒不变的。这些永恒不变的是非标准不仅给人类，而且也给神加上了一种义务。理性通过认识这些是非标准而决定了我们行为的道德义务，所以道德的区分也就可以说是来自于我们的理性。那些盲目的、非理性的冲动和情感不仅阻碍了我们对真理的认识，而且对我们的行为也有很坏的影响。任何不道德的行为都可以追溯到我们的自私的、不合理的情感和欲望。

休谟的反驳首先是重申了他在第二卷中的观点，理性和情感在本性、作用方式等方面是完全不同的，再加上道德本身的特点，这些因素就决定了理性是不能作为道德区分的来源的。理性的本性是平静的、懒散的判断，是完全没有主动力的，是属于哲学中的思辨部分。而道德则是属于哲学中的实践部分，是可以影响我们的情感和行为的。与理性的思辨相比，道德的实践是主动的，可以产生或制止行为，因而不活动的理性就不能成为一个活动原则的源泉。理性的作用在于发现真或伪，真或伪要么是与观念，要么是与事实的符合或不符合。如果没有那种符合与否的关系，就不存在真或伪，也就不是理性的对象。显而易见，我们的情感、意志都是原始的事实，本身圆满自足，不具有那种符合与否的关系。也就是说，这个情感之所以为真不是因为与另一个情感相符合，因而情感就不能断定为真或伪的，更不能说是违反理性或与理性一致。

我们来看休谟对理性可以作出道德区分的第一种方式的分析与驳斥。第一种方式认为道德的本质就在于与观念的关系，而根据休谟对观念的关系的理解，观念之间的关系有七种，即类似关系、同一关系、接近关系、数量关系、性质关系、相反关系、因果关系。[①] 这七种关系中

[①] ［英］休谟:《人性论》(上)，关文运译，北京: 商务印书馆 1980 年版，第 26—27 页。

适用于数学或逻辑中的就是类似关系、数量关系、性质关系、相反关系这四种关系。因而，如果按照克拉克的理解，道德与观念关系的符合，那也就是说道德，或者说情感、行为、意志等适合于这四种关系。休谟认为，毫无疑问我们的道德不在这些关系之列。假设这些观念的关系可以适用于道德，而这些观念之间的关系同时没有一种不可以运用于无生命的对象上，结果是这些无生命的对象也就有功或过的道德性质了，这就混淆了我们的情感、意志、行为与无生命对象或物质之间的区别。

休谟进一步认为，观念的关系不适应于道德，假设理性主义者对道德的看法正确，但还是存在问题。因为对道德的认识与道德的实践不能等同起来。"因此，为了证明是非的标准是约束每一个有理性的心灵的永久法则，单是指出善恶所依据的那些关系来还不够，我们还必须指出那种关系与意志之间的联系，并且必须证明，这种联系是那样必然的。"[1] 从根本上说，思辨与实践是两个很不相同的领域，它们各自具有不同的特征和原则，因此不能简单地把思辨领域中的认识直接运用到实践行为中来。休谟认为，"宇宙间的一切事物，单就其本身考虑，显得是完全散漫而互相独立的。我们只是借着经验才知道它们的影响和联系；而这种影响，我们永远不应该推广到经验之外。"[2] 在这里，休谟坚持了他的彻底经验主义的观点，我们通过经验而获得的知识不可能如理性主义者所宣称的那样是永恒的真理，对所有理性的人都是同一和不变的。我们由此可以推论：道德并不是如同真理那样是永恒不变的，永远同一的，道德不起源于外部自然或理性的发现。

为了证明克拉克观点的错误，休谟使用了一些具体的更有说服力的特殊例子加以说明。第一个例子是忘恩负义的例子。在没有生命的对象中，一棵橡树落下一粒种子，在这棵橡树下生出一棵树苗来，而树苗逐渐长大，最终长过了母株，将它毁灭。休谟认为，这个例子中存在着忘恩负义的关系，老树是幼树存在的原因，而幼树却是老树毁灭的原因。

① ［英］休谟:《人性论》(下)，关文运译，北京：商务印书馆1980年版，第505页。

② ［英］休谟:《人性论》(下)，关文运译，北京：商务印书馆1980年版，第506页。

这种情况就类似于一个儿子杀死他的父母的关系，他的父母是他存在的原因，而他是他的父母致死的原因。虽然一个是意志的行为，另一个是物质的规律，但是单看关系二者是同一的。由此可以得出结论说，如果我们不能把无生命对象之间的关系看成是不道德的，那么，道德就不在于事物之间的不同关系，也就不在于观念之间的关系。还有一个例子是血族通奸。血族通奸在人类方面是罪恶的，但是同样的关系和行为在动物方面就不能被称为道德上的罪恶。这是为什么呢？有人会说，在动物方面不是罪恶是因为动物没有理性以发现它们，而人类则有理性，不仅可以认识到，而且必须遵守这种道德义务。这种回答显示出血族通奸早已存在，在理性发现之前就已经存在了。如果是这样的话，那么动物也和人类一样，可以具有同样的道德。虽然动物因为缺乏理性而不能察觉到道德义务，但是这些义务是已经存在了的。动物与人类的区别，只在于有无理性的不同，而不在于道德之异。这两个例子强有力地说明了道德并不在于观念的关系之中。

我们再来看休谟对理性的第二种作用方式的反驳。第二种作用方式指的是道德来自于事实的推断。沃拉斯顿认为，命题具有真实与虚假之分，道德判断也是一样，真实的或正确的道德判断就在于与事实的一致。而错误的判断就表明我们的行为是违反理性或真理的。休谟则认为，行为如同情感一样，是没有真或伪的区分的，它们是原始的事实。所以，我们的行为不能引起我们自己的任何真的或伪的判断来，但是他人可以有这种真或伪的判断。休谟举了一个人同邻居的妻子的淫乱行为的例子，他人如果偷看到了会以为邻人的妻子就是我的妻子。这里在他人身上就发生了错误的判断，引起这种错误判断的是我行为的事实。显然，我们不能把这种容易引起错误的判断的行为事实当做是一切不道德的源泉的原始根源。休谟认为，如果单从行为的事实就可以判断出真或伪，产生道德或不道德，那么，甚至无生命的对象或动物也可以成为罪恶的和不道德的了。休谟认为沃拉斯顿的论证中存在着循环论证，或者说是预设了道德准则的预先存在。"此外，我们还容易看到，在所有那些论证中都有一种明显的循环推理。一个人如果侵占了别人的财物，当作自己的来用，那他就像是宣布了那些财物是自己的；这种谬误是'非义'的这种不道德的根源。但是如果没有先在的道德准则作为前提，财产、权利、义务还可理解么？"① 也就是说，把他人的钱包拿来当做自己的来使用，这种行为事实之所以是不道德的，不是因为这种事实本身，而是因为预设了财产权这一前提。如果离开了这一预设的前提，单从把他人的钱当做自己的花这种行为是无法断定为不道德的。

休谟对理性的第二种作用方式的反驳也举了一个例子。以故意杀人为例，看是否可以从任何事实中发现罪恶或不道德。无论你从哪个角度或观点之下去观察，除了物质性的东西，只会发现一些情感、动机、意志或思想。"这里再没有其他事实。你如果只是继续考究对象，你就完全看不到恶。除非等到你反省自己内心，感到自己心中对那种行为发生一种谴责的情绪，你永远也不能发现恶。"② 这里的事实是情感的对象，而不是理性的对象。事实本身，或者行为自身并没有任何道德属性。当你针对故意杀人的行为，而做出该行为是恶的道德判断的时候，只是因为由于你的天性结构，你在思维那种行为时所发生的一种责备的感觉或情感。恶或德不是行为自身的性质，而是我们情感的投射。休谟接受洛克关于事物性质的区分，认为德或恶是类似于声音、颜色等第二性的质。他认为这个发现是思辨科学中的一个重大进步，就像物理学中牛顿的发现一样。休谟的例子和观点涉及到了道德哲学中的一个争论，那就是行为自身是否具有道德性质。休谟的观点是行为自身并不具有道德性质，行为的道德性质来自于我们的情感或道德情感。

二、道德区分的来源

休谟认为人的知觉有印象和观念两种，既然德与恶不是由理性发现，也不是由观念关系的比较所发现，所以，德与恶是由其引起的印象或情感而被发现的。当然这种发现不是一种推论，而是由人的情感直接

---

① ［英］休谟：《人性论》（下），关文运译，北京：商务印书馆1980年版，第502页。

② ［英］休谟：《人性论》（下），关文运译，北京：商务印书馆1980年版，第509页。

决定的。所以，道德与其说是被判断出来的，还不如说是被感觉到的。不过，作为道德区分的来源的情感是如此柔弱和温和，以至于和观念相混淆，从而被认为是由理性所发现的。那么，这种如此柔弱和温和的情感的本性是什么，道德的区分到底是如何作出的，这种情感的运作方式和原则又是什么呢？

经验告诉我们，没有什么情景比慷慨更为美好，也没有什么情景比残忍奸恶更令人讨厌。休谟举了一个故意杀人的例子，如果你去观察，不管如何你只发现一些情感、动机、意志和思想。除非等到你反省自己的内心，感到自己心中由那种行为传来的不快而发生一种谴责的情绪，你就永远也发现不了恶。从这些例子中可以得知，引起道德的善恶区分是一种特殊的快乐和痛苦的感觉。休谟认为，"只要说明快乐和痛苦的理由，我们就充分地说明了恶与德。发生德的感觉只是由于思维一个品格感觉一种特殊的快乐。正是那种感觉构成了我们的赞美或敬羡。"[1] 休谟的这种论述表明道德的区分是主观的，因为它主要依据于人的感觉，是人的主观感觉、价值的投射。

休谟以上的论述有一些值得注意之处。首先，做出道德区分的快乐与痛苦的感觉是一种特殊的快乐和痛苦。休谟在《人性论》第二卷论情感部分时指出，基于快乐和痛苦的感觉可以产生不同的情感，包括直接情感和间接情感。因此就有必要对作为道德区分的来源的快乐和痛苦与其他的快乐和痛苦相区别，否则就不能很好的说明道德区分的来源，导致不管什么东西只要刺激起快乐和痛苦就是德或恶了。明显的事实是，在快乐这个名词之下包括了很多不同的感觉，这些感觉都具有某种相似性，但是却为人的心灵相区分。一首好听的音乐和一瓶美酒同样都产生快乐，但是我们不能说二者就没有区分，不能认为美酒的快乐是和谐、音乐的快乐是美味。基于此，我们也可以把思维一种品质而产生的快乐和其他性质不同的快乐相区分，而不至于混淆思维品质而产生的快乐与享受美味的快乐。从这里可以看出，休谟的道德感不是伊壁鸠鲁似的快

---

① 〔英〕休谟:《人性论》（下），关文运译，北京:商务印书馆1980年版，第511页。

乐主义，并不是主张肉体的快乐或一般的心理快乐。

其次，休谟认为还有必要对思维一种品质而产生的快乐或痛苦作出进一步的分析。如果我们思维一个敌人的优良品质，比如勇敢，这会给我们带来痛苦，因为敌人的勇敢意味着我们自身所可能遭受的损失和痛苦。在竞争一个职位时，其他竞争者的优势意味着获取这个职位的更大可能性，从而使我丧失了这个机会，这无疑会给我带来痛苦。因为，这个机会对我而言十分重要，失去它就会给我的事业带来不利影响。但是，我们不会认为敌人或竞争者的优良品质和品行就是恶的，它们仍然会得到人们的赞同。所以，从个人自我的角度出发，基于个人特殊的利益和要求而产生的快乐或痛苦就不能作为道德区分的真正来源。人们之所以赞同我的敌人和竞争者的品质，是因为他们不是基于我的特殊立场，而是一般的考虑一种品质所带来的影响，从而产生道德上的赞同。如果我们也和其他人一样，超出自己特殊的地位，从一般的角度来考虑的话，虽然这些敌人和竞争者使我处于不利地位和带来一定的痛苦，但是我们仍然会感觉到这些品质所传来的快乐感觉，因而对这些品质予以赞同。

再次，对一种品质的反省是基于从观察者的角度的感觉和反应，尤为重要的是公正的观察者的赞同和不赞同才是作出道德区分的标准。这种观点不是否定了休谟认为道德区分的来源是快乐和痛苦的感觉，而是作出正确的道德区分的需要。如果每一个人都从各自的特殊地位出发，那么对一种品质的感觉会是互相矛盾的，有的人认为这种品质是善的，值得赞同的，而有的人则会持与此完全相反的观点。但是，在日常生活中，我们可以共同使用一些道德语言和道德词汇，并且大家都明白各自的含义。而且大家也都一致认可某种品质而反对另一种相反的品质，这就说明在语言和交流中，我们至少有一个大家可以接受的道德观点，这种观点不被我们的个人利益所影响。公正的观察者在进行道德区分时，采用的就是一个普遍的立场，从而调整自己因特殊利益而激发的快乐和痛苦感觉，进而形成道德的赞同和不赞同。

最后，道德情感是自然的吗？除了自然之外，它还有其他方面的来源吗？休谟认为，对这个问题的回答首先就要搞清楚自然的意思是什么。自然一词的意思是比较含糊不清的，它可以有几种不同的用法。第一种情况指的是与神迹对立的，那么这种情况下的道德情感毫无疑问是自然的，德与恶的区分是自然，甚至世界中所发生的每一件事情，都可以说是自然的。第二种情况是与稀少或不常见的意义对立，在这个意义下的常见和稀少是没有明确或精确的界限，但是道德情感一定是属于自然的。休谟认为，世界上的任何一个国家、任何一个国家中的任何一个人都是具有道德情感的，他们都至少对于习俗和行为表示过一些赞许或厌恶。这些情感在人们的天性中根深蒂固，绝不可能根除和消灭。第三种情况指的是与人为对立。休谟认为，对于这个问题的回答要等到详细考察具体的德或恶的时候才可以做出。"往后我们或许会看到，我们的某些道德感是人为的，而另外一些道德感则是自然的。"① 人为的道德感指的是对于正义这类人为之德的判断，而自然的道德情感指的是对于仁爱这类自然之德的判断。从这三个方面来看，无论是自然的还是不自然的，都不能标志出恶和德的界限，进行道德区分的基础的道德情感不能单纯被认为是自然的或者不自然的。

休谟的对道德感或道德情感的这种论述明显显示出与哈奇森的区别。在哈奇森那里，道德感是一种类似于外部感官的内部感官，对德与恶的知觉是依赖于作为内部感官的道德感的。作为内部感官的道德感的功能是对行为或品质的善或恶的性质产生相应的情感反应，并依据这些快乐或痛苦的感觉作出道德的区分。休谟似乎赞同道德感的功能性定义，而没有像哈奇森一样认为有这种内部感官的真实存在。如果承认了道德感是一种内部感官，那么这种功能的来源就要追溯到上帝的安排。我们发现，在哈奇森那里，我们的道德感、普遍的仁爱都是来自于上帝。休谟对哈奇森的这种做法表示了不满，因为休谟认为道德的基础是可以独立于宗教，依据经验和观察的方法就可以解释道德的基础。把道

---

① ［英］休谟：《人性论》（下），关文运译，北京：商务印书馆 1980 年版，第 515 页。休谟很少使用哈奇森意义上的道德感（moral sense），英文中在这里说的第三种情况使用的是 sense of virtue，在第二情况使用的是 sentiment of morality，但中文译本中都是使用道德感。David Hume, *A Treatise of Human Nature*, edited, with an analytical index by L. A. selby—bigge, Oxford: The Clarendon Press, 1896, pp.474-475.

德的基础追溯到经验之外，从上帝那里获得道德的保证是不必要的。休谟严格遵守经验主义的做法，德或恶只是我们内心的印象或情感。当我们单纯地观察和思维某种行为、品质时所发生的快乐或痛苦，这些快乐或痛苦就区分了德与恶。所以，休谟总结到，"任何行为或情绪在一般观察之下就给人以某种快乐或不快，借此就可以指出道德邪正的来源，而无须去找寻永不曾存在于自然中的，甚至也不（借任何清楚和明晰的概念）存在于想象中的任何不可理解的关系和性质。"①

休谟不仅从否定的方面排除了理性作为道德区分的基础，还从肯定的方面论述了作出道德区分的基础是情感。虽然他使用了道德感的概念，在坚持道德的区分是来自于情感这一点上与沙夫茨伯利是一致的，但是他并不认为这种情感就需要一种道德感官的存在。道德感在他那里的含义主要是指一种道德的感觉，也就是一种特殊的快乐与痛苦感觉。这种特殊的快乐或痛苦的感觉是与其他形式的快乐或痛苦相区分的，并不是只局限于私人的范围，而是超越了自我的利益，从一般的角度思维行为或品质而产生的感觉。所以，虽然休谟的道德感觉具有主观的形式，但并不是主观主义的。这种道德的感觉主要地也不是享乐主义的，在前面的论述中我们发现了有一些平静的情感，这些情感在道德中的作用是明显的。

三、道德区分的哲学基础

休谟立足于人性探讨知性、情感，并将这种探讨应用于知识、道德与审美等领域。人性的两个基本要素是知性和情感，知性或理性的作用主要体现在科学中的自然科学上，自然科学中知性的作用依赖于自洛克以来的观念论传统。自然科学主要面向的是一个事实世界，在这个世界知性可以确立外在事物的观念以及事物之间相互联系的因果关系。人性中的另外一个基本成分是情感，情感的作用主要体现在科学中的精神

---

① ［英］休谟：《人性论》（下），关文运译，北京：商务印书馆1980年版，第516页。

科学上，道德与美学中情感的作用依赖于情感自身的运转方式与观念论。精神科学面向的是一个价值世界，在这个世界情感可以确立道德、美及其标准。对于世界的理解，不管是自然科学还是精神科学，都离不开人性的基础，必须采用经验与观察的方法而不是形而上学的思辨。休谟的这些思想和见解，既能看出与前人思想的关联，也显示出其思想的独创性。

在上述的道德区分中，涉及一个非常重要的哲学问题，即道德与美等价值是如何产生的。在中世纪，道德来源于上帝，人类遵从上帝颁布的规则而过道德的生活。近代以来，宗教作为道德的基础的地位已经发生了动摇。随着自然科学的发展，人类的知识已经取得了巨大了进步，这些知识大部分都挑战了宗教的权威。近代的西欧社会也取得了很大的进步，在政治、经济与文化等方面发生了历史性变革。所有这些方面都需要给出哲学的解释，知识的基础是什么，社会制度的基础是什么，道德与审美的基础是什么等。对这些理论问题的哲学反思产生了哲学上的发展，近代的理性主义与经验主义就是在此种背景下产生的。价值的来源问题就是其中的一个重要问题，经验主义的解答为休谟的道德区分理论奠定了理论基础。

在洛克那里，善恶的区分与快乐或痛苦的感觉相关。"善、恶是什么——事物所以有善、恶之分，只是由于我们有苦、乐之感。所谓善就是能引起（或增加）快乐或减少痛苦的东西……所谓恶就是能产生（或增加）痛苦或能减少快乐的东西。"[①] 依据洛克对事物性质的划分，善恶的观念应该是事物的第二性质，这种性质来自于我们的主观赋予而不是事物本身具有的，承载赋予工作的则是我们的快乐或痛苦的感觉。洛克的这种观点影响了休谟，当然休谟指出了承载善恶区分的快乐或痛苦的感觉不同于一般的苦乐感，而是一种特殊的苦乐感觉。洛克关于苦乐感与情感的联系的观点也对休谟有影响。洛克认为："我们底情感是可以为善恶所移动的——快乐或痛苦，以及产生它们的那些善和恶，都是转

---

① ［英］洛克：《人类理解论》（上），关文运译，北京：商务印书馆 1959 年版，第 199 页。

动我们情感的铰链。"① 从洛克的这个论述可以看出，苦乐感可以产生其他的情感。在休谟那里，苦乐感作为原始印象，直接情感和间接情感都依赖于这一原始印象而产生。如果我们把善恶与苦乐感的关系的论述，和苦乐感与情感的关系结合起来，似乎可以看出在休谟那里得到明确表达的德性区分的理论。德性区分来自情感，这种情感是一种以特殊的苦乐感为基础的道德感或道德情感。

哈奇森基于洛克的经验主义立场进一步阐明了善恶或德性区分的情感基础。事物或对象的善恶性质，其实是我们知觉中的观念。善恶的观念来自于感觉与反省，这种感觉是一种特殊的快乐或痛苦的感觉。这种感觉的产生源自于我们具有相应的知觉能力，即类似于但又高于外部感官的内部感官。内部感官有四种，审美感官与道德感官是其中的两种。哈奇森对于美与道德的阐明具有相似性，二者都属于洛克的第二性质。人类具有某种天然的美的感官，它能够在人们心中产生一致的愉悦等审美情感。审美与道德相似："心灵的这种规定会对形式、比例、相似性和公理感到愉悦，要理解另一种更高的感官就不再困难，这种感官对人而言也是天然的，并规定他们对行为、性格和感情感到愉悦。这就是道德感官。"② 由此可见，哈奇森依据洛克的观念论来阐明美与道德的起源，并且经常把二者联系起来考察。哈奇森的这种做法影响了休谟，休谟也经常把审美与道德做类比并予以考察。

在洛克那里，第二性质虽然不是事物本身具有的，但仍然受到第一性质的影响。但是，对这种影响作出确切的说明与解释却是很困难的，而且洛克并没有对审美与道德等价值问题作出进一步的哲学分析。哈奇森对美与德性的说明避免了洛克的难题，即相关于美和道德的苦乐感是如何产生的。它们源自于我们具有相应的知觉能力的内部感官，依据这些内部感官产生的感觉和对此的反省形成的情感决定了我们的美与道德的观念。哈奇森认为，这些内部感官如同外部感

---

① ［英］洛克：《人类理解论》（上），关文运译，北京：商务印书馆 1959 年版，第 199 页。

② ［英］哈奇森：《论美与德性观念的起源》，高乐田译，杭州：浙江大学出版社 2009 年版，作者序言第 5 页。

官一样，是我们天生具有的。当然，这些天然的内部感官不是不可改变的，而是会受到习俗、教育与榜样的影响。这也就意味着，这些内部感官虽然是天生的，但是可以进行某种培育与塑造，并可以避免无知、偏见、错误信念的干扰，从而使得内部感官获得发展，变得更加精细和完善。

休谟在价值来源方面既受到洛克的影响，也受到哈奇森的影响，但休谟的观点更加主观化。休谟明确指出善恶可比作洛克的第二性质："因此，恶和德可以比作声音、颜色、冷和热，依照近代哲学来说，这些都不是对象的性质，而是心中的知觉。"① 这种关于德与恶的知觉是以苦乐感为基础的印象，它们既不是外在对象的性质，也不来自于外在对象。这种知觉是以内心的主观感觉即苦乐感为基础，进而构成其他作为印象的情感。这些作为印象的感觉与情感，成为了对象的价值的来源。德与恶的区分不是被我们判断出来的，毋宁是被感觉到的。用休谟的话说就是，"我们并非因为一个品格令人愉快，才推断那个品格是善良的；而是在感觉到它在某种特殊方式下令人愉快时，我们实际上就感到它是善良的。"② 休谟明确区分了对外部事物的知觉与善恶的知觉，前者是理性的对象，是事实领域；后者是感情的对象，是价值领域。这两个领域是不同的，这就是后来所谓的事实与价值的区分。

在休谟那里暗含的事实与价值相区分的结论中，价值的来源相对而言还没有得到清晰的表达。休谟关于价值来源的清楚表达在其他地方可以发现。休谟在《怀疑论者》一文中对此问题有明确论述："对象本身不具备任何价值。对象的价值完全来自激情。"③ 依据休谟的这个论断可以得知，价值不是来自于对象，而是来自人的情感；价值不是客观的，而是主观的。对象之所以具有价值，是因为"这种源于人性的原始构造

---

① ［英］休谟:《人性论》（下），关文运译，北京:商务印书馆1980年版，第509页。

② ［英］休谟:《人性论》（下），关文运译，北京:商务印书馆1980年版，第511页。

③ ［英］休谟:《休谟散文集》，肖聿译，北京:中国社会科学出版社2006年版，第78页。

的激情，才会将价值赋予最无意义的对象。"① 所以，我们说事物或对象具有价值的时候，不是说外在对象本身具有价值，对象具有价值是一种误解或错误理论。

在价值的来源这个问题上，休谟认为价值来源于我们情感的赋予。而在关于美和丑、德和恶的来源问题上，休谟认为情感"具有一种创造性的能力，当它用借自内在情感的色彩装点或涂抹一切自然对象时，在某种意义上就产生了一种新的创造物"。② 价值这种新的关系或新的创造物，来自于我们的情感的创造能力，是情感"装点""涂抹"对象的结果。休谟的这种观点被称为价值投射主义。事物或对象之所以有价值，是我们在主观建构的基础上，把它投射在对象上而形成的。

从洛克开始，经过哈奇森，到休谟这里，价值的来源问题都是基于经验主义而做出说明的。在洛克那里，价值的来源已经开始朝主观方面发展了，但还受到外部事物的客观影响，虽然这种影响的具体过程难以清楚地给予解释。哈奇森把价值的来源明确地和情感联系起来，并追溯到能够产生它们的内部感官。哈奇森的内部感官是天生的，这也就排除了对作为价值来源的情感的进一步分析。休谟在经验主义与自然主义的基础上，肯定价值来源与情感，同时对这个赋予过程作出了心理学的解释。休谟的这种解释导致了价值的主观化、心理化，也就蕴含了如何解释价值的客观性的难题，带来了价值相对性的问题以及与价值实在论的长期争论。

四、关于价值的当代争论

关于道德区分、价值的来源与基础的近代争论，集中表现在理性主义与情感主义之间的对立上。近代的这一争论并没有完全解决问题，关于这些问题的争论延续到了现当代。如果从道德哲学史的发展来看，关

---

① ［英］休谟：《休谟散文集》，肖聿译，北京：中国社会科学出版社 2006 年版，第 75 页。

② ［英］休谟：《道德原则研究》，曾晓平译，北京：商务印书馆 2001 年版，第 146 页。

于这些问题的争论在伦理学内部持续地发生，一直并未停息。

价值的真正来源、价值是主观的还是客观的等问题，现当代的实在论与非实在论对此发生了争论。这些争论围绕着一个类比而展开，即颜色与价值之间的类比。同时，这些争论也与分析哲学关于道德语词与道德断言的分析有着很强的关联，涉及道德断言的真假问题。在洛克那里，他首先使用这种类比来说明事物的第一性质与第二性质的区分，颜色与价值都属于第二性质。洛克的立场很难说是实在论还是非实在论的，他对第二性质并未进行细致的考察并给出详细的解释。但洛克的这种类比，对实在论与非实在论都产生了影响。

我们在这里使用的实在论与非实在论都是道德哲学意义上的。道德实在论认为存在独立的和可区分的道德事实，它们是可以被我们认知，并且构成我们道德知识的基础。David Brink 等都持道德实在论的立场，认为价值是世界构成的一个部分。[①] 道德实在论遭到了一些道德哲学家的反驳。J.L.Mackie 认为并不存在客观的价值，并给出了相对性方面与怪异性方面的论证。就怪异性方面的论证而言，它包括形而上学部分与认识论两个部分。"假如存在着客观的价值，那么它们将是一类非常奇怪的实体、性质或者关系，这些东西完全不同于宇宙中的任何其他的东西。相应的，假如我们意识到它们，那么这得要通过某种特别的道德知觉或直觉的能力，它完全不同于我们认识其他事物的通常方式。"[②] 因此，并不存在完全独立的道德事实与价值，把它们当做事物的第一性质是完全错误的。价值不是类似于第一性质，而是与颜色之类的第二性质类似。J.L.Mackie 也引用休谟的观点，认为价值不是客观的，而是主观的。这实际上意味着，离开了我们的信念、倾向、情感等主观状态，道德实在论对道德事实难以给予清楚的解释。在存在着独立的道德事实这一点上，普特南也是持反对看法。普特南认为："我们所谓的'语言'或'心灵'的成分深深地渗入我们所谓的'实在'，以至于我们把自己

---

①　David O. Brink, *Moral Realism and the Foundations of Ethics,* Cambridge: Cambridge University Press, 1989, pp.14—16.

②　［澳］麦凯:《伦理学: 发明对与错》，丁三东译，上海: 上海译文出版社 2007年版，第 27—28 页。

看作是对'独立于语言'之物的'描绘者'这个纲领，不幸从根本上就是有害的。"① 独立的道德事实对应于一个观察者或描绘者，后者可以认知前者，我们的道德认知的真以前者为前提条件，这种实在论的观点是难以成立的。

除了很强意义上的道德实在论之外，还有一种准实在论，Simon Blackburn 持这一立场与观点。Simon Blackburn 反对上述实在论的道德事实，认为道德区分或断言是人的内心情感状态的投射，这种观点又被称为投射主义。② 投射主义与休谟都有联系，把价值理解为人的内心情感投射在外部事物的结果。这种投射主义虽然反对实在论那样的道德事实，但是又主张一种"as-if fact"。"as-if fact"是指我们的情感投射这一事实，它虽然不是外部事实的描述，但是由此形成的道德断言却是事物或行为的一种性质。这种道德断言具有真假，我们可以质疑或者赞成。运用 J.L.Mackie 的错误理论，准实在论或投射主义是存在问题的。道德断言可以具有真假，可以质疑与赞成，但并不存在道德事实。而且，对于"as-if fact"是如何形成的，投射主义难以给出合理的解释，在判定道德断言的真假的时候，对"as-if fact"的依赖会面临着自我指涉（self-referential）的困难。

道德非实在论包括诸多种不同的理论与观点，这些观点在反道德实在论上具有一致性，但这些观点之间也呈现出差异，甚至相互反驳。受逻辑实证主义的影响，现代的情感主义认为我们的道德断言只是个人主观情感或态度的表达，并不反映道德事实，不具有真假的区分。艾耶尔就持这一立场，他的观点是一种非认知主义，也是一种主观主义的道德非实在论。③ 情感主义会导致道德相对主义，甚至道德虚无主义。情感主义的观点与我们的道德直觉相冲突，我们的道德断言确实具有真假的区分。

---

① ［美］普特南：《戴有人类面孔的实在论》，江怡译，《世界哲学》2007 年第 1 期。

② Simon Blackburn, "Morals and Modals", in *Essays in Quasi-Realism*, Oxford: Oxford University Press, 1993, p.55.

③ ［英］艾耶尔：《语言、真理与逻辑》，尹大贻译，上海：上海译文出版社 1981 年版，第 123 页。

虽然道德非实在论大多强调价值是主观的，但以艾耶尔为代表的情感主义的观点，因其相对主义和非认知主义而遭到了其他伦理学家的反对。John McDowell 和 David Wiggins 运用颜色与价值之间的类比，在反对道德实在论的同时，也反对 Simon Blackburn 的观点。①John McDowell 认为，投射主义认为道德断言不是价值事实的表达，而是态度的表达，这是投射主义的一个基本观点。我们可以运用父子关系来表述道德实在论与投射主义的区分。道德实在论认为，价值或道德事实产生了我们的情感反应，前者与后者的关系是父子关系。Simon Blackburn 的投射主义主张，我们的情感反应产生了价值事实，这里的情感反应是父，而价值事实是子。在价值事实与情感反应的父子关系中，道德实在论与投射主义的观点正好对立。John McDowell 同时反对这两种观点，认为二者的关系不是父子关系，而是兄弟关系。父子关系是一种因果关系，但价值事实与情感反应之间并不存在这样的因果关系，而是互为条件（biconditional）的关系。②

John McDowell 和 David Wiggins 运用颜色与价值之间的类比以说明价值的问题可以从以下两个命题来看。第一，某物是红的是因为在正常或标准条件下显示为红。第一个红是事物的性质，第二个红是我们的经验，在正常条件下前者可以在后者那里得到显现。运用颜色与价值之间的类比以说明价值。第二，某物是有价值的是因为在正常或合适的条件下被我们所赞同。事物的性质（颜色或价值）与我们的经验是互为条件的，在合适的条件下，事物的性质得以显现是因为我们的经验，我们的经验也是因为事物的性质而得以存在。John McDowell 和 David Wiggins 的观点虽然用颜色与价值之间的类比来说明价值，并且也力图克服非实在论中价值相对性的问题。但是，他们的观点还是遭到了很多人的

---

① John McDowell, "Value and Secondary Qualities", in *Morality and Objectivity: A Tribute to J. L. Mackie*, ed. Ted Honderich, London: Routledge and Kegan Paul, 1985, pp.110—129; David Wiggins, "A Sensible Subjectivism", in *Needs, Values, Truth*, Oxford: Clarendon Press, 1987, pp.185-214.

② John McDowell, "Projection and Truth in Ethics", in *Moral Discourse and Practice: Some Philosophical Approaches*, Oxford: Oxford University Press, 1997, p.223.

批评。

如何在互为条件下说明价值的客观性，而又能够避免解释的循环，可能需要凸显某一方面的作用。第一，强调事物的属性作为一种能够产生我们的情感等经验的倾向。[①] 这种强调在互为条件的框架内，事物属性的说明最终还是离不开我们的知觉经验。这实际上还是陷入了一种循环，事物的属性并未得到真正的说明。第二，强调正常条件在事物属性的说明与我们的知觉经验中的作用。但正常条件本身是什么，仍然难以给出确切的定义。另外，颜色与价值虽然可以类比，但是二者需要的条件却是不同的。对于价值的知觉经验的说明，难以脱离一定的社会文化背景。如果在价值问题上，正常条件指的是当时的条件的话，在价值的知觉与道德断言上可能会导致相对主义与沙文主义。如对奴隶制的道德评价，如果以当时的条件为准，那么会得出它是合理的这样一个令我们不再赞同的结论。过于依赖某种条件来说明道德价值，会陷入一种外在主义的不利境况，难以说明道德价值对我们自身具有的影响，特别是它如何影响我们的道德动机以引发道德行为。

在价值的问题上，道德实在论与非实在论的观点各异，在二者的争论中并未形成某一方的绝对优势。道德实在论在肯定价值的客观性，持认知主义的立场。道德非实在论持价值是主观的看法，不同的伦理学家持认知主义或非认知主义的立场。有些伦理学家在肯定价值是主观的同时，也承认我们的道德断言具有一致性的客观特征。如此说来，道德实在论与非实在论在价值是主观的还是客观的这个问题上，并不是截然对立的。道德非实在论者与休谟都有一定的关联，在不同的理论与观点中休谟的思想会呈现出不同的面向。在 Simon Blackburn 那里，休谟的思想可能带有投射主义的特征。在 J.L.Mackie 那里，休谟的思想则带有更多主观主义的特征。在 John McDowell 和 David Wiggins 那里，休谟的思想会带有强调正常条件的特征。在这些不同的面向中，充分说明了休谟关于价值与道德区分的观点在现当代仍具有可进一步挖掘的丰富内涵。

---

① P. A. Boghossian and J.D. Velleman, "Colour as a Secondary Quality", *Mind, January* 1989, pp.75-97.

第三节　道德情感的进一步分析

一、道德情感与情感的分类

道德感或道德情感与此前休谟对情感的分析有联系吗？笔者认为这种联系是紧密的。休谟把所有的情感都看做是反省印象，因而道德感也属于一种反省印象。道德感如同其他情感一样，其产生主要是来自于快乐或痛苦的感觉。前面我们分析了休谟对情感的不同分类，那么道德感是否适合于此前对情感的分类呢？

休谟的道德感概念指的是一种道德的感觉，也就是特殊的快乐或痛苦感，明白这一点是很重要的。休谟把反省印象，即情感，分为平静的与猛烈的两种，那么，道德情感是属于平静的还是猛烈的呢？休谟在《人性论》第二部分就指出对行为的感觉是属于第一种，也就是属于平静的反省印象。休谟在《人性论》第三部分的道德学部分又重申了这种看法。"这个感觉或情绪往往是那样柔弱和温和，以至我们容易把它和观念相混，因为依照我们平常的习惯，一切具有密切类似关系的事物都被当作是同一的。"① 道德情感在下道德判断的过程中，因为它并不是猛烈的情感，在心灵中没有造成强烈的影响，这种本性容易被当作是理性在下判断。然而，道德情感是一种温和、平静的情感。

区分平静的情感与猛烈的情感的标准是什么，为什么道德感是一种平静的情感？休谟并没有提供一个情感是平静的还是猛烈的标准，相反他认为这种分类远非准确。休谟对猛烈情感的讨论，主要涉及的是骄傲与谦卑、爱与恨四种间接情感，占了论情感三分之二的篇幅。与此形成鲜明对照的是，他并没有对平静情感给予过多地讨论。但是我们要追问这个问题，即道德感为什么是平静的。根据休谟对平静的欲望和倾向的

---

① ［英］休谟:《人性论》（下），关文运译，北京:商务印书馆1980年版，第510页。

论述，可以看出平静的情感的一些特征。① 第一，平静的情感是一种平和而稳定的心理活动或状态，它们在心灵中只产生很少的情绪。第二，正是因为它们的平静、柔弱性，较难被人所察觉。它们大多数是由其效果被人认知，而不是由它们的直接的感觉被人认知的。第三，在下判断和影响意志方面，因为不引起心灵的纷乱，易被认为是理性的决定。理性在做判断的时候，是没有什么情感或情绪参与其中。理性的决定必须排除情感的影响，遵从普遍的判断和这种判断的权威。第四，平静的情感不是一种特殊的、私人性的情感，换句话说这种情感具有一般性、长远性、公共性。第五，平静的情感与猛烈的情感可能是对立的。在行为领域，我们会发现自己会考虑到长远的利益而牺牲自己眼前的暂时利益。

道德感或道德情感具有以上平静情感的特征。一般情况下，道德情感在作出道德判断的时候，我们的心理会呈现一个稳定的、很少出现纷乱的情况。所以，道德情感是平静而柔和的，通常并不被直接感知到。道德情感所作出的道德判断很容易与理性的判断相混淆，因为它也是排除了其他情感的影响。道德情感的这种判断是从一般的角度，而不是从个体的角度作出的；是从一个长远而共同的可以分享的角度，而不是从一个暂时而完全是私人的角度做出的。在某些情况下，我们会发现道德情感与其他情感，特别是某些强烈情感的冲突。在这种情况下，道德情感会遵从普遍的观点而作出一般的判断，而反对私人或自我利益的情感。虽然此情况下，我们的心理会充满了多种情感，甚至是相互对立的情感，但是我们在做出合理的判断时遵从的是平静的情感。比如思维一个敌人或竞争者的优良品质，虽然这些品质意味着我们的痛苦，但是我们的道德情感仍然会判定这些品质是优良的，仍然会激起我们的尊重。

道德情感之所以是平静的，就是因为我们对行为、品质的思维不是从个人的角度，而是从一个普遍而一般的角度进行的。休谟认为，并非由行为和品质所发生的每一种苦乐情绪都属于道德情感，也就是说有些

----

① ［英］休谟:《人性论》（下），关文运译，北京：商务印书馆1980年版，第479页。

苦乐感并不是属于特殊的苦乐感。这些不是特殊的苦乐感就不能作为道德判断的依据或来源。而由我们的特殊利益发生的苦乐感，也就是说某种行为或品质损害了我自己的利益，给我带来了痛苦，这种苦乐感并不是由道德发生的感觉。而恰恰是这类不是道德的、基于个人利益的苦乐感觉是强烈的，在我们的内心中造成了很深的印象或感觉。休谟认为，"我们只是一般地考虑一种品格，而不参照于我们的特殊利益时，那个品格才引起那样一种感觉或情绪，而使我们称那个品格为道德上善的或恶的。"① 在这里休谟清楚的表面，我们的道德情感是基于一般地思维一种品格而产生的感觉或情感，而不是基于特殊地思维一种品格而产生的感觉或情绪。这两种角度或立场产生的感觉或情绪的一个明显区别就是，一般地思维品质的道德感觉是平静的，而特殊地思维品质的利益的感觉则是猛烈的。

这种由利益而产生的、非道德的情感，休谟认为是平常所称的情感。"我们平常所谓情感，是指任何祸福呈现出来时、心灵所发生的一种猛烈的和明显的情绪；或者当任何一个对象呈现出来、接着我们官能的原始结构特别适宜于刺激起一种欲望，这时也有情感发生。"而道德的情感是一种与理性具有相同性质的情感，"我们所谓理性也是指着与情感性质相同而言；不过这一类感情的作用较为平静，并不引起性情的混乱；这种平静状态使我们对于这些情感发生一种错误，使我们误以为它们只是我们理智官能的结论。"② 根据休谟的理论，影响情感的平静还是猛烈的原因是复杂的。道德的感觉之所以是平静的，主要是受到了习惯和想象的影响。

休谟的道德感理论和他的同情理论是联系在一起的。在前面我们已经认识到，在同情的运作过程中，观念通过想象而转化为印象。想象的具体过程要受到观念关系的影响，也就是要受到对象与我们自己的关系的影响，这种影响有相近、相似和因果三种。一般而言，对象与我们的

---

① ［英］休谟:《人性论》(下)，关文运译，北京：商务印书馆1980年版，第512页。

② ［英］休谟:《人性论》(下)，关文运译，北京：商务印书馆1980年版，第476页。

关系越相近、相似、更具因果性，那么在我们心灵中产生的印象越生动、活泼。这种印象的生动性，也就是我们所说的情感的猛烈程度。而发生于道德上的同情，首先就是要超出自我利益的关涉，要我们考虑的是某种品质或行为的相关影响者，也就是从一般的角度来思维该行为品质的影响。这种一般的考虑在观念关系上就具有更少的相似性、相近性和因果性。其结果就是该行为在我们的心灵中造成的生动程度总是弱于从自我利益角度的考虑。因而，从生动程度上而言，一般考虑而产生的道德感觉或情感就是平静的。这种平静的情感容易被认为是理性的官能，没有产生明显的情绪。

在道德区分或道德判断的过程中，我们不是从利益产生的感觉，而是从德产生的感觉来下判断的。针对这两种感觉或情绪同时在心灵中出现，休谟认为这并不妨碍那些情绪本身是彼此相互区分的，"一个镇静而有定见的人是能够不受这些支配的"。① 休谟认为，一个心灵强大的人，或者说一个自制、明智的人是可以作出这种区分的。

前面讨论了道德情感是属于情感的第一种分类中的哪一种，即道德情感是属于猛烈的还是平静的情感。休谟对情感还有另一种分类，那就是直接情感和间接情感的分类。相应地，道德情感是否符合这种分类，如果符合的话，道德情感是属于直接情感还是间接情感呢？

在休谟的著作中，我们并没有发现这个问题的明确结论。休谟在论述道德感是一种特殊的快乐或痛苦的时候，为了阐明这种快乐或痛苦的特殊性而联系到了第二部分的情感理论。某个对象因为某种性质而给我们带来了快乐或痛苦的感觉，对象与自我或他人具有一种关系，那么这种感觉和这种关系相结合而产生了与快乐或痛苦感觉相区分的独立感觉，这些独立的感觉就是骄傲与谦卑、爱与恨这四种间接情感。于是休谟认为，"德和恶就伴有这些条件。德与恶必然在于我们自身或在他人身上，并且必然刺激起快乐或不快；因此，它们必然刺激起这四种情感之一；这就使它们清楚地区别于那些与我们往往没有关系的无生物所发

---

① ［英］休谟：《人性论》（下），关文运译，北京：商务印书馆 1980 年版，第512 页。

生的那种苦乐。这或许是德和恶对心灵产生的最重大的作用。"① 从这段引文中可以看出，休谟是借间接情感的产生或运作机制来说明道德感的对象是人，而不是无生命的对象，尽管这些对象可以产生快乐。休谟的更深的意图是要表明，无生命、动物界是没有道德的。而理性主义者所作的道德区分并不能做到这一点，只有把道德的区分建立在情感的基础上才可以说明道德只发生在人类社会中。

虽然休谟没有明确说明道德情感是否是一种间接情感，但是从"德和恶就伴有这些条件"的论述中可以看出，休谟实际上是用间接情感的产生机制来说明道德情感的产生与特征。某种行为因为它的道德或是邪恶，就给人们带来了一种特殊的快乐或痛苦的感觉，也就是赞同或责备的情感。这种快乐或痛苦感觉的对象要么是自己要么是他人，不可能扩展到其他无生命的对象上去。事物因为某种性质，如一栋房子的美观或实用，而给人带来了快乐的感觉。同样，某种行为可能具有的倾向，如一个仁慈行为的利他性，就在人们心中产生了一种快乐的印象或情感。如果这栋房子的主人是我们自己，这种快乐的感觉立即就产生了骄傲的情感，而如果房子的主人是他人，则开始的快乐感觉就转化成了爱这种情感。如果这件仁慈的行为是我们自己作出的，那么我们自己就会产生自我赞同感，而如果这件仁慈的行为是他人作出的，产生的就是对他人的赞同感。休谟认为，自我的仁慈行为可以刺激起我们的骄傲情感，而他人的仁慈行为则可以产生爱的情感。在这里，我们就可以发现道德感与间接情感的一些不同之处。虽然在产生二者的原因与结果方面是类似的，但是某种仁慈的行为总是刺激起赞同感，不仅是我们自己的，他人的也是如此。而事物与其主人的不同关系，则激发的是不同的间接情感，同样一栋漂亮的房子，如果是我们自己的就产生了骄傲，是他人的则产生了爱。这种不同表明了道德情感是一种具有普遍性的情感，它对行为的判断是依据于行为的一般的倾向，而不是考虑这种行为与我们自身是什么关系。

---

① ［英］休谟:《人性论》(下)，关文运译，北京:商务印书馆1980年版，第513页。

休谟把道德感与间接情感进行类比最明显的地方在以下这些论述：

"我们已经说过，道德上的区别完全依靠于某些特殊的苦乐感，而且不论我们的或其他人的什么心理性质，只要在考察起来或反省起来的时候给予我们以一种快乐，这种性质自然就是善良的，正如凡给我们以不快的任何这种性质是恶劣的一样。我们的或其他人的任何性质，凡能给予快乐的，既然永远引起骄傲或爱，正如凡产生不快的任何性质都刺激起谦卑或憎恨一样；所以必然的结果就是，在我们的心理性质方面，德和产生爱或骄傲的能力，恶和产生谦卑或憎恨的能力，两者应当被认为是等同的。因此，在任何一种情形下，我们都必须根据其中之一来判断另外一个；我们可以断言，凡引起爱或骄傲的任何心理性质是善良的，而凡引起恨或谦卑的性质是恶劣的。"①

休谟还是从道德感与间接情感二者产生机制上的类似性来给予论述的，产生二者的原因和对象具有很大的相似性。但是从这些方面能否得出这种结论，即认为道德情感就是一种间接情感。Páll S. 奥达尔就得出了一种肯定的回答，认为道德情感是一种间接情感，"尽管这些情感之间存在着不同，但是它们本质上是相同的。它们也通过相似性而联系起来；它们的感觉是相似的，尽管不是同一的。"② 笔者认为，Páll S. 奥达尔的结论似乎是过于武断了。从休谟的意图来说，他对情感的论述是要从情感的多样性和变化性找到几个主要的原则，通过这些原则来说明情感的具体运作机制。虽然道德情感与间接情感在产生的机制上二者具有相似性，但很难认为道德情感就是如同骄傲与谦卑、爱与恨一样的间接情感。这直接就与休谟对情感的一种分类方法产生了矛盾。在前面我们已经论述了，休谟对情感的一种分类方法是平静的与猛烈的情感。而道德情感在这种分类中是属于平静的情感，间接情感则是属于猛烈的情感。我们还分析了平静情感与猛烈情感的区分标准，这些对道德情感的影响是重大的。如果混淆或者忽视这些区别的话，道德情感就会成为如

---

① ［英］休谟：《人性论》（下），关文运译，北京：商务印书馆1980年版，第616—617页。

② Árdal, Páll S., *Passion and value in Hume's treatise*, Edinburgh: Edinburgh University Press, 1989, pp.113-114.

同骄傲与谦卑、爱与恨一样的猛烈的情感，而这整个都与休谟的道德情感理论不一致。

与 Páll S. 奥达尔持同样观点还有其他的学者，R. 科亨（Rachel Co-hon）则详细地比较了二者的联系与区别。R. 科亨认为，道德情感与四种间接情感在区分情感的意向对象和原因方面、二者具有非欲望的特征上是相似的。他认为道德情感与直接情感相比，道德情感更类似于间接情感。他的观点是认为，"我们所能得出的结论是，道德情感是间接的反省印象。"① 但是一些学者对此提出了质疑。T. K. 赫恩就对此提出了反对意见，认为休谟在《人性论》中并没有明确地把道德情感等同于间接情感，同时还认为休谟在《人性论》第二部分的论述并不是理解休谟的道德理论的绝对必要部分。②

根据休谟的论述，德或恶所产生的快乐或痛苦的感觉，虽然不同于事物的某种性质而产生的快乐或痛苦的感觉，但是它产生了道德情感的同时也产生了骄傲与谦卑、爱与恨这四种间接情感。我们在前面的论述中，也就是在间接情感的机制中谈到了同情的作用，而同情在道德情感中的作用则是关键性的。综合考虑这些因素，我们只能得出如下结论，道德情感与四种情感存在着一些相似性，比如在产生机制、同情的运用、评价性上等方面具有较大的相似性，但是在另一些重要的方面却是很不同的，比如道德情感是平静的。

把道德情感认为是间接情感还忽略了另一个事实，而这一点也成为了对道德情感是一种间接情感的观点反驳的依据。因为休谟在对情感的直接与间接情感分类中认为，"我所谓的直接情感，是指直接起于善、恶、苦、乐的那些情感。"③ 从休谟的论述可以看出，受善与恶激发而直接产生的情感是直接情感。那么，道德情感是否是直接受善或恶的激发

---

① Rachel Cohon, "Hume's Indirect Passions", Elizabeth S. Radcliffe (ed.), *A Companion to Hume*, Malden, MA: Blackwell Publishing, 2008, p.179.

② Thomas K. Hearn, Jr, "Ardal on the Moral Sentiments in Hume's 'Treatise'", *Philosophy*, Vol. 48, No. 185 (Jul., 1973), pp.288-292

③ ［英］休谟:《人性论》（下），关文运译，北京: 商务印书馆 1980 年版，第 310 页。

而产生的呢？休谟在论述道德感作为道德区分的基础时说到，"我们并非因为一个品格令人愉快，才推断那个品格是善良的；而是在感觉到它在某种特殊方式下令人愉快时，我们实际上就感到它是善良的。这种情形就像我们关于一切种类的美、爱好和感觉作出判断时一样。我们的赞许就涵摄在它们所传来的直接快乐中。"① 从这段引文中可以得知，休谟认为道德情感是直接从善与恶的知觉中产生的。综合这两处引文就可以得出结论，休谟似乎认为道德情感是一种直接情感。

认为道德情感是一种直接情感的观点还可以从平静的情感这方面得到证明。道德情感作为一种平静的情感，其本性和原则很容易被认为是与理性相同的。休谟在谈到影响意志的情感的时候，也谈到了这种平静的情感。② 这些情感是一些欲望，也就是直接的情感，主要是两种，一种是我们天性中的一些本能，一种是对于一般福利或祸害的欲望或厌恶。前者可以认为是自然的情感，因为这些情感是天生就具有的本能。后者可以看做是一种带有功利色彩的情感，从休谟的意图来看可以认为主要是发生于正义之中的情感。这些直接的、平静的情感在促发行为时，在心灵中也产生很少的情绪，而被认为是理性的作用。所以，如果从情感的平静性特征来说，道德情感与直接情感有着很强的联系。它们都是由快乐或痛苦的印象而产生，在心理活动中的性质是平静的，没有产生其他的明显的情绪。当然，道德情感与这些欲望的不同之处也是很明显的。休谟对道德情感的论述主要是表明它是道德区分或判断的基础，而这些欲望则是行为的动机。道德区分或判断表明道德情感是一种评价性的情感，而行为的动机则表明欲望是有着一定的目的和对目标的对象的欲求。在作者看来，这种区分并不是根本的。道德情感也具有对意志的影响作用，因而也可以成为行为的动机。我们会因为他人的赞同或谴责而做出或拒绝某种行为。一个主要的区别是道德情感与同情是联系在一起的，而直接情感却没有这种联系。正是因为这些不同，似乎道

① ［英］休谟：《人性论》（下），关文运译，北京：商务印书馆 1980 年版，第 511 页。

② ［英］休谟：《人性论》（下），关文运译，北京：商务印书馆 1980 年版，第 455 页。

德情感能否是一种直接情感的问题难以得到解决。

从以上的论述中可以看出，道德情感是否适合于直接情感与间接情感的分类，仍然没有肯定的答案。因为从休谟自己的论述而言，我们确实很难找到他对这个问题的直接和清楚的讨论。不试图为这个问题提供一个最终的解决也许是明智的。道德情感无疑是属于一种情感，是一种反省印象。道德情感具有一些间接情感的特征，比如在产生的机制上，对情感的因果说明上都是类似的。同时道德情感也具有一些直接情感的特征，比如平静性和动机性。从善与恶而产生的一种特殊的快乐或痛苦的印象，既可以作为道德区分和判断的基础，也能够影响意志，从而影响我们的行为。

二、道德情感与同情

我们在前面已经说了，对一个行为或品质的一般倾向的思维或预期而产生的特殊的快乐或痛苦感觉，构成了我们赞同与责备的道德情感。德或恶总是在我们一感知到它们的时候就产生了快乐或痛苦的感觉，进而引发了我们的赞同与责备的道德情感。这一结论还有待进一步分析，行为的一般倾向是什么并不是很明确，思维具体行为倾向所激发的道德感是如何形成的也有待阐明。

我们的赞同与责备的道德情感总是指向某个人，是对一个人性格的判断与评价。这个结果是通过性格的外在表现即行为而实现的，行为与语言、意愿或情绪相比，它是性格的更好的表示或标志。因而，行为的某种倾向就成了我们对他人表示赞同或责备的原因。这种因果联结是想象力的作用，这种联结的效果是在知觉中直接呈现出来的。性格是一个人稳定的心理品质，它是产生行为动机的背景条件。性格、品质、动机、行为在休谟那里是紧密联系在一起的。从行为的一般倾向既可以预测或思维这个行为的特定的结果，也可以追溯到产生行为的动机和品质，因为行为与性格有着恒久而稳定的一致性。如果不是这种行为，而只是一时的行为，或者是出于偶发的动机，这种行为不是性格的标志，因而这种行为的结果或趋势就不能成为产生我们的道德情感的原因。

同情是观念通过想象力而转化为印象，同情中也有相似的因果联结。我们可以从声音、姿态等作为结果的外部表现中，可以发现背后的动机性情感，同时，我们的想象力自然地就转到了这些情感的原因上。通过这种想象力的运作，我们获得了这个情感的生动的观念，再通过其他观念或条件，这个情感的观念很快就转变成这个情感自身，实现了由观念到印象的转变。我们既可以从产生情感的原因而思维到这个情感的结果，也可以从作为结果的情感而追溯到产生这个情感的原因。一个人痛苦的表情使我们想到导致他痛苦的疾病，而他人的痛苦也使我们产生怜悯的感觉。在一个令人感到危险的地方，我们会想到这个人的恐惧，而这种恐惧也会传递给我们，使我们有种身临其境的感觉。所以，休谟认为，"别人的情感都不能直接呈现于我们的心中。我们只是感到它的原因或效果。我们由这些原因或效果才能推断出那种情感来，因此，产生我们的同情的，就是这些原因和结果。"①

同情原则主要运用于道德领域，休谟认为，同情的原则产生了道德情感。如果一个行为的倾向的效果是可以给我们自身带来愉快或福利，那么我们就会因为这个结果而产生快乐的感觉，进而对这个行为表示赞同。如果一个行为倾向的效果带来的是悲伤或不幸，那么我们就会责备这种行为。如果这个行为不是给我们自身，而是给他人带来愉快或福利，就像他人的一栋漂亮的房子，我们仍然会赞同这种行为。这种赞同感是怎么发生的呢？虽然这种行为没有直接给我们带来愉快或福利，但是我们可以通过对这个行为的影响者的同情而产生相应的情感。也就是说，如果这个行为给他人带来了快乐或福利，那么这个效果就会导致我们认为它是善良的。我们对他人的同情产生了与他人相似或相同的情感，进而产生了道德情感，并作出了对这个行为的道德判断。

休谟认为，没有一种德性比正义更为受到尊重，也没有一种德性比非义更令人憎恶。正义德性何以是道德的呢？"正义之所以是一种道德的德，只是因为它对于人类的福利有那样一种倾向，并且也只是达到

---

① ［英］休谟：《人性论》（下），关文运译，北京：商务印书馆1980年版，第618页。

那个目的而做出的一种人为的发明。"① 其他的人为之德也是因这种倾向
而产生了赞同的情感。休谟的论述清楚地表明，当我们反省自身或他人
的性格或心理性质的倾向的时候，由它们的倾向的效果而产生了快乐或
痛苦的感觉。我们思维自身的性格时，我们自身会因为它的一般福利倾
向而发生一种自我赞同的感觉，这种道德情感的发生只是因为同情，是
对我们的行为的社会影响的同情。他人或社会会对我们自身的行为产生
某种赞同与责备的情感，而这种情感可以反射到我们自身心理上，使我
们产生一种程度更强的赞同感和认同感，同时还伴随着一定的骄傲与谦
卑。当我们反省那些和我们自身没有利害关系的行为或品质的时候，我
们也只是因为同情而产生了道德感。同情是我们对一切人为之德或恶做
出道德区分的根源，它产生了这种人为的道德感。

　　同情不仅是人为的道德情感的根源，而且也产生了自然的道德情
感。有些自然的德性直接就给这个德性的拥有者带来了快乐或利益，这
使我们一知觉到它就会产生一种同情的感觉，进而对这些德性表示尊
重。这种自然德性的一个特点是，虽然这种德性没有给任何其他人带
来快乐或利益，但是它们仍然获得了我们的赞同。还有一些自然的德
性，比如仁慈、博爱、慷慨等，它们给其对象或社会带来福利，由此也
获得了我们的赞同与尊重。我们对这些德性的赞赏都是立即、自然地做
出的，不是由政治家通过人为措施和教育的结果。因为如果没有了自然
的赞许和责备的情绪，不管政治家们如何刺激我们也不会激发这种情感
来。所以，道德的区别在很大程度上都是发生于各种性格或心理性质有
促进社会利益的倾向，因为我们关心这个行为倾向的效果，所以才产生
了我们的赞同与责备的道德情感。

　　自然之德与人为之德都可以促进社会的利益，但是二者也是有差别
的。休谟认为，"自然的德与正义的唯一差别只在于这一点，就是：由
前者所得来的福利，是由每一单独的行为发生的，并且是某种自然情感
的对象；至于单独一个的正义行为，如果就其本身来考虑，则往往可以

---

　　① ［英］休谟：《人性论》（下），关文运译，北京：商务印书馆1980年版，第
619页。

是违反公益的；只有人们在一个总的行为体系或制度中的协作才是有利的。"① 休谟的论述已经清楚地表明，自然的德性的每一个单独行为的倾向，要么是给德性的拥有者，要么是给德性行为的对象直接带来了快乐或利益；而正义的德性则并不是如此，有时候一个正义的行为反而会给行为的对象带来不利的结果。对自然之德的赞赏依据我们自然的情感就足够了，但是再加上政治家的倡导和社会教育就更有利于它的作用的发挥。而在正义之德中，如何超脱某件正义行为的不利结果呢？人们只是着眼于正义制度对整个社会的福利，而不考虑某件正义行为对某个对象的不利结果。正是因为如此，人们才自愿的达成协议并遵守它。通过我们的人为努力建立起正义或整个社会制度之后，我们就对正义的行为表示了尊重，因为它是有利于整个社会的福利。正是我们对社会利益的同情，才使我们超出了个别的不利结果，而坚持对正义行为的普遍的道德判断。

三、同情的修正与普遍观点

我们在前面已经清楚了，情感会随着对象和性情的变化而变化，这种情况在同情的运作中也是如此。我们的同情会基于这些条件或环境的变化，因而通过同情而传达的情感也会出现变化。具体而言，同情是通过想象力把观念转变为印象，对想象力有影响的条件或者观念的性质这些因素会影响同情的机制，从而改变作为结果的印象或情感。既然同情产生了道德感，不管是自然的还是人为的道德感，那么影响同情的各种因素间接地也会影响我们的道德感。正是因为这种情况，休谟的道德情感理论和同情原则受到了当时思想家的质疑，进而认为情感不能作为道德区分的基础。

休谟意识到了可能遭受的质疑，对其同情理论做了进一步的辩明，而这是与普遍观点的思想相联系的。在"其他的德和恶"部分，休谟指

---

① ［英］休谟：《人性论》（下），关文运译，北京：商务印书馆 1980 年版，第621 页。

出了想象受对象事物位置和关系的影响，因而情绪也自然会出现相应的变化，这种情况导致了对休谟伦理体系的两个反驳。休谟在分析这两种反驳的时候，提出了普遍观点以解决这两个反驳。第一个反驳是直接针对同情的，提出了同情有增减，而对德的尊重却是没有变化的，因此我们的赞同和尊重不是由同情发生。休谟认为，"为了防止那些不断的矛盾、并达到对于事物的一种较稳定的判断起见，我们就确立了某种稳固的、一般的观点，并且在我们的思想中永远把自己置于那个观点之下，不论我们现在的位置是如何。"① 第二个反驳是"virtue in rags"的情况，在对现实中的德发生同情的基础上，赞许的情绪才能产生。如果德达不到目的，德就不能因目的而获得任何价值。对于这个反驳，休谟论述到，"情感并不永远遵从我们的改正；但是这些改正足以充分调整我们的抽象概念，而当我们一般地断定恶和德的各种程度时，我们只是着眼于这些改正的。"②

休谟在《道德原则研究》中同样也提出了普遍观点。我们可能因位置的不断变化而与对象的关系处于变化中，因而在对一个对象进行道德判断时，人们可能会陷入特殊的和相反的立场，从而不能稳定地思想和谈论。休谟认为为了广泛的社会交往，就需要有某些一般的优先选择和区别，否则我们就不能进行有效的交往、交谈和情感的交流，进而变得几乎不可理解。然而，"正是大自然智慧地安排，私人的关系通常应当压倒普遍的观点和考虑；不然我们的感情和行动就有由于缺乏适当限定的对象而烟消云散。因此，施予我们自己或我们亲密朋友的微小的恩惠，较之于施予一个遥远国家的巨大的恩惠，激起更强烈的爱和赞许的情感；但是在这里，正如在所有感官中一样，我们仍然知道要通过反思来矫正这些不平等的因素，坚持一种主要基于一般有用性的对于恶行和

---

① ［英］休谟：《人性论》（下），关文运译，北京：商务印书馆1980年版，第624页。普遍观点在休谟的著作中对应的是"a general point of view"（缩写为GPV），通常在休谟的《人性论》和《道德原则研究》中译为"一般观点"，"general"基本上被译为"一般的"。但是，依据伦理学的特点，笔者把GPV译为普遍观点。

② ［英］休谟：《人性论》（下），关文运译，北京：商务印书馆1980年版，第628页。

德性的一般标准。"①

休谟承认了我们的同情会随着对象的远近关系、相似关系、因果关系的变化而变化。对一个希腊人的德所产生的快乐在生动性上是不及一个朋友的德而产生的快乐；我们对同龄人、国内的人的同情要超过对非同龄人、国外人的同情；父母对小孩的同情肯定是大大超过对别人小孩的同情。这些情况都是我们的想象力在运作中受到观念关系或者说对象与我们自己的关系的影响而造成的，这在一般的情感反应上是自然而正常的。但是，这并不能得出结论说，因为同情或者情感的变化而对德的尊重不变这一点就否认了道德感作为道德区分的基础。显然的是，上面的关系的变化都是以自我作为一个参照系，考虑的只是对象对于我们自身的影响。而在道德判断中，我们必须要超出自我的立场，而从一个更普遍的立场来下道德判断。如果不这么做的话，我们每个人都是根据各自的特殊观点来考虑人们的性格，那么我们就可能出现相互矛盾的道德判断。一个母亲会极力偏袒犯了错的孩子，但是在他人看来这个孩子的某种性格上是恶的。实际上，我们是能够超出各自特殊的立场，而达到对于事物的一种较稳定的判断，我们可以确立某种稳固的、普遍的观点。一个母亲虽然对他的孩子有较深的同情，但是这个母亲如果考虑到了孩子的行为对他人所带来的伤害，她是不会认为自己孩子的行为是正确的，相反还会产生一种责备的情感。

通过以上的说明，我们可以得知休谟是在什么条件下提出普遍观点的。在各种情感、观点和思想的冲突下，为了社会交往和交流的需要，需要采用普遍观点。普遍观点可以修正我们的道德判断，从而使人们形成一致的、合理的道德判断（道德区分）。如果真是这样的话，就直接产生了一个问题，似乎人们直接依据普遍观点就可以做出正确的道德判断。道德判断可以从普遍观点推导出来，因此人们依据理性就可以做出正确的道德判断。规范伦理学，不管是功利主义和道义论，都强调从普遍的行为准则出发对行为进行道德判断。功利主义认为，只要一个行为

---

① ［英］休谟:《道德原则研究》，曾晓平译，北京：商务印书馆 2001 年版，第 80 页。

给最大多数人带来了最大利益，这个行为就是道德的。道义论则认为，一个行为只要是出于普遍的准则，不管其行为的结果如何都是道德的行为。功利主义和道义论在强调行为的普遍准则方面是一致的，都强调理性的作用。在规范伦理学那里，一个行为是否道德，是可以从普遍准则推导出来的。休谟的普遍观点虽然既不是功利主义意义上的也不是道义论上的普遍规则，但是笔者认为却与二者有一些联系。休谟对行为的倾向性，特别是给社会带来利益的倾向性方面的强调，可以看出他的普遍观点具有功利主义的后果论特点。同时，休谟对行为动机的重视，认为一个道德的行为之所以是道德的，主要在于其行为的动机，行为的动机是道德判断和评价的对象。休谟似乎认为，一个道德的行为是出于普遍观点的行为动机而做出的，不是立足于个人的特殊利益。从这里就可以看出，休谟的普遍观点包含了道义论的动机论特点。如果把这两个方面综合起来看，休谟的普遍观点就具有规范伦理学的普遍规则的特点。因此，一个道德的行为就可以从普遍观点推导出来，而不需要情感作为道德判断的来源。如果这种解释行得通的话，虽然休谟利用普遍观点来消除人们之间在道德判断上的目的达到了，但却丧失了他自己情感伦理的基本观点。

如果接受上述解释的话，这就与休谟把道德判断建立在道德感的基础上的基本观点相冲突。休谟认为，作出道德上善恶的区分是一些特殊的快乐和痛苦的感觉，我们根据某种品质或行为所传来的直接快乐就判断这种品质或行为是善的，因而表达我们的赞许之情。休谟认为道德区分不是依据推断，而是来源于反省品质或行为的倾向所产生的特殊的苦乐感觉。因此，那种认为道德判断是从普遍观点推导出来的解释就不符合休谟的思想。那么该如何理解普遍观点？经过普遍观点而修正的道德的赞同与不赞同是否还是一种情感？如果是，那么它会是一种什么样的道德情感？人们为什么要采用普遍观点以及如何采用普遍观点？

休谟的道德赞同与不赞同是直接依据品质或行为的实际影响或趋势所传来的特殊苦乐感而产生的。对于赞同与不赞同可以做两个方面的分析，第一是特殊的苦乐感，第二是品质或行为的趋势。第一方面显示出赞同与不赞同是情感，只不过它是特殊的苦乐感，以区别于一般意义上的或自然产生的快乐和痛苦感觉。第二方面显示出赞同与不赞同感包含了对品质或行为的一定认识，毕竟不是所有的行为都是道德上的行为，要区分道德的行为和非道德行为。这两个方面是道德情感的特征，即道德情感是一种有着认知成分的情感。前面提到的那种对休谟思想的解释，即认为在下道德判断的时候，可以单纯依据普遍观点而做出，由此而否定情感的作用，这种解释实际上只强调了赞同与不赞同感的认知方面而忽视了其情感方面。

在道德感作出道德判断的意义上来说，道德感具有认知的成分，但其本质上还是一种情感，而不是理性。或者换句话说，道德感所发挥的作用类似于理性的作用，因为它不是依据于从个人的角度而产生的强烈的情感，而是依据于从一般的角度通过同情而产生的平静的、温和的、柔弱的、评价的情感。从自我的角度而产生的情感，因为对象的确定和直接性，总是会产生较强烈的情感。而从一般的角度而来的情感，受行为倾向影响的对象的一般性、模糊性，相对而言产生的情感就是较平静的。

我们要到达一个普遍的观点，并且把自己的思想永远系于这种观点之下进行道德判断，我们就要借助同情从另一种角度来考察某种性格的影响。这另一种角度就是从行为或品质的相关影响者立场，而要从自我的立场转换到行为或品质的影响者的立场只有借助同情才可以实现。而对同情的说明离不开想象的运作，这种运作的恒常化则有赖于习惯和信念。这些可以作为心理学上的内部运作，这个运作再加上社会的习俗和惯例的作用而进一步加强，并获得了稳定和强大的力量。

在对品质或行为进行道德判断时，对个人利益的超越要求我们站在行为的实际影响者的角度来评价。作为观察者的我们，通过某种行为影响者的外部表现的印象，如言语、姿势等，可以形成他人是痛苦还是快乐的观念。这种观念通过想象的联结，即相似、接近和因果的联结，观念转换成了痛苦和快乐的印象。由此，我们就体会到了他人的情感。我们依据这种特殊的快乐和痛苦感觉对某种行为品质做出判断和评价，这种判断是超出了个人立场而从一个普遍的观点作出的评判。当然作为观察者的我们，会面对着行为主体和行为影响者与我们的亲疏差异，这些差异影响了我们作出道德判断时的具体感觉。我会对朋友的一个善意行为具有强烈的赞同感，而同一行为发生在陌生人身上则具有较弱的赞同感，虽然我都会对这种善意行为的实际受影响者表示同情。这种情况是可以允许的，虽然同情所发生的感觉不一样，但这并没有否认我们对相同的行为作出一致的道德判断和评价。雷切尔·科亨（Rachel Cohon）认为，我们道德判断的一致性，不是因为有相同的感觉，而是因为这些判断伴随着其他客观的判断。① 除了同情圈内者，我们还会对圈外者表示同情。当一个行为主体和行为影响者都与我们在时空上相隔遥远，这种对象的抽象性和模糊性只是削弱了而不是取消了同情的作用。我们一想到或在书中读到古代某个独裁者的残酷行为，自己就会联想到这种行为所带来的悲惨的结果。我们的联想依据的是这种行为与作为行为结果之间的恒常因果关系。这种认知关系是与情感相伴随的，我们在做出这种推论的时候就会产生某种不快和谴责的情感。休谟认为，"信念只是与现前印象相关的生动的观念。这种活跃性对于刺激我们的全部情感，不论平静的或猛烈的，都是一个必要条件。"②

在对圈内者或圈外者的同情过程中，虽然经过同情而产生的感觉没有基于我们个人利益而产生的感觉强烈，但是通过想象和信念的作用而逐渐稳定下来，这些感觉成为了一种冷静情感。休谟自己写道，"我们的想象很容易改变它的位置；我们或者以他人对我们的看法来观察我们自己，或者以其他人对他们自己的感觉来考虑他们，并借此体会到完全不属于我们、而只是借同情才能使我们关心的情绪。"③ 所以，在想象运作过程发生了情感，而在情感的反省过程中也发生了想象，这个过程可以成为同情的想象和想象的同情。这些冷静情感在生活中还从教育与习俗中获得了一种外在的激发与保持，在人与人之间形成某种社会性和

----

① Rachel Cohon, "The Common Point of View in Hume's Ethics", *Philosophy and Phenomenological Research*, Vol. 57, No. 4 (Dec., 1997), p.840.

② ［英］休谟：《人性论》（下），关文运译，北京：商务印书馆1980年版，第465页。

③ ［英］休谟：《人性论》（下），关文运译，北京：商务印书馆1980年版，第632页。

公共性的普遍情感。在家庭教育中，我们会因为小孩的某种行为，比如伤害他人的行为，而表达我们的不赞同，并且进行相应的责备与惩罚。我们对小孩的赞同与不赞同会给小孩带来某种快乐或痛苦，这使得他们在判断他们是否要作出该行为时同样产生某种快乐和痛苦的行为，并且可以预测到我们对他们这种行为的态度。他们会在判断某种行为时就通过想象和信念，知道行为所带来的结果，并激发起相应的快乐和痛苦的感觉。

在理解何以要采用普遍观点的时候，一定要注意休谟所说的信念的作用和与情感的关系。信念的作用是属于认识论的，我们在前面也说了道德情感中含有认知的成分，因而可以认为休谟承认了理性的作用。但这只是在通常的理解上可以这么说。因为，按照休谟对理性的严格用法，此时的信念只是一种习惯性的联想，是知觉中观念的一种心理联结。因此，从严格意义上而言，休谟对道德情感的说明是立足于心理学的，而不是哲学上的说明。想象、信念与情感的紧密联系说明了我们是如何采用普遍观点的，也说明了经由普遍观点的道德情感是如何成为一种冷静情感的。

道德情感在借助普遍观点进行道德判断的时候，相对而言是较平静的。同时，我们心中还会有基于自我利益而产生的情感。在一种矛盾的心理活动中，可能会同时出现强烈的情感与平静的情感并存的情况，多种情感并存于心灵中并不会使我们作出不恰当的道德判断。休谟认为，我们可以作出正确的道德判断，但是从自我角度而产生的强烈情感也是不能消除的。之所以出现这种情况，是因为"想象异常敏捷而迅速，但是感情却迟缓而顽强；因为这种理由，当任何对象呈现出来，给予想象以许多不同的观点，给予情感以许多不同的情绪，这时想象虽然迅速地改变它的观点，可是每一次弹动并不都产生一个清楚而明晰的情感调子，而是一种情感永远要与他种情感混杂在一起"。[①] 在混杂了各种情感的心理中，想象会坚持着对于事物的一般看法或普遍观点，把依此而产生的道德感觉与出于特殊观点而形成的感觉区分开来。

---

① ［英］休谟:《人性论》(下)，关文运译，北京: 商务印书馆 1980 年版，第479 页。

第四章　德性评价与德性伦理

在分析了道德区分的基础是道德情感之后，道德或德性评价的理论还有待进一步的阐明。休谟主要从观察者的角度，分别考察了德性评价的对象、依据与标准等问题。这种德性评价理论的对象是通过行为的动机表现出来的品质，评价的依据或来源是一种特殊的快乐或痛苦的感觉，评价的标准是从行为的倾向而得出的有用性与愉悦性两个标准。休谟的观察者视角的德性评价理论，因其注重道德心理学上的说明，并未很好地区分品质与道德品质，因而表现出一种泛德性论的特征。

虽然德性评价理论被认为是休谟德性思想中的一个主要方面，但是可以从中发现一种可能的德性伦理。如同亚里士多德的德性伦理一样，休谟的德性思想中也包括道德情感、道德反思与德性目的三个主要因素。依据德性中的上述三个因素，休谟的德性思想中包含了德性的动机、德性的发展、德性的统一等诸多内容，因而构成一种可能的德性伦理。不同于其他的德性伦理，休谟的德性伦理非常突出道德情感的地位，并致力于对德性如何可能给出一种独特而全面的解释。

第一节　德性评价

一、观察者理论

观察者理论在伦理学中的运用是在 18 世纪的英国伦理学中出现的。哈奇森第一次使用了"观察者"这一术语，而休谟则推进了观察者理论所具有的伦理意义。作为休谟道德思想的继承者的亚当·斯密则首先使用了"公正的观察者"这一概念，之后这一理论在道德判断和道德评价中被广泛使用和讨论。

按照夏洛特·布朗（Charlotte Brown）给出的定义，观察者理论是这样一种理论，在品质特征和动机评价上，主要的道德概念是被观察者所使用，比如赞同与责备、认可与谴责、尊敬与轻视。观察者理论集中在我们是如何判断品质与行为，我们是如何决定一个人是善良的，我们是如何决定赞同与责备的恰当性。反之，以主体为中心的理论是行为主体使用主要的道德概念，以决定应当如何去做。休谟关注的是道德的评价因素，而不是其中的慎思因素。集中于道德慎思因素的理论会给出一套正确的慎思标准，一个善良的人是从主体内在的角度而被界定的，正如同一个正确地慎思并作出选择的人。但是休谟界定一个善良的人，至少在开始时是从一个观察者的外部，正如同一个人被激发起赞扬与敬佩。在观察者眼中，德性是可爱的或令人喜欢的，而恶是可恨的或令人讨厌的。①休谟在道德判断与评价中使用观察者角度，是与其受哈奇森的影响分不开的。在哈奇森那里，行为的动机与评价是分开的。动机是出自我们自身的欲望，并与理性的反思相关；而道德判断与评价则是基于道德感。哈奇森关注的是，在我们的日常思考或生活中，一个人是怎样被认为是一个善良的，什么样的品质或行为是德性的或恶的。依据上面观察者的定义，哈奇森的道德思考其实已经是从观察者的角度而进行的。在关于道德论述的开始部分，休谟也关注的是行为或品质成为德性或恶的原因。

休谟在反对了理性不能作为道德判断或区分的基础之后，按照他对人性的看法，那道德判断或区分的基础就是情感。道德判断主要是要回答何种行为或品质是德性还是恶，因此，分析形成德性或恶的印象或情感就成了他首要的关注点。休谟认为，造成德性与恶相区分的感觉或印象是一种特殊的快乐或痛苦，"发生德的感觉只是由于思维一个品格感

①　Charlotte Brown, "From Spectator to Agent: Hume's Theory of Obligation", *Hume Studies* Volume XX, Number 1 (April, 1994), pp.21-22.

觉一种特殊的快乐。正是那种感觉构成了我们的赞美或敬羡。"① 这种特殊的感觉不是行为主体的道德思考或理性慎思，主要的也不是行为主体的自身所经历的道德感觉，而是作为观察者的我们一看见该行为就产生的感觉。或者说，休谟的论述表明，关于德性与恶的道德区分或者一个人是否善良，主要是依据于我们对这个人的行为的心理反应，而不是行为主体自身的道德思考与道德选择。如果一个人的行为或品质给我们带来快乐的感觉，那么我们就会认为他是有德性的或善良的。反之，这个人的行为或品质给我们带来的是痛苦的感觉，那么我们就会认为他是没有德性或恶的。我们对前者表示赞同与敬佩，而对后者则给予责备与轻视。依据快乐或痛苦感觉的赞同或责备的道德情感，就成为了道德判断与区分的基础。

德性为什么能够激发我们的快乐感觉而产生赞同的道德情感呢？一个遥远时代的人，他的行为并没有对我们产生影响，为什么我们会认为他是有德性的？我们的快乐感觉与赞同的道德情感是依据什么原则而产生的呢？我们在前面已经论述了，这个原则就是同情原则。一个遥远时代的人的行为，我们在书上或听说了他的事迹后，就对他产生一种敬佩感，这是因为他的行为给他那个时代的人带来了快乐或福利。正是因为他的行为给别人所带来的福利，因而他时代的人对此产生了赞同的道德情感。我们虽然没有得到这个人的福利，但是我们却会因为同情而与他的同时代人对此产生相同或相似的感觉。通过同情，不管时空的距离如何，他人的情感可以传递给我们。在实践中，我们对某一行为主体的行为结果的预期或观察，从行为对象的情感反应而体验到了相似的情感。具体描述同情的过程是需要印象与观念之间的双重联结，这一过程我们在前面已经有过论述了。同情表明的是，我们所关注的是被行为所影响着或者行为对象的情感反应，而不是行为主体自身考虑其行为是否出自或者合乎道德原则的道德推理。

同情自身所具有的局限性使得在道德判断与评价中必须对同情进行

---

① ［英］休谟：《人性论》（下），关文运译，北京：商务印书馆1980年版，第511页。

必要的修正。休谟认为，并不是所有的特殊的快乐或痛苦的感觉都可以成为道德区分的基础。比如，一个敌人的优良品质会给我们带来很大的伤害，因而必然刺激起我们的痛苦感受。如果按照休谟的关于德是快乐的感觉，而恶则是痛苦感觉的一般论述，那么敌人的优良品质就会成为恶。因此，同情的修正意味着作为观察者的我们必须要超出我们自己狭隘的、自我的个人利益，而需要从一个普遍的观点来对某个行为或品质下道德判断或评价。从这个角度来说，观察者就必须站在一个公正、客观的立场，而不是偏袒、主观的立场来下判断。休谟的观察者理论表明，正是这种公正的观察者才可以作出一个有效的道德判断与评价，避免因立场的不同而导致的道德争论或矛盾。公正的观察者立场也是和道德判断或评价的性质相关联的，一个有效的道德判断必须具有普遍性、适用性。那么休谟是否给我们提供了这样一个客观而公正的观察者立场，进而与道德判断和评价的普遍性要求相一致呢？

休谟力图提供这样一个公正的立场，这一立场不是从某个行为对作为观察者的我们的自身影响出发，而是从该行为所带来的福利的受益者出发。行为的受益者有可能是该行为主体，有可能是行为的相对人。如果某个行为给行为者或者行为相对人带来了福利，那么我们就会对这种行为表示赞同，反之，则表示责备。如果作为观察者的我们，都遵循这样的立场来对行为下判断或评价，那么我们就遵循着一个共同的标准或观点，进而可以获得道德的共识与理解。所以，我们赖以做出道德区分的快乐或痛苦的感觉或印象，就不是从自我的立场，而是从行为者或行为相对人的立场而获得的。只有从这一立场下获得的苦乐感，才是有效的道德判断与区分的基础。

虽然休谟试图给我们提供一个公正的道德判断所必需的前提，但是这种做法是否可行却面临着各种反驳。首先，休谟认为可以从观察者自身的立场超脱出来，而采取一个不偏不倚的立场。但是如何去真正做到这一点却遭到了质疑。按照休谟对同情的论述，同情与自我观念是联系在一起的。这种情形就说明对他人情感的感知与认识很难离开自我的情感体验。因此，在同情的过程中，我们很难摆脱自我对他人情感的理解的影响。其次，在借助同情而对他人情感的感知过程中，他人的外在表现有时候与内心的感受并不一致，作为观察者的我们如何认识或消除这种不一致的影响呢？另外，观察者虽然可以做出正确的道德判断，但是有可能成为冷漠的旁观者。这些问题休谟并没有考虑到。休谟的观察者理论需要的是一个理想的观察者，而这是过于严格了。休谟自己写道，"在知性的研究中，我们从已知的因素和关系推断某种新的未知的因素和关系。在道德决定中，所有因素和关系都必须预先知晓，心灵则从对整体的静观中感受某种好感或厌恶、敬重或轻蔑、赞许或谴责的新印象。"① 这种理想的观察者对于作为一般人的我们而言，不管是从认识还是从感情上都是难以达到的。罗德里克·弗斯（Roderick Firth）认为，休谟的理想观察者所具备的全知性特征是难以满足的。②

虽然休谟的观察者理论面临着不少问题，他自己对这些问题没有足够的意识，但是他给我们展示的是达到一种有效的道德判断与评价的方法。观察者理论与普遍观点的采用，在一定程度上可以保证道德判断与评价的合理性，也给予我们一个力图达到道德共识与分享道德理解的角度和观点。而且，观察者理论还体现了休谟力图在道德判断与评价中把情感与认知、主观与客观统一起来的努力。

二、德性评价的对象、根据与标准

在明确了休谟道德判断与评价的观察者角度，以及这一公正立场而产生的道德共识之后，我们接下来具体分析道德评判的根据、对象与标准等问题。

一个行为或品质得到了作为观察者的我们的赞同就被评价为是有德性的，反之，就是恶的。我们的赞同与责备的道德情感，以及对这种行为品质具有的道德感，是依赖于该行为品质在我们心理所激发的快乐或痛苦的感觉或印象。因此，道德判断与评价的最终根据就是我们的快乐

---

① ［英］休谟:《道德原则研究》，曾晓平译，北京：商务印书馆2001年版，第142页。

② Roderick Firth, "Ethical Absolutism and the Ideal Observer", *Philosophy and Phenomenological Research*, Vol. 12, No. 3 (Mar., 1952), p.333.

或痛苦的感觉。休谟的这种道德感其实是一种道德的感觉或印象，而不是身体的某种感知觉，如同其他五种外部感官所具有的感知觉。在哈奇森那里，道德感（moral sense）虽然是与外部感官相区分的，但是他仍然认为道德感是身体的一种特殊的感觉器官或构造。道德感之所以特殊，是因为它不是感知外部世界或对象以用作科学研究，而是因为它是对美和德性或恶的感知。休谟并不认可哈奇森的观点，因为如何解释哈奇森的道德感会带来难题，而且还带有神秘的宗教色彩。休谟的目的是要用经验主义的方法，立足人性来研究精神科学。快乐或痛苦的感觉或印象，如同在其知识论部分那样，这些都是可以凭经验而感知的，因而这是一个科学研究的基础。排除了理性，那么这一具有经验主义色彩的情感就成为了当然的选择。休谟还是保留了情感产生的生理基础和结构，但他认为这不是他研究的主题，而是自然科学研究的对象与领域。至于他所研究的精神科学，立足于经验之上的苦乐感。

休谟的目的是运用经验主义的方法，探讨之所以产生道德感或道德情感的原因和原则，而不是把道德判断或评价建立在生理结构或神秘来源之上。他对哈奇森的做法给予了反驳，"关于区别道德的善恶的这种苦乐，可以提出一个概括的问题来，就是：这种苦乐是由什么原则发生的，它是由什么根源而发生于人类心灵中的？对于这个问题，我可以答复说，第一，要想象在每一个特殊例子中、这些情绪都是由一种原始的性质和最初的结构所产生的，那是荒谬的。"① 休谟认为，人类的义务是很多的，而与此相关的德性也是各有其产生的原因。不能把所有的德性的产生都归结为一种原因，对这些德性的判断与评价相应地也很难归为一种来源。在经验的基础上，分析德性是如何产生的，而对德性的评价又是依据什么而做出的，从此可以概括出几条基本的原则，这才是休谟所赞同的精神科学的做法。

从经验中可以得知，产生我们的苦乐感的事物或对象是各种各样的。休谟认为，作为道德评价根据的苦乐感是一种特殊的感觉，这种特

---

① ［英］休谟：《人性论》（下），关文运译，北京：商务印书馆1980年版，第513页。

殊的感觉就是因为激发其产生的对象是特定的。当我们预料到某个行为的倾向，从而在心理产生了快乐的感觉，基于此而形成了我们赞同的道德情感。这是否意味着休谟认为道德判断与评价的对象是行为主体的行为自身呢？如果是这样的话，那么任何行为，只要是因其引起的快乐的感觉就会被认为是道德的。一个任意的行为，只要它给他人带来了福利就被认为在道德上是善的。但是，休谟对道德评价的看法并不是这样的。他认为，一个行为的价值是不能离开这种行为的动机，而且行为是动机的标志。某个行为的动机与行为的联系必须是持久的，而不是偶然或随意的。如果是任意而偶然做出的行为，这在休谟看来是难以衡量该行为的道德价值的。动机与行为之间的恒常联系表明行为主体在进行道德选择时的一种稳定的心理状态，该稳定的心理状态表明主体在实践中一种持续的倾向性，这种行为的倾向性就可以称为主体的性格或品质。只有出于主体的性格或品质的行为，才是具有道德价值的。因而，休谟认为道德评价的对象应该是作为行为主体的人，是这个人的性格或品质，而行为只是这种品质的外部表现。因为我们不能直接感知某个人的性格或品质，所以必须通过这个人的行为表现来确定他的品质的价值。具有某种品质的人，在实践中就会具有某种相应的动机，这种稳定的心理状态受到激发就会产生某种行为倾向。品质、动机与行为这三者的紧密联系使得我们可以通过一个人的外在行为，而对该行为主体的品质作出道德评价。

对行为主体的品质的道德评价是依据什么原则而做出的呢？我们在前面已经知道，做出道德评价的根据是我们的苦乐感，而产生这种特殊的苦乐感的原因就成为了道德评价的标准或原则。由于休谟的道德评价主要是从观察者的角度进行的，所以对这个问题的回答必须结合休谟所持的立场或角度。观察者理论表明，对某个行为的评价不是该行为主体对行为是否符合道德规范的思考，而来自于该行为在观察者心里所产生的情感反应。而为了避免观察者自身的局限以及同情的不利影响，必须要立足于一个公正的立场或观点。只有在一个公正而客观的立场，依据一个普遍观点而做出的道德评价才是有效的和可以共享的。普遍观点要求我们不是从某一行为对观察者的特殊联系，而是从该行为对行为主体以及行为相对人做造成的影响而做出道德评价的。只有在考虑该行为对行为主体自身和行为相对者的影响下，这种做法才是作为观察者的我们可以普遍接受的，因而依此做出的道德评价才是客观有效的。也就是说，依据普遍观点而在观察者心里产生的快乐与痛苦的感觉或印象才是道德判断与评价的真正基础。

休谟认为，"在判断性格的时候，各个观察者所视为同一的唯一利益或快乐，就是被考察的那个人自己的利益或快乐，或是与他交往的人们的利益和快乐。"① 观察者受行为的激发而产生的苦乐感遵循的是两个原则，一个是有用性，一个是快乐。有用性和快乐原则又可以分为以下四种：给行为主体带来利益，给行为主体带来快乐，给行为相对者或与他相交往的人带来利益，给予他相交往的人带来快乐。也就是说，一个行为只要是符合上述四种中的任何一种情况，都可以在观察者心里激发快乐的感觉而产生赞同的道德情感，从而认为该行为在道德上是善的，行为主体是有德性的。反之，如果一个行为没有给行为主体或与他相交往的人带来利益或快乐，带来的是不利或不快的时候，我们就会产生一种责备的道德情感，从而认为这个行为是恶的，这个行为者就具有恶的性格或品质。休谟在《人性论》中只是提出了这种道德判断与评价的原则，并没有对此进行细致的分析。他对这种原则的详细分析体现在后来的《道德原则研究》中，在该书中，休谟依照这四种标准对德性作出了分析和分类，可以说是进一步深化和拓展了他此前的思想。②

休谟后来对道德评价的原则或标准的强调，使得他关于道德或德性评价的思想更加明确和完善。观察者所采用的普遍观点就是考虑行为主体或与他相交往的人的利益或快乐，依此而对德性的分类则表明了这种原则适用的对象不是其他的对象，而正是人的性格或品质。作为道德评价的根据的苦乐感并不完全是观察者自身主观的情感反应，而是有着客

---

① ［英］休谟：《人性论》（下），关文运译，北京：商务印书馆1980年版，第634页。

② 王淑芹认为，休谟的前期著作中善恶的标准是主体的苦乐感觉，其后期著作则强调行为的效用，善恶的标准从苦乐感觉转向了客观存在的利益。王淑芹：《休谟的"道德篇"与〈道德原理探究〉比较》，中国人民大学硕士论文，1989年。

观的原则和标准。在这里，休谟把道德评价的根据、对象与标准都紧密地结合起来。从这个角度来看，在关于道德评价的问题上，休谟认为《道德原则研究》是其最好的著作不是没有理由的。

三、德性评价的问题

虽然休谟力图给我们提供一个道德评价的原则或标准，但是这种原则本身也和他自身的理论产生了一种冲突。

在以行为倾向的有用性和快乐性为评价的原则中，休谟认为主要的原则应该是有用性，这种原则本身就包含着很强的功利主义倾向。"道德的区别在很大程度上发生于各种性质和性格有促进社会利益的倾向，而且正是因为我们关心这种利益，我们才赞许或谴责那些性质和性格。"① 休谟在这一点上与哈奇森是一致的，而且功利原则在他的伦理学体系中得到了系统的贯彻与运用。他在后来还写道，"一般而言，有用性这个因素具有强大的效能，最完全地控制着我们的情感。"② 一个行为只要是能够给社会带来福利，依据休谟的道德评价的有用性标准，那么，这个行为就会激发我们的快乐感和赞同的道德情感，这个行为必然就是善的，而我们也就认为这个人是有德性的。

按照休谟的理解，道德评价的两个原则是相互联系的，在大多数情况下是一致的。作为两个原则之一的快乐性或愉悦性也可以当作一种效用，德性就因为其愉悦性而当作一种效用。这两个原则之间的这种联系就表明，其实这两个原则可以归结为一个原则，那就是功利或效用原则。这种解释是能够成立的，体现在休谟对"私人的效用"与"公共的效用"的区分上。对自己有用和令自己愉悦性的品质可以称为是"私人的效用"，而对他人有用和令他人愉悦的品质则可以称为是"公共的效用"。那么，德性的最终评价标准就是一种效用价值论。萨·巴特尔认

---

① ［英］休谟:《人性论》（下），关文运译，北京:商务印书馆1980年版，第621页。

② ［英］休谟:《道德原则研究》，曾晓平译，北京:商务印书馆2001年版，第55页。

为，"'效用'概念是休谟德性伦理学的最重要的试金石，我们把休谟的这种效用理论可称之为德性效用论或德性价值论。"① 如此说来，德性就成为了实现以效用为目的的手段善或工具善了。如果这种理解成立的话，休谟就颠覆了古希腊关于德性的观点。在古希腊，德性意味着卓越、优秀，德性因其自身就是善的。而且休谟也反对了哈奇森关于德性的看法，哈奇森认为只有出于仁爱的行为才是有德性的，虽然仁爱的目的也是为了社会的或公共的福利。

休谟的这种功利主义倾向表明了道德评价的对象是行为的效果，而不是行为的动机。但是这种结论却直接与休谟的关于道德评价的另一种论述相矛盾。休谟认为，"显而易见，当我们赞美任何行为时，我们只考虑发生行为的那些动机，并把那些行为只认为是心灵和性情中某些原则的标志或表现。外在的行为并没有功。我们必须向内心观察，以便发现那种道德的性质……而我们称赞和赞许的最后对象仍然是产生这些行为的那个动机。"② 休谟在这段话中似乎表示，道德评价的对象是行为的动机及其背后的品质。如此一来，休谟就陷入道德评价的对象到底是行为的效果还是行为的动机这个矛盾之中。有些学者就认为，休谟关于道德评价的对象是道德动机。③ 这种看法看似很有说服力。因为按照休谟的理解，一个无意、任意或偶然的行为并不具有真正的道德价值。只有出自行为者有意图和出自"心灵的持久原则"的行为，才具有道德评价的可能，具有善恶的道德价值。

关于道德评价的对象是动机的观点还可以得到其他方面的支持。休谟认为，"简而言之，我们可以确立一条无疑的原理说：人性中如果没有独立于道德感的某种产生善良行为的动机，任何行为都不能是善良的或在道德上是善的。"④ 按照休谟的理解，一个人可以只出于道德义务而

---

① 萨·巴特尔：《论休谟的德性效用价值论》，《北京师范大学学报》2008年第6期。
② ［英］休谟：《人性论》（下），关文运译，北京：商务印书馆1980年版，第517页。
③ 张钦：《休谟伦理思想研究》，北京：中国社会科学出版社2008年版，第151页。
④ ［英］休谟：《人性论》（下），关文运译，北京：商务印书馆1980年版，第519页。

作出某种行为，但是当这个人发现自己缺乏相应的善良动机时，这个人会因此而憎恨自己。而作为观察者的我们，也会因为这个人缺乏善良的动机而产生责备之情。一个父亲因为缺少自然的父子之爱的关怀，纵使他履行了做父亲的职责，我们仍然要责备他。一个缺乏真正感恩之心的人，虽然作出了感恩的行为，履行了他自己的义务，但还是会受到我们的责备。这是因为一个行为之所以是善良的，就在于其行为的动机，"因此，一个善良的动机必然先于对德行的尊重；善良的动机和对于德的尊重不可能是一回事。"①

如何理解休谟的善良动机呢？按照休谟对行为的动机的理解，动机是一种情感，不是间接情感而是直接情感。我们在前面已经知道，直接情感包括了欲望与厌恶、恐惧与希望、喜悦与悲伤，这些直接情感主要是由福祸的刺激而产生的。当福祸是确定的时候，就产生了喜悦与悲伤；当福祸是不确定的时候，就产生了希望与恐惧；欲望发生于单纯的福利，而厌恶则发生于祸害。行为的动机的发动是这样的，"当身心的任何行动可以达到趋福避祸的目的时，意志就发动起来。"② 作为直接情感的另一种来源是自然的冲动或本能，而这些"原始的本能倾向于趋福避祸"。不管是对子女的关爱一类的本能，还是对社会福利的倾向的本能，这些本能被休谟称为"平静的情感"，都可以说是"趋福避祸"的。从这里可以看出，休谟的动机是与因祸福而产生的苦乐感紧密相联的。所以，休谟所说的"善良动机"，其实也就是指向行为的效用，或者说是以效用为目的的。不管是自然的动机，还是正义的动机，都是以个人或社会效益为目的。正是行为动机与行为结果的这种联系，就表明了在道德评价的对象上的一致性。也就是说，关于休谟的道德评价的对象是行为动机还是行为效果的争论实质上趋于统一的，不管道德评价的对象是什么，都是以效用为最终原则或标准。

关于道德评价的标准最终是同一的结论还可以从此前我们关于休谟

---

① ［英］休谟：《人性论》（下），关文运译，北京：商务印书馆1980年版，第520页。

② ［英］休谟：《人性论》（下），关文运译，北京：商务印书馆1980年版，第478页。

对性格或品质、动机、行为之间的联系得到支持。因为我们不能直接感知他人的品质是什么样的，所以我们对品质的评价就需要通过某种外部可以被我们所感知的标志而进行，这个标志就是行为。因为无意或偶然的行为并不具有真正的道德价值，所以必须是出自某个稳定动机的行为才是品质的合适标志。而稳定的动机在休谟那里是和品质相关的，一个人具有某种品质就表明这个人具有某种稳定的心理倾向或情感反应，因而表现为相应的行为倾向。而具有道德价值的品质或性格就是德性的，是由作为观察者的我们的赞同的道德情感依据效用的标准所决定和表现出来。从这里我们可以看到了休谟的德性效用价值理论的具体内容，同时关于道德评价的对象问题也可以解决了。这个问题的解决得出的结论就是，按照休谟的理解，道德评价的对象是品质，动机与行为都是品质的表现，三者是紧密相连的。

如果认为休谟的道德评价的对象是行为的动机，进而得出休谟的道德理论是一种动机论，具有道义论色彩的观点自然就是不成立的了。但正是因为休谟的道德评价理论的功利主义倾向，他的德性理论也就面临着不小的问题。迈克尔·斯洛特虽然赞同休谟的同情原则在道德动机与道德评价中的作用，但他还是引入了道义论来修正休谟关于道德评价过强的功利倾向。这是因为，"道义论告诉我们，有时按照一种将导致每一相关者而言最好的整体结果的行为方式而行为是错误的，因为某些特定的行为就其天然的性质而言本身就是错误的"[①]。他引用了伦理学上著名的轨道车问题的案例，指出了我们在道德评价中需要遵守一些严格的道德原则，而不是一味地追求社会的或个人的福利。

四、主体动机与观察者评价的综合考察

如果我们单纯从观察者的道德评价的角度来看休谟的伦理思想，那么他的思想就是一种他所说的思辨的科学。但是，我们也不要忘了休谟

---

① 迈克尔·斯洛特：《情感主义德性伦理学：一种当代的进路》，《道德与文明》2011 年第 2 期。

的道德哲学中关于实践的论述，道德必然对人的行为、动机、情感有影响，也就是说对人的实践活动是有影响的。因此，我们不能局限于各自研究的角度，而得出片面的结论。也许休谟在某方面比在另一方面更为强调，给我们造成了他特别关注那一个方面的印象和结论，但是，一种综合的考察确是必要和合理的。从作为道德实践的主体来说，主体行为的道德价值很难单纯从道德动机或单纯从行为效果的角度给予确定。所以，考察一个行为主体的实践行为必须要从动机和判断或评价的两方面综合起来。毕竟，我们的行为主体自身在是否作出一个道德行为的时候，总会做出自己的道德考虑，为什么要这么做，以及这么做是否正确。

在明确了行为动机和行为的判断与评价相结合的必要性后，这种结合在休谟的伦理思想中的可能性是具备的。在第三章中我们已经分析了道德感或道德情感本身包含着道德动机的可能，一个真诚的道德判断或评价某种程度上就预设了某种相应的道德动机，以及在实践中的某种行为倾向。而在本章的第二节，我们也已经考察了作为行为或德性评价的赞同与责备的道德情感所具有的评价性特征，以及这种评价性的道德情感的对象和评价的原则或标准。在这种详细考察的基础上，道德感所具有的动机性特征和评价性特征就很好的显示出来了。虽然这两个特征已经清楚的揭示出来了，但是这二者之间有没有什么更深的联系呢？一个行为主体，他在实践行为中，在道德思考中，是如何处理自己的欲望性或动机性情感和道德判断的关系问题呢？

如此明确地来讨论道德感两个特征的结合的问题，在休谟的道德哲学中并没有具体的论述。虽然是这样，但是在他的伦理思想中还是可以找到能够解决这一问题的资源。休谟把道德的基础建立在情感之上就表明这样一个结论，道德感实质上是一种情感，道德动机与道德评价都是以情感为基础的。我们在第一章的论述中已经知道，从休谟把情感分为直接情感与间接情感来看，直接情感是能够影响意志的，而间接情感却并没有这种直接的影响，直接情感的一个主要特征就是其意动性。间接情感与直接情感相比较，它的一种主要特征就是其评价性。直接情感与间接情感可以互相转化、互为因果；间接情感可以在一定条件下激发直接情感，从而产生一定的情感偏好和行为倾向；而直接情感也可以在某种条件下强化间接情感，从而转化成一种具有价值色彩的情感。比如说，对他人的爱慕可以转变成一种想和这个人亲近的欲望，而这种欲望的满足又进一步加深了这种爱慕之情与敬佩之意。

正是情感自身所具有的这两种特征，它也就为道德情感的分析奠定了基础。一切的情感，包括道德情感，作为反省印象或次生印象都产生于苦乐感觉这类原始印象。赞同与不赞同或责备的道德情感也是产生于苦乐的感觉或印象，只不过它是一种特殊的苦乐感而已。虽然各种具体的苦乐感是有差别的，但都可以归为苦乐感这一名称之下。苦乐感直接就产生了直接情感，而与其他原则相结合就产生了间接情感。由特殊的苦乐感而产生的赞同与责备的道德情感，休谟并没有明确地把它称为是直接情感还是间接情感。笔者认为其中的一个重要原因是道德情感同时具有这两种情感的特征，也就是动机性和评价性特征。另外，考虑到直接情感与间接情感是可以相互转化的，要明确地把道德情感归为哪一种也是不合适的。基于休谟自己对情感的分析，我们可以得出一个结论，虽然道德情感在休谟那里主要是作为一种评价性的情感，但是同时也是一种动机性的情感。

休谟指出了直接情感与间接情感的紧密关系，但是二者何以转化的原因与遵循什么原则并没有给予说明。如果我们认为情感与道德情感有密切联系，二者都具有动机性与评价性的特征，则这两种特征之间转化的原因这个问题同样也就会带给道德情感。也就是说，我们可以继续追问道德情感这两种特征之间的相互关系到底是怎样的。一个行为主体在做出某种行为倾向的时候，他的道德动机与道德评判的紧密关系是如何可能的。

上述问题的解决必须要依赖休谟的同情理论才是可能的。前面我们已经知道，虽然我们不能直接感知他人的情感，但是从一个人的外在表现可以得到关于这个人的情感的观念，通过印象与观念的双重联结，我们进而获得了他人的感受或感知了他人的感情。这种过程的描述更多的是侧重于从感知或认知的角度来说明他人情感，因此，我们可以称这种同情为认知性的同情。或者说，同情在其本性上具有认知性的特征。休谟在谈到对于富人与权贵的尊重的情感时，就清楚地表明了同情的这种认知特征。[①] 这种认知特征和间接情感的认知特征具有相似性，也可以称为非道德的同情。而休谟的同情还具有另一层面，除了在感知他人具有什么情感之外，还可以产生与他人相同的情感体验，恰当的应该被称为移情。面对一个身处痛苦处境中的人，我们会体验到他人的痛苦，仿佛这种痛苦发生在自己身上一样。正是因为这种感觉或印象，我们产生了消除或减轻这种痛苦的欲望，从而导致相应的行为倾向。按照休谟的理解，趋福避祸是人类的一种本能倾向，因而在预期或实际上发生了这种情感体验时，就会作出追求福利而躲避祸害的行为。同情的这种特征就是动机性，也可以说与直接情感具有很强的联系。所以，休谟的同情包括了这两个方面，这二者是内在统一的。在对他人的情感进行感知的同时，同情在某种情况下还激发了相似的情感，进而导致某种行为倾向。

休谟的同情原则就使得道德情感所具有的动机性和认知性或评价性之间的相互转化成为了可能。在具体的情境中，行为的预期结果通过同情而使我们感知了他人具有何种情感，在感知他人情感的同时，还产生了与他人相似的情感体验。行为造成的结果在他人心里引起的快乐或痛苦反应，通过同情原则这种情感被我们感知到，我们依据这种传递而来的快乐或痛苦作出道德上的赞同与责备。这个方面是道德情感的评价性功能，这种功能依赖于同情原则所具有的认知特征。另一方面，同情还使我们产生了和他人相似的情感体验，仿佛这种行为结果发生在自己身上一样，这样而产生的快乐或痛苦的感觉或印象，就激发了我们的欲望与厌恶，从而导致了某种行为倾向。这种行为倾向一旦获得了道德上的认可，那么就将具有更大的意动性。更深一层来说，此时行为主体还将产生其他的情感，用休谟的术语就是次生的情感，那就是一种强烈的爱憎之情。如果作为行为主体的我们，具有了道德上所认可的行为动机和倾向，那么这将激发我们对自己的道德上的自爱情感；如果缺乏，激发

---

① ［英］休谟:《人性论》（下），关文运译，北京：商务印书馆1980年版，第398页。

的将是道德上的憎恨。这些爱憎之情反过来又将进一步加强我们的赞同与责备的道德情感，使我们对行为的评价更加固定和怀有强有力的行为动机。

休谟清楚地认识到了同情本身所具有的局限性，这种局限给道德情感带来了不小的问题。休谟对这些因同情而带来的问题试图给予解释和解决，就提出了观察者理论与采用普遍观点。可是，由于休谟的这些理论和观点具有太强的功利主义色彩，这就给道德情感在动机和评价上带来了难题，哈奇森对此提出了反对。这个问题在休谟自身的思想内部就可能是行为效果与道德原则之间的紧张或冲突。毋庸置疑，休谟确实在德性评价中没有很好的处理行为动机与效果之间的关系。当然，如果强制把道义论的思想加到休谟的伦理思想上，这无疑会改变休谟思想本身的理论体系与特色。但是，从研究的角度引入道义论以解决这些问题，这种做法是否可行是需要仔细论证的，这也是一个饶富意义和值得进一步探讨的方向。对于休谟而言，他的主要意图是揭示道德评价的心理机制，对行为的动机与评价更多的是道德心理上的说明。

五、休谟对德性的分类

接下来我们来看休谟对德性的看法。休谟在几个地方给出了德性的定义。首先，"我们将把'心灵的每一种伴有人类的一般的赞许的品质或行动称为有德性的；而我们将把每一种构成一般的谴责或责难之对象的品质称为恶行的'。"[1] 其次，"德性的本性、其实德性的定义就是，它是心灵的一种令每一个考虑或静观它的人感到愉快或称许的品质。但是一些品质产生快乐，是因为它们有用于社会，或者有用于或愉快于那个人自身；另一些品质产生快乐则更直接些，这就是这里所考虑的这类德性的情形。"[2] 最后，"它将德性界定为凡是给予旁观者以快乐的赞许情

---

① [英] 休谟:《道德原则研究》，曾晓平译，北京：商务印书馆 2001 年版，第 26 页。

② [英] 休谟:《道德原则研究》，曾晓平译，北京：商务印书馆 2001 年版，第 115 页。

感的心理活动或品质，而恶行则相反。"① 休谟对德性的这些看法表明，德性是心灵的品质，是道德评价的对象；德性的评判的基础是情感或者说道德情感；这种道德情感，是观察者在品质或行为的静观或反思中，依据有用性和愉悦性两个标准而产生的。

休谟对德性的界定看似清楚，但是在德性的分类这个问题上却前后不一致。在《人性论》中，休谟把德性分为人为之德与自然之德两类。休谟之所以采取这种分类，主要有两个方面的理由。第一个理由是道德感在判断和评价德性上的不同。休谟认为，仁爱这种德性首先是因为它是出于一种自然而真实的仁爱的动机，这种动机性的情感可以自然而直接地给我们带来快乐的道德感觉，因而自然地获得我们赞同。因此，出于仁爱动机的行为或品质就被认为是一种仁爱的德性。出于此类动机性的情感的行为或品质，它们直接的就激发了我们快乐的道德感觉，我们的道德感是自然而直接地对此作出赞同的。而在正义此类德性上，我们并不自然地具有此类行为或品质所必需的动机性的情感，我们的道德情感也不是直接而自然地作出的。对此类德性的道德评价需要借助于人为的协议才可以达到，我们的道德感不是自然的，而是人为的。只有在确立了某种人为的协议之后，基于这种协议所维系的社会利益或共同利益的同情才可以产生对这类行为或品质给予道德评价的道德情感。与此相关的第二个理由就是评价所针对的行为对象的不同。在自然之德的情形下，我们的道德感依据单个的行为就可以做出道德上的判断和评价。而在人为之德的情形下，某一单独的行为虽然可以被认为是善的，但实际上和结果上却与正义是相违背的。某一出于感激之情的感恩行为，单独地看这件行为无疑是善的，而这个行为的主体是具有感恩的德性的。如果我们把一个穷人该还给一个守财奴的欠款交给穷人，或者认为这个穷人可以不还款，从单个行为来说，这无疑是善的。我们的理由是穷人需要这笔钱，而还给一个守财奴则没有带来什么好处。因为我们知道，这个守财奴是永远也不会花这些钱的。但是，这种行为却是与正义的要求

---

① ［英］休谟：《道德原则研究》，曾晓平译，北京：商务印书馆2001年版，第141页。

相矛盾的。这么做就会使依赖正义而建立的整个社会陷入纷争和无序的状态，其结果是社会的秩序和利益遭到了损害，而个人的利益也就不能得到有效的保护。

休谟在后来的《道德原则研究》中似乎放弃了此前的这种分类，而是从个人价值的角度进行论述的。休谟给出了对德性进行分类的另一理由，"为了达到这个目的，我们将努力采取一种十分简单的方法，我们将分析形成日常生活中的我们称之为'个人价值'（Personal Merit）的东西的各种心理品质的那种复合，我们将考虑一个人心灵中使其成为或者敬重和好感或者憎恨和轻蔑之对象的每一种属性，并将考虑那如果被归入任何个人则意味着对他不是称赞便是谴责、并可能影响对他性格和作风的任何颂扬或讽刺的每一种习惯，情感，或能力。"① 休谟对德性的考虑是对日常生活中的品质，运用我们的反思或"在自己心中体会片刻"，把我们所赞同的品质都归入德性，相反的品质则归入恶。经过我们自己反思而认同的品质结合起来就形成了某个人的个人价值，如果这个人具有了大部分我们所赞同的道德品质，那么这个人就是接近德性完满的人了。

下面对德性分类的论述主要是从休谟后来的思想而进行的。之所以这么做，一个原因是休谟后来对德性的分类相对而言比较清楚，讨论也十分集中。另一个原因是，休谟之所以放弃了此前的自然之德与人为之德的分类，可能主要是受到了当时一些人的批评。正是因为这些方面的考虑，所以接下来关于休谟的德性分类问题就以他后来的思想为基础。当然在讨论的过程中，我们也会指出前面的分类所遭到的反对是什么，以明白休谟为什么要放弃以前的做法。

依据有用性和愉悦性这两个标准，与行为主体和他人相联系就成为了四种类型的品质，我们对这四种品质的赞同就使得它们成为了德性。第一种类型就是对他人或社会有用的品质。有用性可以激发我们的赞同之情，但它并不是基于自爱的，"如果有用性是道德情感的一个源泉，

---

① ［英］休谟：《道德原则研究》，曾晓平译，北京：商务印书馆2001年版，第25页。

如果这种有用性并不总是被关联于自我来考虑，那么结论就是，凡是有助于社会的幸福的东西都使自己直接成为我们的赞许和善意的对象。"①所有的人为之德都属于对社会有用的品质或德性，正义、忠顺、贞洁都是因为它们有益于社会而受到我们的赞同。人道与仁爱同样因为其给社会所带来的利益而被认为是德性。正义与仁爱这些对社会有用性的品质又被称为社会性的德性，这些品质通过同情而获得了我们的赞同。与此前不同的是，休谟在说明这些德性的时候，不像以前主要依赖于同情给予解释，此时主要依赖于我们的人道或仁爱的情感，当然休谟也称之为社会性的同情。休谟从历史的角度论证了仁爱的力量，它是人的一种本性，它在古今中外的广泛存在证明了这种情感的普遍性。这种仁爱情感正是因为其给社会所带来的利益，所以不管是在历史上，还是在今天都得到了我们的赞同和敬佩，仁爱德性是一种主要的德性。

第二种类型就是对我们自己有用的品质。休谟在这里表现出对亚里士多德的中庸原则的重视，但他认为"适中主要是由效用所规定的"。"审慎、小心谨慎、大胆进取、勤奋、刻苦、省俭、节约、理智健全、明智、明辨"这些品质都是具有道德价值的。"自我克制、冷静、忍耐、坚贞、坚毅、深谋远虑、周密、保守秘密、有条理、善解人意、殷勤、镇定、思维敏捷、表达灵巧"这些品质也都是我们所赞同，没有人会否认其是卓越的品质和优点。②还有一些身体的禀赋和财富利益，如同心灵的禀赋一样，同样引起了我们的敬重与尊重的情感，所以也被认为是德性的。"宽阔的双肩、瘦细的腰腹、坚实的关节、修长的双腿"等这些身体上的美，因为它们是力量和活力的标志，显然也激发了我们的赞许。甚至两性中的性能力也可以引起我们的赞许之情。

第三种类型是直接令我们自己愉快的品质。怦情幽默、生气活泼、欢喜、骄傲、自重、勇敢、自信、宁静、平静、仁爱等品质，它们也都因直接给具有这种品质的主体所带来的愉悦而受到我们的赞许和敬重。

---

① ［英］休谟：《道德原则研究》，曾晓平译，北京：商务印书馆2001年版，第70页。

② ［英］休谟：《道德原则研究》，曾晓平译，北京：商务印书馆2001年版，第94页。

休谟认为，虽然这些品质并没有给我们带来效用或有益的后果，但是它却产生了与基于效用而产生的道德情感不同却相似的情感类型。这两种类型的道德情感都产生于"同一种社会性的同情，亦即对人类的幸福或苦难的同胞感（fellow-feeling）"。①

第四种类型是直接令他人愉快的品质。礼貌、良好的作风、机趣、真诚坦率、谦逊、正派、清洁、风度、优雅、自在、从容等此类品质都可以在交往中直接给他人带来愉快的感受，因而这类品质可以直接获得我们的赞同。

从休谟对德性的分类来看，这种分类标准不是唯一的，所有的德性也没有统一于某一种德性。这种分类标准有很强的后果论特征，它强调某种行为或品质所带来的有用或愉快的后果。这种倾向就与休谟在之前对道德动机在行为或品质评价中的重要地位出现了不一致。休谟此前认为，某种行为或品质必须首先出于一个善良动机，然后我们的道德感才可以作出道德上的评价。但是，这种做法面临着一个问题，那就是休谟认为的很多德性，比如身体或心灵上的一些禀赋，这些德性很难说就有相应的动机性情感的存在。如果要把善良动机作为德性评价与分类的一个必要的前提条件的话，那么很多德性就不具备此条件。如果是这样的话，那么休谟在德性分类问题上就会陷入自我矛盾的局面。相比较而言，休谟对行为或品质的后果的强调要胜过道德动机的重视，只是在《人性论》中并没有给予清楚的分类。为了避免这种矛盾，休谟后来在德性的分类问题上，直接就依赖于有用性和愉悦性两个标准。我们在对行为或品质的反思或预期中，凡是合乎这两个标准的品质都激发了我们的赞同，因而这些品质被认为是德性。这种做法就直接而清晰的表明了在德性问题上，我们的道德情感是确定德性价值的基础或源泉，道德情感在此过程中是遵循了相同或相似的原则与规律，依据共同的标准而做出的。这种做法带来了另一个问题，休谟并未像通常认为的把品质与道德品质进行区分，由此可以推出他的道德情感似乎是非常宽泛的，从而

---

① ［英］休谟:《道德原则研究》，曾晓平译，北京：商务印书馆 2001 年版，第113 页。

具有德性评价上的泛德性论的理论特征。

　　休谟对德性的分类显示出几个主要的特征，而与传统的德性观点有很大的不同。从苏格拉底、柏拉图到亚里士多德，理性在德性的讨论中占有着核心地位。虽然在亚里士多德那里，意愿、意志甚至情感获得了重视，但还是处于一个次要的位置。理性是人的本质，在人达到目的，追求幸福的过程中，德性在有机体观点下体现了一种必然和统一的特征。在中世纪理性的作用有所下降，但是对于律法的服从和来世的幸福的结合使得德性被限制在神学的框架之内。哈奇森认为所有的德性均出于仁爱的观点，而仁爱最终的神秘来源也同样呈现出德性统一的特征。休谟不认为德性有任何外在的标准，或者外在的来源，德性或德性的发现是立足于社会生活中的人的自然性和社会性，以一种经验主义的方法才真正可以展示出来。所以，休谟的德性观似乎并没有如传统德性论的统一性，也没有独立的客观标准。休谟的德性分类所依据的标准不是唯一的，也不是统一的，德性在人们身上有时会表现为一种复杂的结合。这种德性的分类与情感主义的结合表明情感或道德情感的主要地位，感觉主义或经验主义的特征也显示出来。虽然人们在面对具体德性的时候各自感觉可能不一样，但是都遵循着可以交流和共享的一些观念、道德词汇和概念，从而在德性的看法上可以达成一致。所以，休谟德性观中的感觉主义或经验主义、情感主义和多元论都显示出与传统德性观的不同特征。

第二节　德性伦理

一、德性的思想史考察

　　某种行为或品质，当我们反思其倾向的时候，如果在我们心里引起了赞同或谴责、赞许与责备的道德情感，这种行为或品质就会被认为是有德性的或恶的。在休谟看来，道德评价的对象是人的品质特征，而德性正是对人的品质特征所具有的价值的揭示与认可，这个过程是由我们的道德情感所规定的。在进一步研究休谟的德性思想之前，需要对德性及其历史给予初步的考察，以图发现他的德性理论的历史资源和自身特色。

德性（virtue），在古希腊的对应词是"arete"，是用来表示任何种类的优秀、卓越，这种意思在荷马史诗和亚里士多德那里都可以发现。一匹善于奔跑的快马，一把锋利的刀，都可以称为是有 arete。此时 arete 的用法比较宽泛，它不仅用来指人，还可以用来表示其他的事物。某个对象只要是具有和展现了其优秀的特征或功能，都可以被称为 arete 的。这种用法与后来的以人为专门的对象是有区别的，近代以来就专门指人所具有的品质（character），局限于人的心理品质（mental character）。在伦理学上更狭窄的用法是指人的道德品质（moral virtue），所以中文又把 virtue 翻译成"美德"。

德性是一种品质，这种观点可以获得历代思想家或伦理学家的共识。麦金太尔指出，"美德是一种使个人能够履行其社会角色的品质（荷马）；美德是一种使个人能够朝实现人所特有的目的（telos）而运动的品质，无论这目的是自然的抑或超自然的（亚里士多德、《新约》、阿奎那）；美德是一种有利于获得尘世或天国的成功的品质（富兰克林）。"① 休谟也是在品质这个意义上使用德性的，德性就是一种获得观察者赞同的品质。虽然德性被认定为品质，但是什么品质才是德性，德性包括哪些德目等，在这些方面却并没有一致的观点。

在荷马史诗的社会中，一个人要完成社会指派给他的社会职责，当一个人完成了他的社会职责时，他是"善的"。说某人是"善的"，就等于是说"他是勇敢、聪明、高尚的"。职责是个人的，每个人的职责不同于他人的职责。因此，德性是完全不同的。国王的德性是治理得好，士兵的德性是勇敢，妻子的德性是忠诚等等。从当时的社会来看，德性是与在当时的社会分工的基础上的职责或者相应的角色的完成紧密结合的。不仅如此，尘世的道德秩序与宇宙秩序（包含神的世界秩序）没有明显的区分开来。如果一个人未能履行其自身的职责，不合乎其角色要

---

① ［美］麦金太尔：《追求美德》，宋继杰译，南京：译林出版社 2008 年版，第 209 页。

求，那么他就不是"善的"，不具有德性。所以，德性的标准是履行了社会所赋予的职责。

随着社会生活的变化，带来了道德观念和道德概念的变化。"德性"不再表示履行社会职责所体现的那些品质，而是表示完全可以脱离社会职责的一些人类的品质，德性仅仅涉及个人自身，这使得做好人和做好公民出现了分离和不一致。在这种情况下，哲学家对德性、道德概念进行了各自的思考，提出了不同的看法。智者认为德性就是能够使人成功的品质，苏格拉底认为德性就是知识，柏拉图认为心灵的德性是正义，亚里士多德认为伦理德性就是中道。

在城邦国家中，怎样谋取社会职业以生活得好，其前提条件是要能够在公共集会、法庭上成功。只要你能打动你的听众，你就是成功的。为了打动你的听众，就必须在一方面保持与社会习俗的一致性，在另一方面对道德概念和道德秩序进行合乎需要的解释。在《普罗塔戈拉》篇中，普罗塔戈拉采用神话的方式，说明了人类的起源，人类从神那里获得了火和含有各种技艺的智慧。值得注意的是，他把政治术看做不是从神那里得来的，而是人创造、设置出来的。各种职业所要求的技艺是德性，但是这和公正、明智、道德方面的德性是有明显区别的。可以看出，他的德性概念与在荷马那里的由社会职责而来的德性概念有明显不同，他认为道德德性不是自然而然的，不是从宇宙秩序而来，而完全是人为的，这就打破了之前的道德秩序和宇宙秩序的一体性。他之所以这样，就是要对道德词汇、概念进行重新的解释，以满足其在传授中的需要，使人在公共论坛、法庭上击败对手，获得成功。他认为德性是可教的，是通过学习而养成的，但是他把德性和政治术密切联系起来，进而和他所提倡的修辞术联系起来。所以，他认为一个人的德性就体现为获得成功，为了达到成功可以不择手段，对道德词汇的解释服务于私人目的。当然，他在对道德词汇进行解释的时候，是和他在认识论上的相对主义是一致的。这种相对主义的解释，其结果是个人获得了成功，但是整个城邦国家的道德秩序却会出现问题。所以，苏格拉底反对普罗塔戈拉对德性的看法。

为了克服智者的相对主义和对道德词汇的不清晰解释，苏格拉底追求对德性的界定，他要提出概念的定义问题。如何定义概念，这就和他的辩证法联系起来了。他接受了智者派关于德性是可教的观点，他认为，德性就是知识。但是他认为知识已存在于我们心中，这是和普罗塔戈拉不同的。他认为可以通过辩证法把知识显现出来，从而也就使人具有德性，他形象地把辩证法描述为助产术。在苏格拉底那里，他对德性的探讨涉及的一个重要问题就是提出了行为的意愿问题。他认为没有人故意作恶，作恶都是因为人的无知。如果一个人知道了他将作出的行为是错的话，那他是不会这么做的，他是不会愿意去作出这种恶的行为的。苏格拉底的知识含有技术、技艺的含义。一个具有某种技艺的人的行为是合乎技艺的，那么他的这种行为就体现出了德性，达到了行为的目的。而如果一个不具有某种技艺的人去做这种技艺所要求的行为，那肯定是达不到要求的，因而是不具有德性的。所以，一个具有知识的人，也就是具有理性灵魂的人，他在理智上就如同一个具有某种技艺的人，他的行为会是合乎目的的，因而是善的，也就具有德性；反之，就不具有德性。从这个角度来看，苏格拉底是正确的。但是，他却把知识和意愿不加区分，这是不对的，一个有某种技艺的人他完全有可能会故意地做不合乎技艺要求的行为，正如具有羞辱感和正义感的人也会做不对的事情，因而不会是一个具有德性的人一样。所以，亚里士多德批评苏格拉底，"苏格拉底的研究部分是正确的，部分是错误的。他认为所有德性都是明智的，这种观点是错的；他认为所有德性都不能离开明智而存在，这个看法是对的。"①

在反对智者关于德性的相对主义定义上，柏拉图与苏格拉底是一致的。柏拉图也承认了德性与善的概念和幸福、成功等概念有着不可分割的联系。从当时的苏格拉底之死和社会现实出发，柏拉图认为他的德性的善不可能在现实的城邦中实现。所以，柏拉图的德性观，主要从一个理想的角度，灵魂的各个部分接受理性的指令而形成的。灵魂的每一部分都有其特定的功能，这种功能的完成就是一种德性。理智部分形成了

① ［古希腊］亚里士多德：《尼各马克伦理学》，王旭凤等译，北京：中国社会科学出版社 2007 年版，第 273 页。

智慧的德性，激情接受理性的命令而应对危险就形成了勇敢的德性，欲望接受理性的约束就形成了节制的德性。这三种德性只有在第四种德性，即正义中才可以被展示出来，正义德性是给灵魂的每一部分分配了特殊功能的德性。柏拉图的德性观体现了德性统一的特征，每一德性的呈现都会要求其他所有德性的出现。在这一点上，亚里士多德和阿奎那也都持德性统一论的观点。

亚里士多德认为，每一种技艺、科学，以及每一种行为和道德选择都旨在某种目的，指向某种善，幸福则是一切现存事物和可能事物的目的，也是人类的最高的善和最终目的。事物之目的的实现依赖于事物的功能的行使，所以人类的幸福作为终极目的，也依赖于人的本性的实现。人的本性活动的实现所趋向的就是人的幸福，而实现和具有这种活动的功能就是德性，因而拥有这项功能的人就是具有最高的善和德性。那么，人作为人，其功能和活动是什么呢？人不同于动物，是一种理性的存在，"如若人的功能就是灵魂依据理性的活动，至少不是独立于理性的……人的善就成为'合乎德性的灵魂的功能'，或者，如果德性有不同程度的话，人的善就是最圆满的德性。"① 人的灵魂依据理性而行为，这种功能体现了德性，也构成了我们的幸福。德性与幸福的关系类似于功能与目的的关系，属于有机体内部的关系。德性不是获得幸福的外在手段，它是一种良好的存在状态，或者说中间状态，这种状态的实现就是达到了幸福的目的。这种良好状态或中间状态，有赖于我们的选择和理智的活动，所以德性就是一种选择的品质，是经过我们的审慎考虑的。依据理性的不同，德性就可以分为道德德性和理智德性，前者以尘世的幸福为目的；后者则以永恒不变的幸福为目的；前者主要是通过习惯而养成的，后者则是通过训练而达到的；道德德性包括了节制、勇敢、正义、实践智慧、友谊等德性，而理智德性则是最高的德性，也意味着最圆满的德性和善。

在中世纪，古希腊的四种主要德性被保留下来，但是被给予了重新

---

① ［古希腊］亚里士多德：《尼各马克伦理学》，王旭凤等译，北京：中国社会科学出版社2007年版，第23页。

的解释以适应神学的德性，主张信仰、希望、慈爱三种核心德性。德性虽然还是被认为是人的品质或品格，但是道德却逐渐内化，善恶与意志的关系被凸显出来。犹太教和基督教所提倡的是一种法则伦理，这些法则不是来自于人的本性，而是来自于世界的缔造者的神。善恶的意思不再是世俗的成功、幸福，不再是我们的理性可以完全掌握的，而是我们的意志对法则的遵守。从具体的德目上看，慈爱成为了一种核心德性，而与此相联的宽恕也成为了一种德性。慷慨不再是一种重要的德性，谦卑则成为了一种重要的德性。

不论是沙夫茨伯利的公共的感情，还是哈奇森的仁爱，他们都认为人类本性中存在着一种为了他人幸福的善的本性，所有其他的德性都是因为出自仁爱而成为被赞许的。理性主义认为德性在于与理性规则保持一致，但是却难以说明或忽视了人类行为的动机问题。德性如果还是一种心灵的品质的话，那么出于品质的道德行为就不是理性单独可以解释清楚的，对规则的遵守的行为完全可能出自一个恶的动机。在哈奇森看来，人类本性中普遍仁爱的存在，成为了德性的根源，而我们的道德感对出于仁爱的诸德性的赞同则肯定了其道德价值。哈奇森没有对德性给予专门的讨论，所以具体的德目则是零散的。仁爱、友谊、怜悯、博爱、感恩等德性受到了强调。哈奇森关于德性的看法有两个方面的特征，一个是德性统一于仁爱，一个是德性与美的相似性。对德性两个方面的特征的阐明，是以道德感为基础的。

二、一种可能的德性伦理

在现代西方伦理学中，后果论与义务论两种规范伦理学长期居于主导地位。20 世纪 50 年代以来，随着德性伦理学的复苏和蓬勃发展，伦理学的局面已经大有改观。后果论与义务论两种规范伦理学主要关注行为的正确与错误及其规则，德性伦理则主要关注我们为何要具有德性以及如何获得德性。休谟关于德性评价的后果论特征，可能会使得我们认为休谟的德性思想是后果论的。虽然休谟德性思想中具有很强的后果论特征，却不能被认为是后果论的。这是因为，在休谟的道德哲学中，主要是对哪些品质是德性以及如何作出这种区分作出道德心理学的阐明。休谟的德性理论与后果论有距离，与义务论也有明显的不同。如此说来，休谟伦理思想中的德性思想，与德性伦理可能具有一定的亲缘性。

依据休谟的德性区分理论和对德性的定义，德性是一种能够产生特殊的快乐感觉的品质。这种从德性区分而作出的定义，与德性伦理对德性的看法不同。虽然德性伦理学并不具有一个统一的思想，不同的哲学家具有不同的观点，但是在德性、实践智慧、幸福等重要概念的认同上具有一致性，并致力于说明德性以及如何获得德性。亚里士多德对德性给予了功能论证，人的德性是既使得一个人好又使得他出色地完成其功能的品质。以此来看，休谟从德性区分的角度作出的德性的界定，严格说来并不是真正的德性定义。德性虽然可以产生特殊的快乐感觉，但这种快乐感觉就是德性或者构成德性吗？另外，德性是否可以获得以及如何获得，对于这些重要问题休谟似乎并未给予明确地论述。

确实，仅以道德感与德性区分的观点而言，只能说休谟具有关于德性的思想，而不能说这种思想是德性伦理的。但休谟的德性思想并不仅仅只是局限在上述那些内容，我们还可以从中发现一些隐藏的方面，或者可以从道德感与德性区分方面做进一步的引申。这种做法是以休谟的伦理思想为理论资源，力图揭示德性作为一种品质有哪些内容，道德感在其中的作用，德性是如何维系与发展的。这种做法不是不可行的，因为休谟的伦理思想本身蕴含着此种阐发的可能性。因此，斯洛特认为，以休谟为代表的情感主义德性伦理是一种德性伦理。霍斯特豪斯认为，仅仅以休谟的德性思想与后果论或义务论的不同而被认为是当代的德性伦理当然是一个时代错误，但却认为休谟是当代德性伦理的一个先驱。[①]

（一）道德情感与德性动机

与亚里士多德的功能论证不同，休谟对于德性的界定依赖于道德感

---

① Rosalind Hursthouse, "Virtue ethics and human nature", *Hume Studies* Volume XXV, Number 1 and 2(April/November, 1999), pp.67-82.

理论。我们已经阐明了德性来源与德性区分，二者依赖于一种特殊的快乐或痛苦感觉的道德感。如果我们仅仅这么理解道德感与德性，实际上存在一定的问题。这种理解把德性只当做一种可以带来快乐感觉的品质，对品质是什么并未给予正面论述，并且忽视了道德情感对于德性的影响，因而这个界定是不充分的。

结合休谟关于德性来源的观点，上述问题实际上是要说明道德情感如何通过价值投射的方式，把德性加诸于我们自身以使我们获得德性。在此，我们从道德情感的角度并举仁爱德性的例子予以简单说明。我们出自仁爱的自然动机而作出仁爱的行为，这种行为展现出的品质获得赞许并被认为具有仁爱的德性。当我们如此行为的时候，除了仁爱的自然动机之外，我们还有一种德性知觉，即自我赞许这种行为。因而，一种品质之所以是德性，除了自然动机外，还加入了我们的道德情感，它能知觉到该行为是德性的。一旦我们缺乏仁爱的动机，就会受到自我谴责。所以，这种自我赞同与谴责的道德情感实际上是把仁爱的德性投射在我们内心，形成德性的知觉和义务感。因此，一种品质被称为德性的，除了所具有的一般的行为动机外，还具有道德情感所体现的德性的知觉。

道德情感不仅把德性的价值赋予我们的心灵，而且还会在我们不具有相应动机的时候促发德性的行为。道德情感具有两方面的特征，一个方面是认知性，一个方面是动机性。道德情感的认知性特征表明道德感可以作为道德判断和评价的基础，一些思想家较多的注意到了道德情感是一种评价性的情感。而道德情感的动机性特征则表明道德情感是与行为、意志相联系的，少数学者注意到了它的这种意动性，并且与道德要求相结合来考虑。伊丽莎白·S.拉德克利夫就认为，"休谟的道德情感有两个特征：认识论的和动机论的。也就是说，作为我们道德观念来源的印象也是产生行为动机的感觉。"[1] 我们在分析道德情感到底是间接情感还是直接情感的时候，并没有认同道德情感只是一种间接情感的观点，是因为这种观点忽略了道德情感的动机性特征。在道德情感的动机

---

[1]　Elizabeth S. Radcliffe, "Hume on Motivating Sentiments, the General Point of View, and the Inculcation of 'Morality'", *Hume Studies* Volume XX, Number 1 (April, 1994), p.48.

性特征上，它是一种直接情感。按照休谟的观点，并不是所有的情感都是动机性的，如间接情感就不是动机性的情感。直接情感是动机性的情感，因而在这个意义上道德情感是一种直接情感，是一种动机性的情感。

按照休谟的理解，我们在观察一个行为或品质时，内心会经历一种特殊的快乐或痛苦的感觉。这种特殊的快乐或痛苦的感觉直接就形成了我们的赞同与责备的道德情感，并作出了行为或品质是德性或恶的道德区分与判断。从道德情感作为道德判断的基础而言，这表明了道德情感的认知性特征。这种快乐或痛苦的感觉是一种原始印象，在此基础上会产生相应的道德冲动。之所以这么认为，是因为快乐或痛苦的感觉可以产生直接情感，如欲望与厌恶。"显而易见，当我们预料到任何一个对象所可给予的痛苦或快乐时，我们就随之感到一种厌恶或爱好的情绪，并且被推动了要去避免引起不快的东西，而接受引起愉快的东西。"① 这些直接情感都是可以影响人的行为，因而是动机性的情感。而作为一种道德感觉的特殊的快乐或痛苦，它也就会形成一些动机性的情感，这一点类似于直接情感。在我们的道德考虑中，如果某种行为会给我们或他人带来痛苦，我们就会认为这种行为是在道德上是恶的，会产生一种厌恶感，并且避免这种行为的发生。相应地，如果某种行为会给我们自身和他人带来快乐与利益，我们就会认为该行为在道德上是善的，产生一种欲望或冲动，并且积极地去实施该行为。

道德情感作为德性知觉，不仅是一种动机性情感促发行为，而且通过反思认可形成义务感，这种义务感促使我们做出德性的行为。"当任何善良的动机或原则是人性中共同具有的时候，一个感到心中缺乏那个动机的人会因此而憎恨自己，并且虽然没有那种动机，而也可以由于义务感去作那种行为，以便通过实践获得那个道德原则，或者至少尽力为自己掩饰自己的缺乏那个原则。"② 这个过程表明，道德情感把仁爱作为一种德性投射在我们内心，形成德性的知觉与欲求，在我们并不具有动

---

① ［英］休谟:《人性论》（下），关文运译，北京：商务印书馆1980年版，第452页。

② ［英］休谟:《人性论》（下），关文运译，北京：商务印书馆1980年版，第519页。

机的时候做出相应的行为，通过外在行为把内在的德性显示出来。在此也充分表明，道德情感不仅是一种用于德性区分的评价性情感，而且也是一种促发德性的动机性情感，是德性的一种重要因素。

道德情感是德性的一种重要因素，那么道德情感本身又是什么呢？就道德感或道德情感而言，除了直接给自己带来的快乐与痛苦的感觉而形成的道德赞同与谴责之外，还具有经由同情而来的赞许与非难。由此看来，我们的道德情感不只是一种特殊的快乐或痛苦的感觉，还包含了经由同情而获得的道德感觉。同情理论表明，我们的道德情感具有社会性和共同性，可以相互交流和传递。由此种道德情感构成的德性具有社会性的内容，道德情感投射在我们内心的品质就不完全是主观的，这种品质能够获得社会的赞许并体现社会的习俗与价值。再加之受普遍观点而影响的道德情感，它会矫正同情的局限，进而获得一致的道德区分。因此我们的道德情感虽然在本质上是一种特殊的苦乐感，但它的内容却不仅仅只是这种感觉。作为德性的一个重要因素的道德情感，它包含了德性的知觉、具有社会性的内容、有着普遍要求的内容。

道德情感中所包含的动机是与道德要求相一致的。伊丽莎白·S.拉德克利夫认为，"一个真正具有德性的人，自然就拥有一个公正的观察者所赞同的品质，并被那些品质所激发。虽然我们不是完全有德的人，但至少有时可以通过我们作为观察者而获得的判断（或一种感觉）所激发起来，某些动机是道德的（或应该被培育），而其他的则是恶的（或应该被避免的）。"[①] 道德情感不仅要求公正的道德判断，而且还作出了相应的道德要求，激发主体去履行责任所要求的道德行为。

这样的道德情感对于德性的维系具有重要作用，"是一切德性的最可靠的卫士"。"这种仿佛在反省中打量我们自己的恒常习惯，使我们所有关于正当和不正当的情感永保活力，使本性高贵的人对他们自己和他人产生一定的敬畏，这种敬畏是一切德性的最可靠的卫士。"[②]

---

① Elizabeth S. Radcliffe, "How Does the Humean Sense of Duty Motivate", *Journal of the History of Philosophy* — Volume 34, Number 3, July 1996, pp.383-407.

② ［英］休谟:《道德原则研究》，曾晓平译，北京:商务印书馆 2001 年版，第 129 页。

(二) 道德反思

我们已经初步指出了休谟德性思想中德性与道德感的关联，阐明了德性的赋予、促发与维系都依赖于道德感或道德情感。此种论述，暗含了道德情感是可以发展的。但是道德情感的发展又与什么相关呢？这就涉及道德反思，或者理性的作用。德性的促发与发展依赖于道德感，而道德情感的发展又依赖于理性的作用，因而理性通过作用于道德感而影响德性。在亚里士多德那里，实践理性的德性是实践智慧，这种德性具有重要地位。虽然休谟并未明确地提出实践智慧，但其德性思想中的道德反思隐含了相似的思想，甚至有的学者把道德反思当做一种主要的德性。①

要说明道德情感的发展及其与理性的关联，有一个很好的类比可资利用。休谟受哈奇森的影响，在解释道德的时候经常与美做类比。通过二者的类比，可以很好地揭示出理性或知性对道德感的作用。自然界中有很多自然的美，这些美好的事物一出现就会打动我们的内心，引起我们的赞许之情。但是，艺术的美则没有这种直接的影响，这种美的感受需要知性的推理。"但是也有许多种美，尤其那些精巧的艺术作品的美，为了感受适当的情感，运用大量的推理却是必不可少的；而且一种不正确的品味往往可以通过论证和反思得到修正。有正当的根据断定，道德的美带有这后一种美的鲜明的特征，它要求我们的智性能力的帮助，以便赋予它以一种对人类心灵的相应的影响力。"② 这段论述通过把艺术的美与道德的美做类比，清楚地显示出理性在审美趣味与道德情感的发展中具有"必不可少的"作用。

由此可见，休谟从来没有否定理性在道德上的作用，而是极为肯定理性的作用。休谟所反对的是一种特殊的理性，或者是他所理解的理性主义的理性。在道德的美中，精致与敏锐的趣味或者发展的道德情感包含了理性的能力与力量，而理性则为这样一种情感铺平道路。理性的作用主要体现在一方面为"感受适当的情感"而运用大量的推理，做出精

①　Paul Russell, "Moral Sense and Virtue in Hume's Ethic", in *Values and Virtues: Aristotelianism and Contemporary Ethics*, Tim Chappell, ed. , Oxford University Press, 2006, p. 7.

②　［英］休谟:《人性论》(下)，关文运译，北京: 商务印书馆 1980 年版，第 25 页。

细的区分，形成并采用普遍观点；一方面修正一种不正确的品味，这种品味可能遭受了比如不良教育、个人偏见、眼前的个人利益、迷信、宗教等因素的不良影响。理性的这些作用都有助于道德情感的发展与稳定，从而有助于德性的维系与发展。

从第一方面而言，道德感在进行德性区分的时候，需要确保评价的对象是否真实等相关信息，这些都需要依靠知性的力量。在这些条件具备的情况下，道德感因同情的局限做出的道德区分仍然可能是不恰当的。我们从经验的反思中也可以得知，如果每个人都这样就不会有一致的道德区分。我们在进行道德区分的时候，不是从某种特殊的立场或观点，而是从一个普遍观点做出的，这正如艺术的美受制于艺术规则一样。形成普遍观点中的经验反思与理性，并不是个人纯粹的思辨，而是社会化或同情化的理性，是可以相互理解和赞同的。如果缺乏这种能力，也就不会有德性能力的发展。所以，理性的力量或道德反思，不仅为道德感所必需，而且也为德性所必需。

从另一方面而言，依靠知性的审察与协助，能够使我们意识到并克服个人的利益与偏见，拒斥宗教与迷信，摒弃一切不利于道德感与德性发展的消极影响。极力强调个人利益的人，通常会嘲笑一切神圣的事物与蔑视公益精神，只关心自己而不关心其他任何事情。具有某种偏见的人，则会攻击人们心中各种最珍贵的情操和本能。宗教对于道德有着重要的影响，甚至被认为是道德的来源。但依据休谟的看法，宗教对道德的影响更多的是负面的。所有这些不利于道德的因素，只有通过知性的推理与观察才可以发现并清除其中的错误倾向。把这些不利因素排除之后，知性就可以促使我们的道德情感不断发展。

与知性相结合的作为敏锐趣味的道德感，其能力的培育需要通过实践。休谟在《论趣味的标准》一文中写道："除了亲自实践一种具体的艺术，并经常观察或沉思美的一种具体形式以外，是没有任何其他办法能够增强和改进这种才能的。"[①] 在审美实践中，随着观察的深入，我们

---

① ［英］休谟:《休谟散文集》，肖聿译，北京：中国社会科学出版社 2006 年版，第 223 页。

的情感就会从朦胧混乱逐渐变得清晰分明，就能够区分出激发我们情感的精细的对象，使得对象自然地唤起那些情感。因此，我们的感觉会变得更加敏锐，感觉器官就会变得更加完善。在道德的美中也是同样如此。道德感作为一种能力，不是哈奇森那种实体意义上的或天生具有的能力。这种能力必须经过实践，通过经验、训练与比较而获得。道德感会随着道德反思的实践的进行，逐渐消除一些偏私的或狭隘的情绪的影响，进而形成冷静、客观的道德趣味。

（三）德性发展

德性作为一种获得性或可塑性的品质，其发展当然有一个过程。德性发展的力量与方式有哪些呢？我们在论述道德感与道德反思对德性的作用的时候，已经从一个内在的角度谈及德性的发展与培养。除了这些内在的力量之外，还有其他的力量与方式也有助于道德感与德性的发展。

休谟在论述正义德性的时候，就已经指出了政治和教育对于道德感与德性的影响，这种影响在我们还处于年轻而品质是可塑的时候尤为重要。在一个人年幼的时候，父母会把正直的原则教导给他，要求他行为正直并且形成正直的习惯和品性，并把这些看成是有价值的和光荣的。通过这种方式，此种行为与品质带来的"荣誉感就可以在他们的幼嫩的心灵中扎根，并且长得极为坚固而巩固。"[①] 政治家们会在社会中树立一种对于正直的尊重，并给予这些正直之士以应有的褒奖和宣扬。当我们对自己的名誉感到在意和关切的时候，就会更加坚持正直的原则，即使受到诱惑也不会违背那些原则。

除了政治与教育对于德性具有影响外，还有一些外在的条件以"间接的方式"，而不是"直接应用"的方式对我们的道德感与德性发展发生影响。休谟认为，科学与艺术可以使人性情温和、善良，珍爱内心中道德感与荣誉感之类的美好情感。科学与艺术的作用是潜在的，它们可以抑制我们追逐利益的激情与野心，使我们憎恨傲慢与暴力的一切表

①　［英］休谟：《人性论》（下），关文运译，北京：商务印书馆 1980 年版，第541 页。

现，增强我们对于德性的信念和决心。"它们能潜移默化地使性情文雅，为我们指明应当努力培养良好的品性，以使我们借助心灵的长期向往和习惯的不断重复，获得那些品性。"① 通过科学与艺术对道德感的潜在影响，将会使我们珍视、培育和获得这些品性。这些通过科学与艺术而被软化的性情、精细的情感、内心的满足，是我们的德性所必需的因素。

艺术与科学的兴起与发展受制于政治与经济的制约，因而后者对道德感与德性都有间接影响。休谟认为，自由的政府、法律的创制、安全的保障，这些是刺激人的求知欲并促进科学与艺术发展的条件。共和制适宜于科学的生长，而君主制则适合于高雅艺术的发展。休谟意识到霍布斯论述的政治权威对于道德的影响，他也承认政府在这方面的作用。在一个君主制政体中，机智、恭顺、礼节或礼貌这些品质较为受到重视，而在共和制政体中，勤勉、平等、能力或知识这些因素更为受到重视。

在德性的培育与发展上，我们已经指出了道德感与道德反思等内在力量或方式的影响，也论述了教育、政治、艺术与科学等外在力量或方式的影响。从这些方面来看，在德性的发展上休谟似乎是极为乐观和积极的。但是，道德感的力量与人性中的其他情感相比毕竟不太强大，而经由道德反思能够形成良好道德情感或趣味的人也不多，道德教育或习惯的养成容易受到其他不利因素的影响，这些方面又削弱了休谟对德性发展的乐观态度。道德哲学对于大多数人而言，不免太过思辨与无趣，虽然对于德性的发展有很大的教育与劝说作用，但成效如何却又难以衡量。再加之人性的一些可变性与未明之处，休谟在坚持德性与道德感的自然发展的同时，也持有怀疑或消极的观点。

（四）德性统一

德性是否具有统一性？按照休谟的德性区分理论，德性似乎不具有统一性。即使具有统一性，也是在德性效用论上的统一。这样的看法实际上具有表面的合理性。它忽视了道德情感是休谟德性思想的基础，也

---

① ［英］休谟:《休谟散文集》，肖聿译，北京：中国社会科学出版社2006年版，第81—82页。

没有考虑到道德反思在其中的重要作用。休谟在看待德性的问题上，既有德性工具论的一面，也有德性目的论的另一面。

德性的区分与分类似乎表明德性是分散的，而不是统一的。如果德性不具有统一性，那么一个人就有可能是仁慈的，同时又是吝啬的。这种看法直接与休谟关于个人价值的观点相矛盾。在个人价值之下，德性统一于此并被称为完美的德性。在体现了个人价值的完美德性中，是否具有共同的因素是所有德性都包含的，并且成为个人价值的内在因素呢？这些共同的因素是存在的，至少有三个因素是个人价值的内在因素。它们分别是良好的道德情感、道德反思的德性、内心的幸福，这三者是德性不可或缺的要素。

依据休谟的德性区分的理论，那些对他人有用或快乐的德性是否只是这样，而对自我没有影响呢？一个诚实的人，虽然对他人是有利的，但对自己也是有利的。因为诚实可以获取别人的信任，从而也有利于自己，但不诚实则会丧失这种信任并使自己名誉扫地而不利于自己。由此看来，对他人有用的德性也是对自己有用的。同样，一个幽默之人不仅给他人带来快乐，也给自己带来快乐。这些德性既可以获得他人的道德赞同，也令自我赞同，自然就成为我们所欲求的德性。所以，德性在区分的同时，其实都对自我都有着积极的影响。这些不同的德性构成了个人价值的部分，从而在整体上构成了统一的德性，即完美德性。

虽然德性区分依据有用与快乐原则而划分为四种不同类型，但德性中都包含了一种特殊的快乐与痛苦的感觉，它们是德性中的一种共同因素。在德性的赋予、发展与维系中，都离不开道德情感的作用。道德情感作为一种特殊的苦乐感，表明了德性与快乐之间不可或缺的关系。在德性与快乐的关系上，亚里士多德也有类似的看法。亚里士多德认为："公正的行为给予爱公正者快乐，合德性的行为给予爱德者快乐……一个人若不喜欢公正地做事情就没有人称他是公正的人；一个人若不喜欢慷慨的事情就没有人称他慷慨，其他德性亦可类推。"[1] 一个有德性的

---

① ［古希腊］亚里士多德：《尼各马可伦理学》，廖申白译注，北京：商务印书馆2003年版，第23—24页。

人，不仅是愿意做合乎德性的行为，而且还是乐于做此种行为。休谟明确指出德性的快乐是一种特殊的感觉，即一种价值的知觉。这种知觉可以对合乎德性的行为表示自我赞同，而对相反的行为自我憎恨。休谟还指出德性中的动机来自于道德情感，道德情感可以推动德性的行为，并且对此感到快乐。

德性中包括了一种快乐的感觉，这种快乐的感觉与其他的快乐感觉自然是相区分的。在与这些诸多的快乐进行区分的同时，也就是对于德性快乐的知觉必须是正确的。确保能够正确地知觉到德性的快乐，或者一种真正的快乐，需要借助道德反思的力量与作用。前面已经论及，道德反思可以纠正我们的道德情感受到无知与偏见等诸多不利影响，并且使我们的道德情感不断发展与稳固。一种德性中包含的良好的道德情感，在道德反思的协助下可以更好地维系此种德性。

德性中的良好道德情感与道德反思，其实都指向德性的目的，即内心的幸福。这是相关于我们为何要欲求这些德性，德性的目的是什么呢？比如狡猾的恶棍的例子，因不公道或不忠实而给自己带来好处的同时，却不会给社会带来大的破坏，那何乐而不为呢？一个平时遵守规则的人，在例外的情况下不诚实而获取好处不是被认为是极高明而又智慧的吗？德性以特殊的快乐或痛苦为基础，德性带来的快乐是一种真正的快乐，这是任何利益或金钱上的好处都难以与之抗衡的。当有人为了追求那些外在的好处而牺牲德性的时候，实际上"就将发现他们自己最终都是最大的受愚弄者，为了获得那些毫无意义的小玩意儿而牺牲了性格（至少内在性格）方面不可估量的享受"。[①] 德性的快乐与幸福相关，是"幸福所不可或缺的因素"。如果说德性具有统一性的话，那么就统一于德性和反思德性而得来的快乐与幸福之中。德性与幸福及其相互关系是亚里士多德的德性伦理学中非常重要的内容，但休谟并未详细地论述二者之间的关联，因为他认为这将需要一部与他的理论旨趣迥然不同的著作。尽管如此，休谟的德性的目的是幸福这一点还是可以成立的，也是

---

① ［英］休谟：《道德原则研究》，曾晓平译，北京：商务印书馆2001年版，第136页。

非常清楚的。

（五）休谟的德性思想

通过以上的论述，我们可以大致看出休谟的德性思想的概貌。德性的来源或基础是情感，道德情感居于最重要的位置，也是德性的一个主要构成部分。理性或道德反思在德性的发展与维系中发挥了重要作用，也是其中一个不可或缺的部分。德性作为一种获得性品质，习惯、教育、艺术等方式也产生了不小的影响，这些方式实际上是把社会价值或习俗转变为品质的一个部分。休谟的这种德性思想与亚里士多德的德性思想具有相同之处，亚里士多德的实践德性也有社会习俗或价值、道德情感与实践智慧三个主要因素。① 休谟的德性思想的一个最大特色是重视情感与道德情感，道德情感对于德性的来源，德性的促发、发展与维系有着重要作用。这与亚里士多德重视实践智慧的德性思想又有不同。

德性以人性为基础，这是休谟与亚里士多德的另一共通之处。当然，亚里士多德的德性思想具有形而上的生物学基础，德性思想带有鲜明的功能主义特征。休谟的德性思想以自然主义为基础，道德感与德性的发展被视为一个自然的进程。这个自然的进程中既有自然性又有人为性，德性与价值又具有建构主义的特征。德性中的自然与人为两方面相互作用，共同促进。如正义之德，正义的产生是人为的，却不是契约论式的建构，而是一个自然或渐进的过程；正义德性的形成依赖于道德情感，却也因政治与教育等人为措施而获得巩固。

在休谟的德性思想中也存在一些问题。德性的目的为何、如何获得德性、德性是否统一等问题，在休谟那里并未有明确论述，而在亚里士多德那里这些都是相对明晰的。休谟把自然才能作为一种德性，这似乎与他的德性思想有矛盾之处。自然才能不受道德情感的影响，它的发展也就与后者无关。而道德情感在德性中具有重要地位，德性的促发与发展都依赖于此。因此，自然才能等德性就与休谟的主要观点不一致。以上所述的这些问题都存在于休谟的德性思想中，他的德性区分的理论又

---

① ［美］余纪元:《德性之镜》，林航译，北京：中国人民大学出版社2009年版，第150页。

使得德性思想需要进一步解释才得以成立。尽管这样，在我们已经阐发的休谟的德性思想中，仍然可以发现在什么是德性以及如何获得德性等重要问题上与亚里士多德的德性伦理的诸多相似之处。因此，休谟的德性思想可以被认为是一种德性伦理。

第五章　人为之德

　　休谟在道德的总论中已经表明，道德的基础是情感而不是理性。一个行为或道德行为，总是受到作为动机性情感的激发而作出的。我们对道德行为的评价或判断，也都是依据情感或道德情感而形成的。作为行为的动机性的情感，在我们的道德评价中有着重要的影响。行为所依据的道德原则或规则，不是建立在理性的基础之上，而是以情感为其最终来源。休谟关于道德的一般看法必须能够在具体的德性观点中体现出来，这既是对其道德理论的证明，同时也是对具体德性观的一种理论阐明，从而保持休谟理论的一致性与整体性。

　　基于上面的考虑，我们接下来就要分析休谟对具体德性的论述，本章将讨论正义以及其他的人为之德。在这一章中，主要讨论以下几个问题。第一是正义规则的起源问题。在这个问题的分析中，如同对道德的一般看法，我们将再次看到，休谟把这种起源追溯到了情感而不是理性，主要体现在正义的初始目的与正义的确立过程之中。第二是正义何以成为一种德性。道德判断与评价系于道德情感，而对正义是否以及如何成为德性，这依赖于道德情感和正义原则。休谟对正义德性的分析仍然致力于道德心理学的说明。第三是其他的人为之德。以对正义的分析为参照，对其他的人为之德也给出一些简要的论述。

第一节　传统的正义观与休谟的正义观

一、传统的正义观

在哲学或伦理学上，对正义的论述已经很多了。要想对正义给予一个详尽的分析，这超出了本书的范围。在对正义的历史考察上，我们主要集中在正义作为一种德性这个范围之内，以及正义之所以建立的人性基础等方面。这些方面都是相关于休谟的正义观，因而是理解和阐释后者思想的一个历史背景。

在古希腊，正义被认为是一种主要的德性。在柏拉图那里，正义既与他对灵魂的看法相联系，也与城邦的政治思想是紧密结合在一起的。人的灵魂由理性、激情与欲望三部分组成，这三部分都可以表现在德性、阶层、职业等之中。在灵魂内部，理性是居于统治地位的，它形成了智慧的德性，该德性为统治者所拥有。激情受理性的指导，形成了勇敢的德性，该德性为武士或战士所拥有。欲望受理性的控制和引导，形成了节制的德性，为普通民众所拥有。灵魂的三部分各自在合理的范围，而形成正义的德性；三个阶层各司其职，整个城邦就是正义的。正义是最高的德性，一个人只有具有了正义的德性，才可以具备其他的德性。正义作为首要德性，亚里士多德仍然持这种观点。在亚里士多德对德性的分类中，正义属于伦理德性。与理智德性不同，正义这种伦理德性必然与人的灵魂中的非理性部分相关。亚里士多德把人的灵魂分成两个部分，一个是理性的部分，一个是非理性的部分。非理性部分的欲望在分有理性的基础上，而保持在一个合理的状态就可以成为德性的自然基础。[①] 亚里士多德的正义观主要集中在分配领域，他把正义分为两类，一类是在城邦成员之间的分配正义，一类是在私人交易中的矫正正

---

　　① 刘玮认为，亚里士多德的伦理德性在根本的意义上基于对人类情感的分析，是基于自然的。参见《亚里士多德的伦理德性有多保守？——亚里士多德伦理德性的情感—自然基础》，引自郝立新主编：《仰望星空：当代哲学前沿问题论集》，北京：中国人民大学出版社2011年版，第622—633页。

义。① 柏拉图与亚里士多德都把正义当做人的一种德性品质，做一个好人或正义的人是与做一个好公民联系在一起的。与柏拉图相比，亚里士多德更加突出了正义德性中情感的自然基础，但总的说来理性还是出于对情感的控制和统治地位。

在斯多亚学说中，自然法无疑对后世的影响是巨大的，同样也影响到了休谟。宇宙存在着一个永恒不变的逻各斯或法则，它确立了宇宙的秩序。人类本性作为宇宙的一部分，就必须要符合与遵从宇宙法则。要遵从宇宙的法则，人的本性首先要能够认识它。人的理性分有了神的理性与智慧，而就超越于其他生物之上并能够认识和理解宇宙的逻各斯。人出于理性而依照宇宙法则行动，不仅可以获得社会的稳定与秩序，还可以得到人类的幸福。西塞罗接受了斯多亚的自然法思想，他把对正义的探讨建立在人的本性之上，"我们必须解释正义的本性，而且必须在人的本性中寻求这一解释。"② 人是自然生物，在所有自然生物中，理性为人所独有。于是，人就可以依赖理性而认识正义与法则，并接受其统治和引导，依照自然本性而生活，因而在最高程度上实现人的自然本性。理性或法则是通过命令或禁律而指导人类，西塞罗认为这种理性存在物或智慧者的法律，"即纯粹的自然法，将只根据恰当使用财产的能力来分配财产权。"③ 此时的自然法思想体现的是古希腊的理性主义传统，人的理性体现了人之本性。正义的法则有一个外在的标准或来源，而人的理性完全可以发现和依此而行为，从而具有正义的德性。

古代自然法思想经过中世纪神学的洗礼后，在 16—18 世纪获得了复兴，尤以格劳秀斯、普芬道夫、霍布斯、洛克为主要代表。在其复兴中，因为对人性的看法发生了改变，所以自然法的内容也发生了变化。格劳秀斯认为，人本质上是理性的和社会性的。人的理性可以使人洞察

① ［古希腊］亚里士多德：《尼各马克伦理学》，王旭凤等译，北京：中国社会科学出版社 2007 年版，第 187 页。

② 西塞罗：《论法律》，转引自［美］列奥·施特劳斯、约瑟夫·克罗波西主编：《政治哲学史》（上），李天然译，河北人民出版社 1993 年版，第 182 页。

③ 西塞罗著：《论共和国》，转引自［美］列奥·施特劳斯、约瑟夫·克罗波西主编：《政治哲学史》（上），李天然译，河北人民出版社 1993 年版，第 184 页。

到正义，其内在于自身并能依此而行为，在自然地去寻求与他人建立联系的社会中实现自己的本性。基于人的理性本性，自然法被定义为正确理性的命令。他甚至认为，自然法不是仅仅依赖于上帝的意志，这就显示出了对中世纪神学的极大突破，并开始了自然法则的世俗化。但是，建立在神的意志上的政治秩序和人的独立性思想仍然是其自然法则的内在本质。

霍布斯第一次把道德与政治哲学建立在科学的基础上。从古典的自然法与人性紧密联系可以看出，理性处于支配地位，人类品德的高尚、自身的完善与崇高的社会目标是相结合的。在自然法的社会世俗化的过程中，人类完善的目标与政治生活的目标都有所降低，转而追求一个更现实的、更有实际效力的目标而不是实现最终的宏大抱负。在自然法与人性的关系上，"他（指霍布斯）试图从众多时代多数人中强有力的——感情而不是理性中推演出自然法则。他认为自己发现了人类行为的真正根源，认识了人的本性，他认为自己的论述方法是科学的，所以他自认为在别人失败之处是成功的，自己是第一个真正的政治哲学家。"[①]

霍布斯也和传统哲学一样，认为道德与政治生活的原则与目标是和人的本性联系在一起的。与传统哲学不同，霍布斯认为人的本性不是理性的与政治性的，而是非理性的并处于自然状态。人类行为的根源或驱动力不是理性，而是欲求与激情，人的本性是趋乐避苦。与自然欲求相结合，人类获得这种欲求的身体或智力的手段几乎是平等的，人与人之间的差距不是很大。否则，少数人就会处于绝对的优势，而拥有足够的力量来杀死其他人。由于人的欲求本性、能力的平等以及同一东西不能同时享有这些限制条件，人们为了自我保存而陷入了相互的战争状态。处在这种状态下的人，不可能预想到文明社会的一切成就，"最糟糕的是人们不断处于暴力死亡的恐惧和危险中，人的生活孤独、贫困、卑污、残忍而短寿。"[②]虽然攻击是人类的天性，但是人类的欲望与激情是没有罪的，在法律产生之前对行为作出价值评价是不可能的。对死亡的

---

① ［美］列奥·施特劳斯、约瑟夫·克罗波西主编:《政治哲学史》（上），李天然译，河北人民出版社1993年版，第452页。

② ［英］霍布斯:《利维坦》，黎思复等译，北京:商务印书馆1985年版，第95页。

恐惧，对舒适生活的欲求，以及通过自己的劳动而达到舒适的希望促使产生了和平的激情。理性，伴随着恐惧与希望，指出了和平所必需的法规。基于自我保护的自然权利，理性发现了自然法则，"自然律是理性所发现的戒条或一般法则"。① 正义就来源于"所订信约必须履行"这一自然法。作为理性命令的自然法则，它告诉了人们应该做什么而避开了自我保存的危险。但是这些理性命令或者自然法则，只在道德上对人有约束力，所以这不足以保证和平。和平需要更强制的约束力，是由对惩罚的恐惧和奖赏的欲求所决定的。只有建立一个国家和政府保障正义的实施，自然法则以及其中的正义才可以实行，人类的和平与欲求才可以实现。

洛克认为，人自然而然地处于自然状态。与霍布斯的自然状态不同，洛克认为自然状态下的人是完全自由而平等的。"那是一种完备无缺的自由状态，他们在自然法的范围内，按照他们认为合适的办法，决定他们的行动和处理他们的财产和人身，而无须得到任何人的许可或听命于任何人的意志。""这也是一种平等的状态……就应该人人平等，不存在从属或受制关系。"② 自然状态中包含了自然法，所以自然状态中的自由不是放任的，而是受限的自由。自然法在自然状态中起着支配作用，"而理性，也就是自然法，教导着有意遵从理性的全人类：人们既然都是平等和独立的，任何人就不得侵害他人的生命、健康、自由或财产。"③ 虽然自然状态受自然法支配，但是却有着很多缺陷。这是一种不稳定的状态，没有确定和共同同意的法律或标准，缺少一个有权依照法律裁决一切争执的公正的裁判者，也缺乏在裁决作出之后的执行权力。这样的话，洛克的自然状态就有可能陷入霍布斯的战争状态。出于自我保存的意愿，并且追求彼此间舒适、安全和平的生活，就发明了补救的措施以实现这些目的。"基于每人的同意"彼此之间就订立了契约，

---

① ［英］霍布斯：《利维坦》，黎思复等译，北京：商务印书馆1985年版，第97页。

② ［英］洛克：《政府论》（下篇），叶启芳等译，北京：商务印书馆1964年版，第3页。

③ ［英］洛克：《政府论》（下篇），叶启芳等译，北京：商务印书馆1964年版，第4页。

以组成一个政府来统辖整个国家。只有经过自由人的同意，才能创立世界上任何合法的政府。共同体有效地保证了人们在自然状态下的自然权利，而且也就要求履行相应的义务。

二、休谟的正义观

自从苏格拉底把哲学从天上拉回到人间，对人自身的探索就成为了一个永恒的话题。人性一直被认为是由理性和非理性构成的，而理性则处于统治地位。在伦理学上，理性命令或规则，无论是来自理性自身还是外在的权威，都是道德的基础。从正义与人性的关系看，毫无疑问正义就来自于人的理性的发现。即使在霍布斯那里，这种看法也没有发生本质的变化。但是，理性在正义和正义德性中的地位与作用，在休谟那里则发生了根本的改变。

休谟也把自己的哲学探究建立在人性的基础上，这种观点同样也体现在正义的论述中。我们已经知道休谟把人性分为理性和情感两个部分，在关于道德的一般看法中，他排除了理性而把情感作为道德的基础。休谟的这种看法是与其哲学观紧密联系的，他把经验主义运用到极致而产生了对理性的怀疑。由于理性的本性、作用方式和范围，不能作为道德的基础，因而同样地也不能成为正义的基础。休谟的这种看法并不是完全否定理性的作用，但是理性的作用再也不像从前那样居于一个绝对正确和统治的地位，而被限制在其特定的范围，在实践领域是为情感服务，用休谟自己的话就是"理性是情感的奴隶"。休谟因而认为正义的基础不再是理性，而是情感。休谟的这种看法就与传统上对正义的看法大相径庭，以前不被重视的情感被提高到了基础地位，而理性只是发挥了工具性的作用。

自斯多亚主义以来，自然法产生了重要的影响，正义就包含在自然法内部。格劳秀斯、普芬道夫、霍布斯、洛克虽然在具体观点上有差异，但都秉承了自然法的传统，自然法与理性是紧密结合在一起的。理性命令就是自然法，它告诉了我们应该做什么。在自然法的世俗化过程中，自然法逐渐去除了其神秘的来源，而从人性自身和人类的社会进程给予说明。特别是在霍布斯和洛克那里，对自然法的论述和自然状态联系在一起。人类自我保存的欲望，以及给这种欲求提供一个安全与和平的社会环境与秩序的目的，人类的理性发现了自然法，用以满足人类的目的。与自然状态相结合的自然法，为了人类的幸福它是真正必需的。这种情况说明，包含了正义或其他的德性的道德不再是与一个完美而神圣的目的相关，而只是与人的社会生活相关。不再是人类的完善，政治生活的崇高追求，而是人的现实追求和目的成为了伦理学所主要关注的对象。

自然法自身演变的这种趋势，在休谟那里同样也是如此，而且更加彻底。正义之所以成为一种德性，就是在于其社会效用。人为之德的价值与其效用是成正比的，价值越大说明其发挥的效用越大。我们正是考虑到正义等人为之德对社会的效用，才对这些德性作出我们的赞同与赞赏。这些具有社会效用的自然法，可以确保社会的秩序与和平，在霍布斯与洛克那里是由人的理性所发现的。人类在进入社会政治生活之前，处于一个自然状态。霍布斯把自然状态描述成战争状态，是一切人对一切人的战争。人们相互竞争、猜疑，追求荣誉，这些原因导致了人类处于一个丛林法则时代。洛克则认为自然状态下的人是自由、平等的，拥有财产和健康，但是这种状态是不稳定的，很容易就变成战争状态。不管是战争的自然状态，还是自由平等的自然状态，人的理性在其中发现了自然法则。这些自然法则旨在自我保存，维护人的自由平等，是在真正的人类社会出现之前就存在的。为了克服自然状态对人类自身的威胁，或者给人类社会带来的不便，人类就必须要采取补救的措施。人类就依据理性发现的自然法则，订立社会契约而组成国家与政府，形成政治社会。人们相互之间让渡全部或部分权利，通过全体同意而制定法律以分配权利与义务，并由政府来保证其实施。

休谟认为正义的三个规则也是自然的法则，但是他对自然的看法与此前的哲学家的用法是不同的，而且最重要的是，他认为正义是一种人为的德性，正义的规则是由人们之间的协议而发明的。休谟认为自然状态是不存在的，只是哲学家的虚构。人类所生存的自然环境或条件既不是物产丰富而完全可以满足人的所有需求，也不是资源极度匮乏，人们通过艰苦劳作而不能生存。与此相联系，他从经验的角度考察人性，认为人性既不是霍布斯所说的那么极端的自爱或自私，也不是卢梭所说的那么的仁爱，具有天然的同情与怜悯之心。自然所赋予人类以无数的欲求，却没有给予满足这种欲求的手段，包括身体和自然才能。休谟对自然的客观条件与人性的主观条件的描述可以看出，他反对任何一方面的极端情况。无论是自然条件，还是主观条件，都不是最多也不是最少，而是处于二者之间的一个中间状态，这种状态总的来说是一个具有缺陷的状态。处在这种状态下的人们，在最开始的时候，并没有财产权的观念，也没有"你的"和"我的"的区别。

为了克服人自身的缺陷，以及处于这种状态下的不便，人类结合成社会就成为必需的选择。人们本身力量的单薄，单靠自己的劳作不能满足各种需要，而且不能抵抗各种意外的灾难，而社会正好对此提供了补救措施。"借着协作，我们的能力提高了；借着分工，我们的才能增长了；借着互助，我们就较少遭到意外和偶然事件的袭击。社会就借这种附加的力量、能力和安全，才对人类成为有利的。"① 两性之间相结合而组成家庭，由家庭再扩大而组成一个更大的社会。在这个社会不断扩大的过程中，人们发现财产的不稳定和易转移是威胁社会的一个主要原因。除了客观的条件以外，利益的情感，或自利的情感是引起纠纷的一个原因。而出于互利的考虑，人们之间就达成了稳定财产的协议。达成正义的协议的过程不是一次完成的，而是经过了人类的长期实践。在感觉到破坏协议所带来的不便和遵守协议所产生的利益的感觉下，人们就形成了遵守协议的一个普遍的预期，由此而形成习惯。协议一旦达成，人们便因协议所维系的社会利益而给予遵守协议附加了一种特殊的感觉或情感。我们就会对符合协议的行为表示道德上的赞同，因为这种行为保持或促进了社会利益。相反，对违反协议的行为而给予道德上的谴责，这种行为给社会带来了危害，因而是道德上恶的行为。

从休谟关于正义的论述来看，正义是人类的一种协议，是人类发明

---

① ［英］休谟:《人性论》（下），关文运译，北京：商务印书馆 1980 年版，第526 页。

的产物。休谟认为，正义的基础是情感，这种情感是一种偏好利益的情感与道德情感的结合。虽然理性在其中发挥了重要的作用，但起的是手段的作用。在正义中，情感给理性指出了方向和目标，而理性就完成来自情感的要求。所以正义不单纯是理性的发明，也不是经由一切人同意的社会契约的产物。正义这种人为的协议之所以是自然的，因为它是人类社会所必需的。休谟认为，"人类是善于发明的；在一种发明是显著的和绝对必要的时候，那么它也可以恰当地说是自然的，正如不经思想或反省的媒介而直接发生于原始的原则的任何事物一样。"正义不仅是人类社会所必需的，而且它的发明不是任意的。"称这些规则为自然法则，用语也并非不当，如果我们所谓的'自然的'一词是指任何一个物类所共有的东西而言，或者甚至如果我们把这个词限于专指与那个物类所不能分离的事物而言。"① 休谟在这里所说的"共有的东西"，不单纯指的是人类的自爱或自利。如果只是单纯的自爱，那么休谟的观点就与霍布斯的观点没有区别了。休谟反复提到了人类情感的一种普遍趋势，而情感的普遍趋势就成为了一种共同的标准，成为了义务的一个来源。对子女的仁爱的自然情感就成为了一个共同的标准，而一旦缺乏了这种仁爱我们就会给予谴责，并且认为某个人违背了仁爱这种义务。在正义中，人类情感的普遍趋势是共同利益的感觉，它是可以被人们所认知并且明确表达出来的。共同利益的感觉一经形成，就成为了一个共同的标准，不再受个人利益的影响。由此而形成的正义规则，体现了公正的要求，它是以社会的整体利益为目的的。

　　休谟的正义虽然可以被称为自然的，正义的规则可以被称为自然法则，但是这种自然的用法与霍布斯或洛克的含义是有所区别的。在霍布斯与洛克那里，正义包含在自然法中，是理性所发现的，体现为一种理性的命令或戒条。理性所发现的命令并不是人们相互间交流的产物，而主要是一种理性的独白，理性的发现只是阐明了本来就存在的一个客观法则。而在休谟那里，正义的基础却是情感，是人为协议的产物，是出

---

　　① ［英］休谟:《人性论》(下)，关文运译，北京：商务印书馆1980年版，第524页。

于弥补组成社会时人类自身的缺陷而基于情感创造出来的。虽然自然法具有普遍与客观的性质，但不是一经理性发现就永恒不变的。休谟认为正义的规则是在长期的社会实践中形成的，人类的习惯与习俗在其中发挥了重要的作用。

第二节　作为人为之德的正义

一、正义的条件

对正义有狭义和广义两种理解，狭义的理解就是指与财产权有关的正义规则与德性，广义的理解就是除了正义的规则与德性外，还包括了其他的忠顺与守诺等人为之德。本书依照的是对正义的狭义理解。休谟对正义的用法主要是在德性的意义上，是一种遵循正义规则的行为倾向。布莱恩·巴里认为，"休谟对正义问题的讨论遵循了一个古老的传统，断言正义主要是人的正义而不是制度的正义。正义是一种德性，一种特定的方式的行为倾向。根据休谟，正义特别是尊重一个社会里支配财产的那些规则的倾向。"①

对正义的探讨，休谟依据的是他所发现的自然事实，这些自然事实构成了正义产生的条件。这些条件包括三个方面，第一个是自然给人类所提供的资源，第二个是人性的条件，第三个是平等的条件。当然，休谟主要讨论的是前两个条件。这三个条件构成了正义起源的环境，使正义成为人类社会所必需。

正义的条件的总的特征是适度，处于最多和最少、最好和最坏两个极端的中间。自然给人类所提供的赖以生存的资源是适度的匮乏，既不是十分充足以至于可以不劳而获，也不是十分稀缺以至于通过辛勤劳作而不能保障人类的生存。休谟告诉我们，对于自然的恩赐与正义是什么

---

① ［英］布莱恩·巴里：《正义诸理论》，孙晓春、曹海军译，长春：吉林人民出版社 2004 年版，第 194 页。

关系我们可以依据一些假设而进行。假设自然的恩赐足够大，它就可以满足我们的各种需要。"我们将假定，他的自然的美胜过一切后天获得的装饰，四季温和的气候使得一切衣服被褥都变成无用的，野生浆果为他提供最美味的食物，清泉为他提供最充足的饮料。不需任何劳心费力的工作，不需耕耘，不需航海。音乐、诗歌和静观构成他唯一的事业，谈话、欢笑和友谊构成他唯一的消遣。"① 如果大自然给予的这些外在条件富足得都像空气和水一样，那么正义这种"警戒性和防备性"的德性是永远不会被想到和产生的。在这种情况下，作出权利和所有权的划分是没有必要的，因为任何事物都是共有的而且都取之不尽。"正义就是完全无用的，它会成为一种虚设的礼仪，而绝不可能出现在德性的目录中。"②

如果我们把自然的恩赐推到另一个极端，结果会是什么呢？一个社会维持生存的日常必需品是如此匮乏，以致劳作、勤奋和极度的节俭还是不能避免大量的人死亡和社会处于极端贫困与苦难的状态，在这种危难时期，自我保存是唯一的动机与目的，任何手段或工具都可以被用来实现该目的。这种状态类似于霍布斯的战争状态，为了争夺利益，一切人都反对一切人，每一个人的生命都处在极度的危险中。如果社会情况是这样，"正义这一德性的用途和趋向是通过维护社会的秩序而达致幸福和安全；但是当社会即将毁灭于极端的必需时，则没有什么更大的罪恶能使人惧怕而不采取暴力和不正义，此刻人人都可以为自己提供明智所能命令或人道所能许可的一切手段。"③ 所以，自然对人类的恩赐如果处在两个极端中的任何一个，都不可能产生正义。

在第二个条件中，同样也存在两个极端的情形。第一种情形人类是极度的仁爱。我们假设人类的心灵是如此的慷慨和充满友谊，如此的仁

---

① ［英］休谟：《道德原则研究》，曾晓平译，北京：商务印书馆2001年版，第35页。

② ［英］休谟：《道德原则研究》，曾晓平译，北京：商务印书馆2001年版，第36页。

③ ［英］休谟：《道德原则研究》，曾晓平译，北京：商务印书馆2001年版，第38页。

爱和富于同情与怜悯，以至于贪婪、野心、残忍、自私等从来不曾在人心中出现过。具有此等美丽心灵的人们会温情地对待每一个人，他们关心同胞的利益就像关心自己的利益一样。而且，每一个人都处处关心他人的利益，为了他人的利益可以牺牲自己的利益。在这种情形下，所有权和责任的划分是完全没有必要的。"而整个人类将形成单纯一个家庭，在其中一切都属公有，大家自由地使用、无须考虑所有权，但是亦像最密切关怀自己的利益一样留心完全尊重每一个人的必需。"① 人类如此的仁爱这种情况，就像在家庭中的情形一样。夫妻或家庭成员之间的情感愈强，所有权的区别或划分将消失或混淆不分，他们实行的是财物的公有。正义在这里同样是不能产生的，因为它不被人类的交往和社会状态所必需。

第二个条件中的第二种情形是人类的无比贪婪与自私。相比于仁爱的人们组成一个家庭，贪婪与自私的人类就会构成一个匪寇社会。纵使一个有德性的人进入了这个社会，他发现该社会远离法律，也没有政府的保护。到处盛行的都是肆无忌惮的抢夺，人们因为贪婪而不择手段地追求个人私利，完全漠视公道与秩序，完全不顾他人的毁灭与社会的解体。处于这个社会中，这个有德性的人要想生存下来，就必须要采取一切手段来保护自己。他别无他法，唯有武装自己，夺取和使用任何可以自卫和防御的工具。他只能变得只尊重自己的利益，只考虑自己的安全，为的是使自己可以保存下来，不再关怀那些不值得关心的人。②

如果把第一个条件和第二个条件结合起来看就会更加清楚。在一个自然物品极为丰富、能够完全满足人的各种需求的环境里，如果人类是如此仁爱无私、富于同情与怜悯、奉行友谊与慷慨，那么这种社会就是诗人所虚构的黄金时代。在这么美好的世界，谁会设想到正义呢，即使设想到了，正义也是完全没用的。如果正义不被社会所必需，没有任何用途的话，它就永远不会产生。纵使人类是极度地贪婪与自私，有着

---

① ［英］休谟:《道德原则研究》，曾晓平译，北京：商务印书馆2001年版，第37页。

② ［英］休谟:《道德原则研究》，曾晓平译，北京：商务印书馆2001年版，第38—39页。

无尽的欲望，但是自然的恩赐可以填平它。在每一个欲求只要出现就被立即满足的地方，同样也不需要财产与所有权，这么做完全是多余的。而在一个自然物品极为匮乏的社会，如果人类还是那样的仁爱而具有同情心，照顾他人利益而胜于自我利益的话，也没有必要划分所有权。他人会全心全意地谋划我的利益，而我也同样如此对待他们。如果人类是极度自私，那么就必将处于战争状态。自我保存成为最重要的自然法则，为了这个目的可以不择手段。正义也没有可能产生，因为它不能改变自然的状态，同时也就不能阻止人们之间的相互竞争与猜疑。所以，休谟认为，正义不可能在任何极端的情况下产生。正义的产生需要一个居中的中间状态，"正义只是起源于人的自私和有限的慷慨，以及自然为满足人类需要所准备的稀少的供应。"① 自然物品的适度匮乏刺激引起了自私，而有限的慷慨既承认他人的自私，也可以产生合作的前提。为了限制人类的自私，而且使这种限制为人们所承认，区分财产与所有权就成为必需的了。

第三个条件是平等。休谟假设，如果有一种理性存在者，与我们相比，它们在身体和心灵两方面的力量是如此的低微，以至于他们完全不能抵抗我们的不公正对待，也并不对我们的任何挑衅产生多大的愤恨。这种情形的结果就是，正义并不适用于这种理性存在者与我们的交往之中，也许我们会以人道的法则对待它们。"我们与它们的交往不能被称为社会，社会假定了一定程度的平等，而这里却是一方绝对命令，另一方奴隶般地服从。凡是我们觊觎的东西，他们必须立即拱手放弃；我们的许可是它们用以保持它们的占有物的唯一根据；我们的同情和仁慈是它们用以勒制我们的无法无规的意志的唯一牵制。"② 休谟称这种情形是人类对动物的情形，力量强大者不需要协议，因为这不能给他带来利益。正义不是一方对另一方的施舍，只有在平等的主体之间才可以产生。如果人类处于另外一种情形，自然把人类构造成每个人在自身内部

① ［英］休谟:《人性论》（下），关文运译，北京:商务印书馆1980年版，第536页。

② ［英］休谟:《道德原则研究》，曾晓平译，北京:商务印书馆2001年版，第42页。

就拥有自身和种族保存所必需的一切机能与手段，而且又都是独处的存在者的话，那么正义也不可能产生。因为正义必须是产生于人与人相互交往与合作的社会中，而且彼此力量与禀赋相差都不至于太悬殊。

只有冲突不能产生正义，同样力量与禀赋过于不平等也不能产生正义。正义的产生需要适中的条件，只有满足了这些条件，正义才能在一个必需的环境中成长起来。休谟对于正义的条件或环境的说明是否成功呢？罗尔斯认为，休谟的正义环境大体上可以得到辩护，但有些地方不一定正确。

罗尔斯如同休谟一样，都认为社会是一种为了相互利益的合作体系，同时具有利益冲突和利益一致的特色。休谟的正义的条件，罗尔斯称之为正义的环境，使得社会合作既可能又必要。罗尔斯所言的正义的环境是"一种条件群集"，相比于休谟增加了更多地限制条件，也更加地细致。罗尔斯写道："休谟对它们的解释是特别清晰的，我前面的概述对休谟特别详细的讨论并没有增加什么实质性的东西。"[1]罗尔斯强调了客观环境中的中等匮乏和主观环境中的利益冲突，只要这两方面同时出现就算达到了正义的环境。罗尔斯之所以要凸显相互的利益冲突，这是因为每个人的善观念是不同的。在资源充足且都具有仁爱之心的最好的情况下，人们仍然可能发生因善观念不一致而导致的利益冲突。人们的善观念如此不同，以至于他们在任何情况下都有可能发生冲突。对这些冲突进行调节，社会就需要正义。如此而言，休谟认为只要正义的条件不存在正义就不需要的观点，实际上就不成立。休谟的这个错误，实际上和他把正义作为财产权规则有关。休谟的正义是较为狭窄的，局限于与财产相关的规则。对于罗尔斯而言，正义包括的内容很多，而且他认为还有比财产权更基础的内容。

关于正义的条件不存在的情形，类似于马克思设想的未来社会。在马克思的未来社会那里，随着生产力的发展而来的是物质财富的极大丰富，人们的精神境界极大提高。在这样的社会里面，存在于资本主义社

---

① ［美］约翰·罗尔斯：《正义论》，何怀宏等译，北京：中国社会科学出版社2009年版，第98页。

会中的正义将被超越，似乎将不需要正义。罗尔斯对于这样的一种设想和观点，提出了质疑。罗尔斯说道："对我而言，正义的逐渐消失既是不值得欲求的，也是在实践中难以实现的。"[①] 之所以不值得欲求，是因为正义是人类生活的一个部分，是我们理解其他人、承认其他人权益的一个组成部分。如果我们不是随心所欲的对待他人，那么体面的人类社会仍将需要正义。

由此可见，即使克服了休谟的正义的条件，但并未改变人类社会是一种合作体系，我们的相互利益的满足需要维系这样的一种体系。我们的仁爱之心仍要面对利益冲突，而有时候仁爱之心自身还会带来冲突。我们的仁爱之心是出自于自身，还是从他人的需要出发，有时候很难做到平衡。在家庭这个充满仁爱之心的环境里面，父母与子女之间时常会出现冲突。正义作为调节冲突的一种有效方式，处理家庭中的冲突就体现为家庭正义。

二、正义的动机问题

自然提供的物品相对于人的需求的匮乏，加上人的自私和有限的慷慨，使得维持个体生存的物品极度不稳定，而这种状况又被人所占用的外部物品的易转移和流动性所加剧。如果外部物品像人的知识和身体的优越般稳定而不可转移的话，那么财产的稳定也是没有必要的。休谟的正义的一个主要目的就是维持财产的稳定，依此为基础通过维系社会的合作，最终才能建立社会秩序与繁荣。

在这些条件都具备的情况下，正义是如何产生的呢？休谟通过举例加以细致分析，在分析中逐渐排除其他的可能性，而得出了他自己的结论。休谟认为，一个行为之所以是善良的，就在于这个行为所出自的善良动机。按此推理，一个正义的行为也必定是出自于一个善良的动机，这样该行为才能被认为是善的，才是一个正义的行为。所以，当我们问

---

① ［美］约翰·罗尔斯：《政治哲学史讲义》，杨通进等译，北京：中国社会科学出版社 2011 年版，第 385 页。

为什么按时还钱是正义的，就是在问按时还钱是出自什么样的动机。而这个问题如果一般的理解就是，当我们问正义是如何产生的，那就相当于追问正义产生的动机。所以，休谟就通过追问按时还钱的动机而达到追问正义产生的动机，从而说明正义是如何产生的。

休谟把一个行为为什么是善的归因于这个行为所出自的善良动机，这种考虑是否存在问题呢？J. L. 麦凯（J. L. Mackie）认为，休谟关于一个行为为什么是善的这个问题是模糊的。这个问题既可以是问行为的动机，也可以是问这个行为是否合符规则。[①] 因为就一般的理解而言，按时还钱为什么是善的或正确的，而履行这种行为是义务的要求的回答也是没有错的。休谟以仁爱这种自然情感为例，说明仁爱行为是善的是因为出自善良的动机，这确实没有错。但是，仁爱的行为和正义的行为是有区别的。以仁爱行为出自善良动机而要求正义的行为同样地也出自善良动机，这是没有考虑到这两种行为的性质差别。按时还钱这种义务到底是出自一个通常的动机呢，还是正义的要求？显然，休谟混淆了正义这种行为的道德性与动机的道德性这种区别。[②]

那么，当我借了他人一笔钱，并许诺在某个期限之内还钱，但是，期限到了的时候我有什么理由还钱呢？有人会说，按时还钱是你的义务，对正义的尊重以及对不诚实或奸诈行为的憎恨是我还钱的充足理由。休谟对这种观点给出了反驳，认为此种理由并不成立。按照休谟的理解，对正义的尊重是在正义已经建立的基础上才可能的，在正义建立的基础上对正义的尊重就是一个次生的考虑，而不是产生正义的原始的动机。如果把对正义的尊重作为按时还钱的动机，或者说作为正义产生的动机，那么这就把要论证的结论当做了原因，从而是一种循环论证。也就是说，"还债为什么是善行？回答是，对我来说，还债是善行，因为这种思想能够驱使我行动。在这里，没有任何东西告诉我，还债为什

---

① J. L. Mackie, *Hume's moral theory,* Boston: Routledge & K. Paul, 1980, pp.78-79.

② Jonathan Harrison, *Hume's theory of justice*, New York: Oxford University Press, 1981, p.27.

么是善行。"① 除了这种循环论证的错误外，对正义的尊重而成为按时还钱的动机也不合符历史事实。在休谟看来，出于正义感或义务而作出按时还债的行为，这在文明社会对受到了教育的人来说无疑是正确的。"但是在他的未开化的、较自然的状态下（如果你愿意称那种状态是自然的），这个回答会被认为是完全不可理解的、诡辩的，而遭到排斥。"② 对于在自然状态下的人来说，在还没有建立正义的情况下，认为按时还钱是出自对于正义的尊重，这种考虑在那种状态下的人是永远都不会产生的。

因此，对于正义的或诚实的行为，我们必须要发现不同于对正义的尊重的动机。在自然状态下的人，是否因为自己的私利或者对名誉的关心而作出诚实的行为呢？休谟的答案是否定的。因为自己的诚实行为不是给自私的人带来利益，而相反却是利益的受损，因为如果不按时还钱自己会得利。对名誉的关怀也不能成为一个诚实行为的动机，因为一旦这种动机不存在，那么诚实的行为就不再可能。"利己心，当它在自由活动的时候，确是并不促进我们作出诚实行为的，而是一切非义和暴行的源泉；而且人如果不矫正并制约那种欲望的自然活动，他就不能改正那些恶行。"③ 在自然状态下，人出于纯粹的自利考虑不能作出正义的或诚实的行为。人的这种自然动机或者自然倾向，总是倾向于作出自利的行为而不是诚实的行为。

正义的或诚实的行为是否可以建立在对公益的尊重这个动机之上呢？休谟同样地给出了否定的答案。第一，公益并不是自然地与正义规则的遵守相一致，即使一致也是发生在正义的人为协议已经建立的基础上的。有些单个的诚实行为，出于对于公益的尊重，却是违背了正义的要求。从一个穷人的手中把钱判给一个守财奴或者叛乱分子，这个正义

---

① ［美］伊丽莎白·S. 拉德克利夫：《休谟》，胡自信译，北京：中华书局 2002 年版，第 107 页。

② ［英］休谟：《人性论》（下），关文运译，北京：商务印书馆 1980 年版，第 520 页。

③ ［英］休谟：《人性论》（下），关文运译，北京：商务印书馆 1980 年版，第 520 页。

的行为一般看来是违反公益的。穷人陷入了更加贫穷的境况，而叛乱分子有可能用这些钱来从事各种违法和分裂行为。所以，出于公益考虑的话，我们应该把钱判给穷人或者不能把这些钱判给守财奴和叛乱分子。第二，如果借钱的行为是秘密进行的，而还钱也要求同样秘密地进行。这种秘密的行为并不为公众所知晓，所以就并不为其所关注。按时还钱的诚实行为并没有给公众带来什么影响，所以就不能说这种行为是出于公益的尊重。但是，在这种情况下，我们仍然认为按时还钱是必须的，责任和义务并没有停止。第三，从日常经验来看，人们按时还钱或不做其他的非义的行为，并不是出于对于公益的尊重。这个动机实际上是过于遥远与崇高，在日常生活中难以影响人们。休谟对人性的看法已经表明，人们自然的怀有为了公益的目的而行正义的行为，这实际上是对人性的高估。人类心灵中并没有人类之爱的纯粹情感，我们自然所具有的同情也不证明我们具有普遍的仁爱。在具体的情况下，自利的动机足够强过对于公益的考虑，从而做出与诚实相反的行为。

如果对公众的慈善或公益的尊重不能成为正义的原始动机，那么对私人的慈善或他人利益的尊重是否可以成为这个原始动机呢？休谟的回答仍然是否定的。设想一下，如果还钱的对象是我的敌人，我非常憎恨他，那么我把钱还给他显然就不是出于对于私人的慈善。如果对方是一个坏人或者守财奴，我对他们的自然情感不会是慈善与对其利益的尊重，有时还会因为憎恨而拒绝还钱。如果我处于急需钱的时候，那该怎么办呢？此时自私的考虑总是胜过对他人的考虑，从而使得诚实的行为是不可能的。所以，在一切类似的情况下，对他人的慈善或利益的尊重就不能成为正义的原始动机，正义本身也就不会发生作用。

在排除了所有这些动机之后，休谟认为在自然状态下的人们，因为未受教化而不能找到克服财物的不稳定的补救方法。从人类的心灵来看，任何自然情感都不能成为正义行为的原始动机，我们很少能够控制那些偏私的感情而克服外界的诱惑。"在我们的原始心灵结构中，我们最强烈的注意是专限于我们自己的；次强烈的注意才扩展到我们的亲戚和相识；对于陌生人和不相关的人们，则只有最弱的注意达到他们身上。"① 人的自然倾向是关心自己，同情自己的亲人和朋友，而对他人则只有很弱的关心和同情。这种自然性情不会使人自然地就选择正义的行为，不能产生正义行为的动机，人的自然情感并没有提供这种可靠的动机资源。在未开化的自然状态下，我们自然的道德观念很容易受到人类心灵的偏私的影响，道德不仅不能给我们的自然情感提供一种补救，反而是合符于这种偏私的情感，并且还给予这种情感以附加力量。

我们的自然情感自身并不能成为正义的动机，而且自然情感还与正义的判断是相悖的。休谟在否定了其他动机之后认为，"由这一切所得出的必然结论就是：我们并没有遵守公道法则的任何真实或普遍的动机，除了那种遵守的公道和功德自身以外；但是因为任何行为如果不能起于某种独立的动机，就不能成为公道的或有功的，所以这里就有一种明显的诡辩和循环推理。"② 休谟通过否定其他动机后，又认为正义的动机是义务感或对正义的尊重，这种观点不是令人非常费解吗？如此看来，这难道是一种诡辩？其实休谟区分了正义产生的初始动机和正义产生后的道德动机，二者是相互区分的。后者作为正义的动机确实是可以成立的，但休谟意在探究正义产生的初始或原初动机。

三、正义的原初动机

休谟认为，除非我们承认"正义和非义的感觉不是由自然得来的，而是人为地（虽然是必然地）由教育和人类的协议而发生的"③，否则就难以解决这个难题。休谟的意思非常清楚，只有在说明正义已经建立并且被确认为一种道德价值之后，对正义的尊重或者正义的道德动机才可以成立。在这里，我们需要先理解自然与人为的区分，以及解释正义作

---

① ［英］休谟:《人性论》（下），关文运译，北京：商务印书馆1980年版，第529页。

② ［英］休谟:《人性论》（下），关文运译，北京：商务印书馆1980年版，第523页。

③ ［英］休谟:《人性论》（下），关文运译，北京：商务印书馆1980年版，第523页。

为一种人类的协议何以发生。

自然与人为相对比而显示出人为的含义。当我们说仁爱是自然的时候，"自然"是什么意思呢？这里有两层意思。一层意思是指仁爱是我们自然具有的情感和倾向，并且这种情感倾向成为了影响我们的道德感评价标准。如一个人自然爱他的子女甚于爱他的侄儿，而爱他的侄儿又甚于爱其他人。如果我们的爱符合或者偏离这样的一种自然趋势，就会产生道德上的认可与谴责。休谟认为，"我们的义务感永远遵循我们情感的普通的、自然的途径。"① 另一层意思是指"任何一个物类所共有的东西"，或者"与那个物类所不能分离的事物而言"。② 仁爱既是自然的，也是人类所共有的。从这个层面来说，休谟认为道德感也是自然的。那么，说正义不是来自自然是在哪个层面而言呢？正义是人为的，与自然相对，这是从第一个层面而言的。在第一个层面，人类心灵中没有产生正义的动机，没有任何一种自然情感可以成为这种动机。缺少了这种动机，即使有道德感，我们也不能作出是否正义的道德评价。但在第二层面而言，正义的法则是自然的，因为它是人类社会所必需的。

在这里我们非常有必要重申这样一个区分，即正义的动机指的是正义作为一种协议产生的动机而不是某个正义行为的动机。一般而言，正义行为的动机可以是不同的，如追求利益或惧怕惩罚等。这种动机是在正义的协议已经产生了情况下，与正义的行为相关的动机。正义作为协议产生的动机类似于从发生学来追问。从发生学的角度而言，休谟追问的是正义产生的原始动机。正义的原始动机是正义的协议并未产生，追问正义的协议如何产生的，即正义的起源。

在明确了正义的动机与正义的条件之后，"正义规则在什么方式下被人为措施所确立"呢？休谟的意图是要在追问正义被人为确立的过程中发现正义的动机。休谟写道："自然拿判断和知性作为一种补救来抵

---

① ［英］休谟:《人性论》(下)，关文运译，北京:商务印书馆1980年版，第524页。

② ［英］休谟:《人性论》(下)，关文运译，北京:商务印书馆1980年版，第524页。

消感情中的不规则的和不利条件。"① 财产对人类的幸福生活非常重要，而人类面临着财产极易转移的难题，再加之人类的自利之心使得这个问题更加严重。既然社会的主要乱源或冲突来自于不稳定的外物或财产，那么人类就要运用经验与知性以确保外物的稳定。要达到这个目的，没有别的办法，只有通过社会全体成员缔结稳定外物的协议。这种协议约束偏私的情感和由此导致的轻率行动，通过戒取他人的所有物，而达到所有物的稳定。

知性的协助以建立补救措施是这样的考虑，如果任凭自己的私利这些情感的活动的话，虽然我们暂时可以获得一定的满足，但是他人也会以同样的方式对待我们和我们的亲人，最终自我利益没有得到实现。我们观察到，如果我们让他人占有他们自己的财物而戒取这些财物，他们也这样对待我，这对我是有利的。所以，调整他的行为对他是有利的。当双方都观察到这样做的好处时，也就产生了一种适当的决心。每个人有了这种想法之后一定要表示出来，要能够为他人所了解。如果这种想法只是某一个人的，他人并没有这种想法，那么这肯定是不行的。有了这种想法，表达出来为大家所认识，而且这种表达必须真诚。当社会全体成员都真诚地表达出稳定财物这种想法，那么就形成了一种协议，这种协议实际上就是一种共同利益的感觉。从整体上而言，协议维系的是所有社会成员的利益，遵守协议也就是通过维护他人的利益，进而实现维护自己的利益。

这种"适当的决心"如何理解呢？第一，它是受到人为的协议的绝对必需性影响的。对于社会与个人的福利而言，关于财物的稳定的人为的协议都必须确立。否则，没有这样的协议，社会必然解体，每个人会陷入野蛮、孤立、不信任的状态，这样的状态是最坏的情况。休谟设想的这种最坏情况，类似于霍布斯所描述的那种人类悲惨的自然状态。第二，它之所以是适当的，还因为决心之间是相互参照的。我们的行为相互参照，无需其他条件来诱导。当一个人作出了正义的行为，他就给

---

① ［英］休谟:《人性论》（下），关文运译，北京：商务印书馆1980年版，第529页。

其他人树立了一个榜样，期待其他人也同样效仿这种行为。第三，我们之所以能够相互参照，是因为我们都受到自然的约束力，即利益的约束。利益诱导我们相互参照彼此的行为，并接受规定行为的协议。

由此可见，适当的决心出自于利益的约束，我们之所以接受并遵守人为的协议是出于自利，"自私是建立正义的原始动机"。[①] 有必要在此对自利与自私的含义作出一些解释与澄清，以便于更好的理解正义的原始动机。自私自利在中文里面可以连用，甚至一般不做区分。实际上，从休谟的意思看，自利的这个做法较为合适。自利处于自私与仁爱的中间，或者是有限的慷慨的意思。如果我们把自利理解为利己主义的，那么自私会为了个人私利而不择手段，甚至不惜伤害他人的利益。这种情况恰恰是休谟反对的，因为它是引起冲突的根源。自利可以理解为个人主义的，它不仅仅只是一个自我的利益，还承认各自的利益，并且相互满足。自利的动机与基于自然情感而来的动机有什么区分呢？未教化状态下的自然的动机，"不受人为措施的教化和引导，也就是说，不受判断和理解力的教化和引导，不受计划和意图的教化和引导。"[②] 休谟在后一种意义上适用自利的这种用法当然是合理的，但因为休谟的自利局限于财物，这确是较为狭隘的。

如果我们跳出正义作为财产权这样一个观点，把自利局限于财物的做法更显得狭隘了。无论是从休谟之前的洛克，还是以后的政治哲学的发展来看，正义的内容都得到了极大的拓展。虽然财产权是一种很重要的权利，但难以把其他权利都还原到这一权利上面。如此看来，自利与财产的结合只是产生正义的一种原始动机，而不是唯一的动机。休谟遗忘了生命权等权利，同时因为休谟对于自由的看法，这些重要的权利并未出现在他的正义理论之中。这使得利益与正义的结合非常紧密，并有一种功利主义的倾向。后来休谟在《道德原则研究》中写道："公共的效用是正义的唯一起源"，这样的观点似乎与《人性论》的观点有些不

---

① ［英］休谟：《人性论》（下），关文运译，北京：商务印书馆 1980 年版，第540 页。

② ［美］约翰·罗尔斯：《道德哲学史讲义》，张国清译，上海：上海三联书店2002 年版，第 91 页。

同。① 休谟后来省去了关于正义起源的动机分析，并且把社会的效用作为基础，其功利主义的色彩非常明显。

但是，休谟对于正义的动机的分析仍是有道理的。从道德心理学上看，如果我们不考虑具体的内容而单纯从形式上考虑，正义与自利的结合是非常紧密的。在正义中，利益的作用非常大，自利表达的相互性是正义的一个特征。② 正义是有条件的，即我期待他人像我一样行为，同时我也效仿他人的行为，否则利益就得不到维护。由此可见，自利是正义的原始动机的观点仍然具有合理性。

四、正义的产生过程

财物占有的稳定的规则，虽是需要知性或理性的协助，但是这些规则并不是直接从理性的考虑中产生的。稳定财物的占有，这是社会成员之间的人为协议，而达成协议的过程不是人类理性的有目的安排，而是经过了一个长期的过程而产生的。"关于财物占有的稳定的规则虽然是逐渐发生的，并且是通过缓慢的进程，通过一再经验到破坏这个规则而产生的不便，才获得效力，可是这个规则并不因此就不是人类协议得来的。"③ 休谟采用了一个形象的比喻来描述这一协议产生的过程。好比两个人在船上划桨，双方各自的行为都是参照对方的行为。两个人的步调一致，不是因为事先的理性商议，而是依据经验而达到的结果。所以，正义的协议产生的过程并不是如霍布斯或卢梭那样，是建立在理性之上的契约。

休谟关于正义的产生过程的观点非常有特点，同时也有让人费解之处。近代以来的哲学家，如霍布斯、洛克、卢梭等，他们都采用社会契

---

① ［英］休谟:《道德原则研究》，曾晓平译，北京:商务印书馆 2001 年版，第35 页。

② 慈继伟:《正义的两面》修订版，北京:生活·读书·新知三联书店 2014 年版，第14 页。

③ ［英］休谟:《人性论》（下），关文运译，北京:商务印书馆 1980 年版，第531 页。

约论的方法论证政治合法性的问题。社会契约论是一种理性建构，通过社会成员的理性选择并一致同意而确立社会的主要政治制度。休谟明确反对这样的做法，认为这种理性的建构并无历史的真实性。虽然反对理性的建构，但休谟也肯定知性的作用。那么，他对社会契约论的反驳是否成功，对知性的肯定与理性的建构有何不同，知性在正义的论证过程中的地位如何，他的论证有何特色呢？

近代以来的社会契约论，在论证一致同意的普遍规则的时候，都使用了自然状态。自然状态是人类社会以前的一个状态，关于这样的一个状态有两种截然不同的描述。这两种不同的描述是两个极端，一种是霍布斯的，一种是卢梭。霍布斯的状态是一种处于战争的悲惨状态，人类社会与这样的状态相比是进步的。卢梭的状态是一种黄金时代，人类社会与这样的状态相比是退步的。不管这样的区分有多么明显，从自然状态向人类社会的过渡都是不可避免的。在这个过渡的过程，社会契约论就是要确立政治社会的体现了我们意志的普遍规则。从霍布斯与洛克而言，这个普遍规则还与自然法有关，进而与神圣意志或上帝相关。休谟反对这样的理性建构，同时也反对其背后的宗教思想。

休谟认为上述自然状态的构想是"单纯的虚构""无聊的虚构"，①社会契约不仅与历史事实不符合，而且对权威与责任的解释还违背常识。休谟对政治社会的理解追溯到历史，历史上政治社会的形成更多的是因为军事征服，暴力与欺诈都是常用的手段。民众对于君主的服从与政府的责任，不是建立在同意的基础上。如果这种说法成立，这些民众同意的契约会约束他们的后代。从后代来看，他们负有遵守祖辈的契约的义务的说法是难以接受的。虽然休谟反对了社会契约论的观点，但是正义作为人为的协议与此有何不同呢？休谟会如何说明正义作为普遍规则存在的社会之前的状态呢？

社会契约论设想的个体都是原子式的，这些原子式的个体在自然状态下通过自愿缔结契约而结成社会。与此不同，休谟认为在进入正义的

---

① ［英］休谟：《人性论》（下），关文运译，北京：商务印书馆1980年版，第534页。

社会之前，个体是在一定形式的社会之中的。这种社会的规模很小，如家庭与朋友。休谟在关于正义的动机问题的说明中，已经提及了处于这样的社会我们的自然情感是偏私的。不仅我们的自然情感是偏私的，而且还是未教化的、理性不发达的。虽然心智处于这样的水平，但与正义的要求还是匹配的。同时，财物相对匮乏而且极易转移。在这种不发达的小规模的社会中，已经有了正义的萌芽。"如果我们发现每一个父母，为了在子女间维持和平，必须确立这个规则；如果我们发现，正义的这些最初萌芽随着社会的扩大，必然日益改善……人类的最初状态就该被认为是有社会性的。"① 这段话已经很清楚地表明，人类在不具有正义的普遍规则的状态已经有了一定的社会性和正义的萌芽。出于性欲的自然需要和保持自身的需要使男人和女人组成家庭，男人和女人的协助能够更好地满足彼此的需求。家庭中父母为了平衡子女的需要，会产生相对稳定各自财物的做法。②

随着社会的扩大，也就是从家庭与朋友的范围往外面扩展，稳定财物占有的需要会更加强烈。出于相互利益的需要，我们必须要维系与他人之间的合作。人们要达到合作的目的，就必须确认利益的相互满足。我们需要抑制自私的激情，戒取他人的财物，并相互模仿彼此的行为。在这样的过程中，我们是受到互利的驱使与激励，并发现我们彼此这样对待有利于自利的满足。因此，我们是在利益的诱导下，逐渐接受稳定财物占有的规则。我们在前面已经提到了知性的协助，它帮助我们确立这样的信念，我们戒取他人的财物并相互模仿，接受财物占有的规则对自己和他人都是有利的。知性所确立的这种信念仅需要"稍许的经验"，③

---

① ［英］休谟：《人性论》（下），关文运译，北京：商务印书馆1980年版，第533页。

② 当然休谟的观点也是矛盾的。同样在家庭内部，"夫妇尤其是互相忘掉了他们的财产权，不分你的和我的；而你的和我的这个区别在人类社会中却是那样必要的，而又是引起那么大的纠纷的。"［英］休谟：《人性论》（下），关文运译，北京：商务印书馆1980年版，第535页。为什么夫妇之间不需要，而要在子女之间稳定财物的占用呢？

③ ［英］休谟：《道德原则研究》，曾晓平译，北京：商务印书馆2001年版，第46页。

或者"稍加反省就必然要发生"。① 在此可以看出,休谟虽然承认知性或理性的作用,但把它局限在经验的基础上,而且发挥的是工具理性的作用。

这些经验与反思一方面在小规模的社会中已经萌芽,同时以此为基础,随着社会的扩大而演变为大家接受的信念,即接受普遍的正义规则。这样的信念至少有两个特征。第一个特征是它包含着共同利益的感觉,是一个生动的观念。这种观念如此打动我们,以至于接近于印象而可以促发我们的行为。第二个特征,它包含的经验与反思是以社会实践为基础的,具有一种进化性的特征。② 这两个特征都显示出与社会契约的理性建构的不同,并显示出休谟自己思想的特色。休谟不借助外在的权威,完全以人性为基础,从社会实践的立场阐发正义的起源,确实不同于其他的理论。从个人追求自利的行为出发,而又达到了公共利益的结果,但这种结果却不是故意的,这种思想影响了后来的斯密。所以,哈孔森认为:"以这种方式看待正义,即把它看成是人类个人的行动的一个非故意的结果,必定是法哲学历史上最大胆的思想之一。"③

休谟虽然反对社会契约的理性建构,却认为正义是人为的,那么这该如何理解呢? 我们已经提到了自然与人为的区分,人为的意思是正义没有仁爱这样的自然倾向。我们在这里提到了人为的另一个意思,正义是通过人为措施而建立起来的。关于人为的这两个方面的意思是统一的,一个是消极意义的,一个是积极意义的。与理性建构不同,正义是人为的,但不违背自然,或者这种人为是自然主义的。不是原子式的个体建立理性契约,而是具有社会性的个人在社会实践的基础上,通过个人的相互行动而得出了正义并带来公共利益。

我们最后来简单论及休谟关于社会契约论的反驳是否成功,以及休

---

① [英]休谟:《人性论》(下),关文运译,北京:商务印书馆 1980 年版,第533 页。

② [丹]努德·哈孔森:《立法者的科学》,赵立岩译,杭州:浙江大学出版社2010 年版,第 22 页。

③ [丹]努德·哈孔森:《立法者的科学》,赵立岩译,杭州:浙江大学出版社2010 年版,第 24 页。

谟的观点带来了什么影响。罗尔斯认为，休谟的批判"对于削弱社会契约论观念的影响力确实起到了巨大的作用"，以至于"此后这种学说连一个继承者都没有"。① 休谟对于社会契约论的批判是强有力的，也产生了很大了理论影响。但是，休谟更多的是从历史的角度对社会契约论提出质疑，他并未动摇社会契约论在正义的规范论证中所发挥的作用。正是因为这一点，罗尔斯仍然采用社会契约论来论证正义的两个原则。在论证正义作为公平的契约的理论建构中，契约论在合理性论证上的努力仍是值得肯定的。休谟的观点显示出与契约论的不同特征，某种程度上克服了它的抽象性。休谟的批判以及关于正义起源的观点，后来深深地影响了哈耶克，他的社会自生自发的秩序原理与休谟的观点具有明显的联系。

五、正义作为德性

在人们缔结了戒取他人财物的协议之后，稳定财物的规则就建立起来，每个人都获得了财物的稳定，这时就发生了正义与非义的观念，也就发生了财产权、权利与义务的观念。接下来就要回答正义何以成为一种德性的问题了："为什么我们把德的观念附于正义，把恶的观念附于非义。"②

休谟区分了正义作为义务的两个层面，第一就是自然的，即利益，第二就是道德的，即是非之感。在前面，对正义作为义务的第一个层面的含义已经给予了说明。正义建立的原始动机是自利，它以互利为条件，也就受此约束。我戒取他人的财物，为的是他人也戒取我的财物。如果我想保持自己财物的稳定，就必须遵守戒取他人财物的协议，只要他人也这么做的话。我不可能在要求他人戒取财物，遵守稳定财物的规则的同时，为了我的利益而破坏这一规则。因而，这一社会所必需的规

---

① ［美］约翰·罗尔斯:《政治哲学史讲义》，杨通进等译，北京：中国社会科学出版社2011年版，第172页。

② ［英］休谟:《人性论》（下），关文运译，北京：商务印书馆1980年版，第539页。

则就成为了一种自然的义务，"自然"是相对于正义规则的产生是如此显著和绝对必需而言的。按照休谟此前对于道德的理解，道德不在于观念之间的关系，也不在于与外部事实的符合，道德区分的基础是因快乐或不快而产生的赞同与责备的情感。我们的道德判断不是以自利或自爱为基础的，而是扎根于对他人的同情并接受普遍观点之后形成的。因此，休谟认为只有在分析了同情在道德中的作用之后，正义这一德性的意义以及正义的道德动机才可以完全地呈现出来。

正义的道德约束力何以是必需的呢？休谟认为，正义的两个层面的约束既是相互区别也是紧密联系的，自然的约束即利益是正义规则建立的基础，而正义规则一旦建立之后道德的约束立刻就发挥了重要的作用。在社会成立之初，互利的动机是足够强有力的。出于自利的目的，每个人都在具体行为中遵守正义的规则。如果破坏正义的规则，社会合作就有可能停止，因此会给个人带来更大的损失。但是，随着社会交往的扩大而形成了一个更大的社会之后，这种情况就发生了变化。在狭小的社会中，每次的非义行为总是会被他人所知道，因而给自己带来不便。但在一个大的社会中，正义规则的偶尔破坏并没有带来社会合作的停止，也没有造成混乱的发生。他人的非义行为并没有被我们直接所感知，也就难以看到我们所遭受的损害。正是这种情况刺激起了人的自利，人的这种情感在这种条件下就有可能破坏正义的规则。毕竟，在经验中我们可以发现，人的自私和有限的慷慨如果在适当的条件下自由活动的话，会极力地追求自己、亲人与朋友的利益。为了克服这种不便，道德的约束就显得十分必要。休谟提出道德的约束确实是极富意义的，但是这也与休谟对互利的约束失效的处理是相关的。在稳定财物的过程中，在建立财物的稳定的协议中没有看到惩罚的要求。休谟过于强调合作的必要性，而把破坏协议所产生的不利影响交给合作终止所造成的不便。如果对破坏协议而给予严厉的惩罚，像霍布斯或洛克所主张的那样，那么人们就会因为惧怕惩罚而遵守正义规则。

在不被他人所知道或没有得到惩罚的情况下，当一个人面对利益的诱惑时，就有可能破坏正义的规则而行不义的行为，极力追求个人自己的利益。那么休谟的道德约束是如何面对这种情况，如何应对的呢？休谟诉诸同情来说明这种道德的约束力，解释我们是如何做出合乎道德要求的行为。当不义行为发生时，该行为自然地就给遭受不义行为的他人造成了伤害。通过同情，我们感知到了他人所遭受的伤害与不快，这种不快就使我们产生了道德上的责备情感，该行为就被认为是恶的。而正义的行为则与之相反，"对于公益的同情是那种德所引起的道德赞许的来源"。① 休谟的这种看法与他对道德的一般看法是一致的，"在一般观察之下，人类行为中令人不快的每样事情都被称为恶，而凡产生快乐的任何事情同样也被称为德；所以道德的善恶的感觉就随着正义和非义而发生。"② 我们不仅对他人的行为是这么看，对自己的行为同样也是如此看待。因为，一旦我们自己作出不义的行为，对遭受该不义行为的他人的同情会产生自我谴责的情感，同样地认为该行为在道德上是恶的。

休谟认为，随着社会的扩大，正义从自利的自然约束到赞同与责备的道德情感的道德约束的转变是自然的，甚至是必然的，这个转变的完成也就是形成了正义感。③ 休谟的意图是要表明，正义的约束的两个方面实际上也是前后相继的两个方面。④ 如果说，在前一阶段知性发挥了重要作用的话，互利的要求规定了破坏正义规则的行为是不可取的，该行为不是明智的自利，而是愚蠢的利己主义。⑤ 那么，在后一阶段道德情感则发挥了直接的作用，对正义表示尊重，而对不义表示憎恨。这种

① ［英］休谟：《人性论》（下），关文运译，北京：商务印书馆 1980 年版，第540 页。

② ［英］休谟：《人性论》（下），关文运译，北京：商务印书馆 1980 年版，第540 页。

③ 罗尔斯认为正义感的形成经过了三个阶段，从权威道德到社团道德，再到原则的道德。［美］约翰·罗尔斯：《正义论》，何怀宏等译，北京：社会科学出版社 1983 年版，第 465—480 页。

④ 慈继伟从历时性与共时性两个方面考察了正义的利益基础与道德基础的关系。慈继伟：《正义的两面》修订版，北京：生活·读书·新知三联书店 2014 年版，第 104—105 页。

⑤ ［英］布莱恩·巴里：《正义诸理论》，孙晓春、曹海军译，长春：吉林人民出版社 2004 年版，第 201 页。

正义感又为其他人为措施所加强。政治家的宣传与鼓动，使得遵守正义成为光荣的、可赞美的，而破坏正义则成为了耻辱的、可责备的。父母的教导与学校的教育也利于正义感的形成，在家庭，父母从小就会把正义的原则教给小孩，让他们知道遵守正义的原则不仅对他们自己有利，而且对其他人也是有利的。成为一个具有正义德性的人是光荣而有价值的，而成为一个非义的人则是令人感到卑鄙和丑恶的。学校的教育同样也加深了这种观念的形成，并且深深地扎根于每一个人的心灵之中。这些人为措施再加上荣誉感，正义的观念与正义感则更加牢固。对个人名誉的关切，给他人展示自己的良好的品质，都使人们不受诱惑的驱使，从而做一个正直而高尚的人。

休谟对正义何以成为一种德性，主要是从道德判断的角度来论述的。也就是说，正义之所以是德性，是看它是否符合德性的标准。根据休谟对德性的标准的看法，正义符合效用标准，因为其社会效用而成为一种德性。从这个角度来说，同情在正义中主要是发挥认知上的作用。如果是这样的话，那么其他人为措施也主要是加强人的正义观念，正义感也是侧重于认知方面。休谟的这种看法就带来了问题。如果正义是一种德性，而德性是人的一定行为倾向的话，那么正义这一德性就是遵守正义规则的行为倾向。也正是在这个意义上，正义的德性是可以培育的，是为了形成我们按照规则而行为的倾向。休谟主要是从道德判断上谈论正义，认知上或观念上的正义并不能完全包括正义德性的内容。因为作为一种行为倾向，正义除了认知层面外，还必须包括动机层面的内容。而休谟正是在这个方面的忽视，他的正义是德性的观点就容易遭到质疑。

这种质疑来自于正义的实践。当我们说认识德是一回事，而实践德又是另一回事，说的就是这种质疑。当一个人面对利益的诱惑，这种诱惑是如此之大以至于深深地占据了他的心灵，而他也知道他的非义行为并不被人所发觉时，同情在这个时候能够发挥多大的作用呢？按照休谟的动机理论，作为动机的情感只能被另一种情感所反对，知性或理性在这一点上是无能为力的。那么，以同情为基础的关于正义德性的道德判断主要是在认识上起作用，那么如何克服这种自利的情感，如何有效的阻止和避免非义行为呢？休谟的同情理论并不能有效地产生另一种情感以抵制或克服自利的情感，因而也就不能制止非义行为的发生。如果要产生这种动机性的情感，那么休谟对正义感的论述就需要补充进动机性的资源。因为休谟对这一点的忽视，也就没有注意到正义感中自利与其他道德动机之间的联系与区别。斯特德认为，"如果休谟真要认为，行使正义的人会有好结果，就必须指出，一个人怎样在原始利益的驱使下产生正义感、忠诚感或公正感，然后又去行使正义的，尽管他并无利益可图。"①

休谟的同情理论是否可以提供这种动机性资源呢？在一些哲学家或伦理学家看来，休谟的同情理论很难做到这一点。对于自己或亲人、朋友的同情远胜于对陌生人的同情，虽然我们可以作出正确的道德判断，但是却不能保证相应的道德行为的实施。在休谟对情感的论述中，我们发现了一个可以利用的资源，那就是对于长远利益或社会利益这类抽象福利的欲望与抽象祸害的厌恶。② 如果真的存在这类冷静的情感，那么它们确实可以形成与自利的对立，抑制自利的自由活动进而克服非义的行为。休谟的正义感可以与这类冷静的情感联系起来吗？答案是肯定的。③ 休谟之前在道德感的论述中也是注意到了其认知方面，而其意动方面却有所忽视。但是，这并不证明休谟的道德

---

① ［美］巴里·斯特德:《休谟》，刘建荣 周晓亮译，济南：山东人民出版社1992年版，第214页。

② ［英］休谟:《人性论》（下），关文运译，北京：商务印书馆1980年版，第455页。

③ 休谟在后来可能考虑到同情的局限，故而在正义德性的论证中弱化了同情的作用，而强调人道与同胞感。休谟在《道德原则研究》中的一个注释里面写道:"没有必要把我们的研究推到那样深远，以至于追问我们为什么会有人道或一种与他人的同胞感。"［英］休谟:《道德原则研究》，曾晓平译，北京：商务印书馆2001年版，第46页。休谟同时还在另一个注释里面写道，虽然人类拥有同情，"但是唯有那些心灵慷慨的人才由此而被促进来热心为他人谋利益，并对他人的幸福怀有一种实在的激情。至于那些精神狭隘和不慷慨的人，这种同情则超不出想象力的微弱的感受，这种微弱的感受仅仅有助于激起满足或责难的情感，和使这些情感把光荣或耻辱的名称运用于对象而已。"［英］休谟:《道德原则研究》，曾晓平译，北京：商务印书馆2001年版，第85页。

感并没有包含动机的一面。我们的道德感在下道德判断的同时，如果它是真诚的就包含了某种动机性的要求。① 如果我们不赞同偷窃，那么就包含了不作出这种行为的动机。如果我们谴责非义的行为，那么我们就会厌恶自我或他人的非义行为，我们会对给社会带来祸害的行为产生厌恶的情感。这种情感在同情的帮助下，他人因不义行为而受到的伤害会以生动的形象展示在我们面前，使我们对于不义行为予以抵制和制止。

把正义感中这种动机性情感揭示和补充进来以后，休谟对正义德性的论述才是完整的。如此一来，正义德性作为尊重正义规则的行为倾向才是可以培育的。② 正义德性及其培育不只是认知上的，也不只是动机上的，而是二者的结合。休谟对家庭、学校的教育以及社会交往对于正义德性的形成的作用的强调，使得习惯和习俗发挥了重要作用。③ 个人首先生活在家庭中，当父母把正义的原则教导给小孩后，这种原则在小孩那里体现为一种对于权威的服从，从而形成了他关于正义的信念与自然的态度。随着知性的发展与社会交往的发展，这种信念直接变成一种清楚的认知并且进一步稳固。在知性的发展过程之中，道德情感也得到了发展，对于破坏正义而带来的负罪感与义愤也变得更加强烈和持久。"当我们没有珍重我们的义务与责任时，我们倾向于负罪，即使我们同被我们捉弄的那些人并没有具体的同情关系时，我们也感到负罪。"④ 这种信念与情感之间相互作用的关系，在正义感中也同样表现出来。一旦正义感形成之后，正义中发挥约束力的主要不是互利的约束，而是道德的约束，"当那个利益一旦建立起来、并被人公认之后，则对于这些规

---

① 哈孔森对正义的义务或义务感作出了不同的解释。他依据休谟的观点，义务有其动机才成立，并引用允诺的例子，论证正义的义务需要一个虚构的动机，即义务的意愿，这样才可以说明正义的义务与义务感。参见［丹］努德·哈孔森：《立法者的科学》，赵立岩译，杭州：浙江大学出版社 2010 年版，第 42 页。

② J. L. Mackie, *Hume's moral theory,* Boston : Routledge & K. Paul, 1980, p.79.

③ 休谟反对把教育与宣传的作用过度扩大的观点，即认为道德是教育的产物。休谟认为，如果道德教育不与人的自然倾向相结合的话，就不能发挥应有的作用。

④ ［美］约翰·罗尔斯：《正义论》，何怀宏等译，北京：社会科学出版社 1983 年版，第 476 页。

则的遵守自然地并自动地发生了一种道德感。"①

休谟对正义的论述，最后落在了正义是一种德性的观点之上。但是，我们也不能忽视正义产生的原始动机，而且这个动机也不会消失。正义的原则及与此相关的社会制度，是正义德性能够产生和孕育的一个背景条件。在这个条件下，正义表现为人们对于正义规则的遵守的行为倾向，正义感是这种行为倾向的重要因素。

六、正义感

正义作为一种德性，按照我们对于德性的理解，就需要在德性仅仅是一种得到赞赏的品质的基础上，把这种品质的更多内容揭示出来。休谟过于从道德判断或评价的角度考虑德性，因而正义作为一种德性也带有这个问题。正义的道德品质，应该包括正义感，它包括了认知、心理感受、态度和行为倾向、甚至目的等诸多因素。我们接下来分析正义感的特征、运行机制，以及与文化的关联，力图把正义德性的丰富内涵揭示出来。

我们先假设这样一个场景：很多人在排队购票，此时一个人插队购票，这些排队的人对此感到愤恨，纷纷制止并谴责插队之人。这个场景中人们的谴责与愤恨之情就是一种正义感。那么，正义感是一种什么情感，它有哪些特征呢？

正义感是一种道德情感，具有道德性和情感性。正义感的道德属性，来自于它与正义的原则或规则的联系。正义感的情感属性，表现为一系列的态度、情绪、情感等主观体验。人们对插队的行为表达谴责并感到愤恨，是因为这样的行为不仅违背规则，而且会导致人们排队时间的延迟，以及承受可能没有票的损失。正义感与正义原则或规则的关联，表明了它的超功利性；正义感与人们利益的联系，表明了它又具有功利性。因此，正义感这种道德情感，既与正义有关，也与利益有关，

---

① ［英］休谟：《人性论》（下），关文运译，北京：商务印书馆 1980 年版，第 574 页。

是超功利性和功利性的统一。休谟的正义感无疑具有这两个特征，但更为凸显其中的功利色彩。正义的起源与价值都依赖于功利，因而正义感也就与功利有很强的联系。休谟的正义感的重功利特征与罗尔斯的正义感重原则的特征是非常不同的。①

正义感因其指向对象的不同可以分为两种类型，第一种是在具体情况下针对特定的个人或事件，第二种是在普遍的意义上针对社会的制度安排。正义感受到激发，既有可能是特定个人违背了正义规则，也有可能是社会的某项制度不符合正义原则。从第一种类型而言，正义感主要是一种人际间或对人我关系的反应性态度。从消极情感角度而言，斯特劳森把这些情感反应表述为：受害者的愤恨、施害者的负罪、旁观者的义愤。② 从个人角度而言，个人对自我利益较为敏感和关注，因此对于自我利益受损的不义行为会感到愤恨。而对于他人利益受损的不义行为，我们可以感受到义愤。面对自我的不义行为，则会体验到负罪感。他人对于不义行为的义愤，与自己对此的意识，二者是相互影响的。

正义感作为一种反应性态度，它在具体的情境中会发生变化。比如，插队之人虽遭到众人的制止与谴责，仍然强行插队并且成功了。此时，可能会有其他的人效仿这样的插队行为，但也有人不齿于这样做。其他人的效仿行为表明，个人是否遵守正义的要求依赖于他人是否也遵守正义的要求，这是正义感的条件性。效仿之人会觉得，如果他人违背正义而又得不到及时的纠正，那么自我遵守正义必定会导致自我利益受损，这个时候无条件地遵守正义无异于犯傻。而不耻于这样做的人会觉得，插队的行为本身就是错误的，不能因为效仿别人的错误行为而成为正义的行为。因此，不插队之人一旦效仿插队的行为，内心中会获得负性体验，感受到道德的压力和良心的不安，这是正义感的无条件性。③

① ［美］约翰·罗尔斯：《政治自由主义》，万俊人译，南京：译林出版社2011年版，第78页。

② Peter Strawson, *Freedom and Resentment*, London: Methuen, 1974, p.24.

③ 慈继伟：《正义的两面》修订版，北京：生活·读书·新知三联书店2014年版，第153页。

从上面情境中不同的人有不同的行为与心理可以看出，正义感既是一种动机性情感，也是一种评价性情感。正义感作为一种动机性的道德情感，可以触发正义的行为，但并不意味着正义行为的动机必然就是正义感。一个正义行为的产生，可能具有多种动机。一个人可能是受到利益的诱导，也可能出于对法律的恐惧而做出正义的行为。[①] 休谟对于正义的动机的说明是非常复杂的。休谟承认正义的动机可能是多样，正义的道德动机只是一种。正义感作为道德动机是如何产生的问题，前面我们已经涉及了。休谟为了克服同情的局限，增加了正义感的动机资源，这种做法主要是从个体内部生发出动机性情感。同时，休谟也承认了另一种可能，正义的动机是从外面添加的。比如因为惧怕外在的惩罚或他人的情感反应，而做出正义的行为。休谟是从他人的道德评价的角度，把这种评价内化而产生正义的动机。这种做法就是认为正义的动机是被添加的或塑造的，[②] 如政治家的人为措施的促进、私人的教育与教导、对名誉的关切等。

正义感这种道德情感，很难说是个人天生就具有的，它必须经历一个社会化的过程。当一个幼儿在面对上述的场景时，很难表现出我们所期待的正义感。正义感依赖于什么是正义以及对于社会是否正义的感知，同时也相关于对某个行为是否符合正义的判断，这表明正义感具有认知性。正义感的认知不仅仅是一种理性认知，而且还是一种情感认知，它以他人对是否正义的行为的情感反应和自我对他人情感反应的体验为条件。离开了对正义的认知与对他人情感的感知，正义感就难以形成。

关于正义感的道德发展心理学研究，往往侧重于个体道德心理的变

① ［英］布莱恩·巴里：《正义诸理论》，孙晓春、曹海军译，长春：吉林人民出版社 2004 年版，第 465 页。

② 关于正义的动机的来源大致可以区分成两种模式，一种是塑造模式，一种是发展模式。持人性恶的观点，会赞同塑造模式，如荀子。持人性善的观点，会赞同发展模式，如孟子。可参见 Erin M. Cline, "Two Senses of Justice: Confucianism, Rawls, and Comparative Political Philosophy", *Dao* (2007) 6, pp.361-381. 休谟的观点，也许是二者之间的折中，既有自然因素又有人为措施。就休谟而言，正义有原始动机、道德动机、附加动机。原始动机是自利，道德动机是义务感或正义感，附加动机是奖惩与名誉等。

化与发展，这些变化与发展会呈现出几个不同的前后相继的阶段。这种研究进路在皮亚杰、科尔伯格、甚至罗尔斯那里都有论述，并且有着广泛的影响。以科尔伯格和罗尔斯而言，二者都突出正义感的理性的道德认知，可以说是一种广义的康德式的方式。这种方式强调正义感对于正义原则的理性认知，是一种由正义原则而来的欲望或情感。这种方式排斥或者忽视了正义感对于正义原则的情感认知，并且认为后者会损害对正义原则的认知。其实，对于正义原则的情感认知是正义感的一个重要部分。

对正义感的情感认知的阐释，涉及从情感的角度探讨正义感的形成机制，其中最重要的原则或原理是同情。同情的内涵非常丰富，同情既可指对他人情感的感知与认知的能力，也可指与他人具有类似或不同的情感，后者一般被称为移情。同情通常是对于他人的同情，并以自身经历为基础。当自我利益受损的时候，我们会对他人的不义行为表示愤恨，并且伴随着惩罚与报复等各种其他的欲望与情感。愤恨的道德情感，经由同情，既可以被他人所感知，也可以在他人心中激起相似的道德情感，即义愤。关于同情的原理或过程，休谟曾有过非常好的论述。由自我的愤恨到他人的义愤，表明正义感具有传染性，可以成为社会上大多数成员共同具有的道德情感。社会成员共同的正义感，表明了对正义原则的理性认知与情感认同，也表明了正义感是可以相互交流和相互影响的。

如果某个人自己违背了正义原则，他就会感受到负罪感，并且也会感受到受害者的愤恨与社会的义愤。即使自己的不义行为不被他人所知，通过对受害者与旁观者的同情与想象仍然可以感受到愤恨与义愤。此时，他既是这个事件当中的当事人，同时也作为旁观者在审视自己的行为。他人与旁观者的情感反应和道德评价，会以社会声誉的方式给当事人带来持续的道德压力。我们对于社会声誉或名誉的关注与需求，都可能使得我们的负罪感不只局限于个人的主观感受而也要考虑社会的影响。如果离开了他人或社会的愤恨与义愤，以及对此的认知与感受，负罪就完全成为了个人与正义原则之间的抽象关系。这种抽象关系的结果，实际上使得个人可能缺乏"一种正误感和对做出某种违法行为的感受；一个人伤害或帮助他人的行为的意象以及有关的自责和内疚"。① 也就是说，负罪感是在社会化过程中，经由同情而感受他人情感并内化正义原则而来的一种正义感。

在正义感的形成过程中，同情发挥了重要作用，表明正义感在实践中会受到他人看法和情感的影响。个体与他人或社会之间的情感互动，体现了个体与他人的情感之间具有"回应 - 唤醒"这种模式。在以这种模式进行的情感互动过程中，正义感可能会出现增强或减弱、抑制或转化、维持与稳固的不同效果。

如果作为受害者的愤恨能够获得他人与社会的积极回应，即义愤，进而就会唤醒伤害者的负罪感，这是正义感在人际之间的良性互动与循环，正义感在整个社会获得了维系与增强。如果正义感的良性运行受到阻碍或出现问题，愤恨、义愤与自责就会减弱甚至发生一系列的转变，最终蜕变为一些非道德的情感。

面对得不到惩罚的不义行为，愤恨之情经过转变可能成为怨恨之情。社会的弱者最有可能怨恨，比如，插队之人孔武有力，导致他人敢怒不敢言。这样的情况表明，作为利益受损的受害者与权利受到侵害的弱者，未能得到法律与社会应有的保护。弱者在谴责社会不义的同时会进行自我力量弱小的归因，社会正义问题会被置换成个人力量强弱的问题，这种归因于置换实际上是把道德问题转变为非道德问题。一旦这种转变完成，怨恨便指向自我，因自己力量弱小或因自己无能维护自己的利益而自责。同时，怨恨之人把不义行为看成只是力量强弱问题之后，就会对不义行为变得满不在乎，缺乏道德上的内疚和负罪感。此时，怨恨可能通过以暴制暴的方式，给他人和社会带来伤害。这种怨恨之情会侵蚀义愤，使道德愤慨逐渐转变为道德冷漠。因而，由愤恨到怨恨的转化，不仅给受害者自身带来严重的心理伤害，而且还可能伤害其他人或社会的利益。②

---

① ［美］马丁·L.霍夫曼：《移情与道德发展》，杨韶钢、万明译. 哈尔滨：黑龙江人民出版社 2002 年版，第 153 页。

② ［德］马克思·舍勒：《道德意识中的怨恨与羞感》，林克等译，北京：北京师范大学出版社 2004 年版，第 10 页。

　　如果把正义感的非道德化转化看做一个道德堕落的过程，与之相反的则有一个道德上升的过程。也就是说，正义感在面对运行受阻的时候，并不必然导致非道德化的趋势，完全有可能继续维持它的存在。正义感的继续存在依赖于其他一些道德价值，比如宽恕与良心。在阻止愤恨滑向怨恨的过程中，宽恕发挥了重要作用。愤恨因利益受损也因其道德上受到伤害而要求报复与惩罚，愤恨所需要的赔偿有利益上和道德上的。当这种利益上的赔偿得不到或者没有做出实际的惩罚的时候，无条件的宽恕就发挥了作用。这种宽恕是一种道德心理上的补偿，是因为基于愤恨的宽恕处于一个道德上的高位，它不跟道德低位的不义行为或者伤害者一般见识，如不与插队之人计较。这使得愤恨在宽恕那里重新达到了一种道德或心理上的平衡，仿佛受害者获得了所需的补偿。宽恕和自我克服在宗教中有许多的体现，在生存的智慧中也有体现。

　　不同于康德式的道德发展心理学研究，正义感的发生与运行依赖于同情原则，凸显其情感认知的特征。正义感作为一种道德情感，是大多数社会成员共同具有的，是一种可以交流的反思性情感。正义感依据不同的运行条件，在实践中会出现减弱、维系与增强的趋势。休谟的同情理论与正义感的思想，凸显了正义感的情感与情感认知的维度，是我们理解正义感的不可或缺的部分。

七、正义感的文化背景

　　休谟在对正义的论述中，已经涉及如下一种观点：正义并不是脱离社会历史的理性建构，而是以社会实践为基础，并受社会习俗与习惯的影响。正义感的获得所需要的社会化过程，也表明了对社会实践的依赖并受传统习俗的影响。如果不同文化背景下的正义具有不同的内涵，会给正义感带来非常大的影响。所以，正义感除了具有相同的道德心理及其机制之外，在不同的文化背景下会有不同的表现。

　　中西方的文化背景和对正义的理解有所不同。一般而言，西方文化，特别是近代以来的西方文化，关于正义的探讨与人和社会的构想是分不开的。在休谟与罗尔斯关于正义的主观条件中，这样的个体是有限的慷慨，个体之间是相互冷淡的。由这样的人如何构成社会呢？通常是通过契约的方式构成社会。正义则是维系此种社会的一个最重要的支柱，它主要是一种在社会成员之间关于财产或者权利与义务的合理的分配原则。中国传统文化（在此主要指儒家）对人与社会的构想异于西方文化，这也决定了对正义的理解是有差异的。① 中国传统文化对人的构想并不从逻辑上进行抽象，而是从具体的人伦关系来理解，并且追溯背后的根据。从"仁者人也"与"仁者爱人"中可以看出，儒家对人的认识以仁爱为本质。仁爱依据人伦关系的不同，表现为爱有差等的区分。由有差等的人伦关系构成社群，社群就是西方意义上的社会。对此人伦关系与差等之爱的规范就是义，儒家主张的义，是以仁爱为基础的。"何谓人义？父慈，子孝；兄良，弟弟；夫义，妇听；长惠，幼顺；君仁，臣忠，十者谓之人义。"② 所以，中国传统文化认为人是具有仁爱且处于人伦关系中的，那么义或正义所预设的主体就不同于西方文化中的原子式个体和个体之间的相互冷淡，义的具体内涵也就异于通过协议或契约而建构的正义原则。

在传统的儒家文化中，仁是义的基础，而与义相关联的正义感也就以仁爱为基础，这一点在先秦的孔子和孟子那里都有所论及。《论语》中既有"以直报怨"的论述，也有"父子相隐"的观点。③"直"代表了公平公正，也就是以愤恨或义愤对不义行为作出回应。当这种不义行为的施害者是自己的亲人的时候，自己的正义感会首先考虑人伦关系及其道德要求。在《孟子》中有关舜的讨论，则更为具体地指出了仁爱与正义感的关系。④ 舜面对曾经伤害自己的弟弟，虽有所愤怒与愤恨，但都不留在心中；对自己的弟弟始终充满了亲爱之情，并且使之既富且

---

① 严格而言，"正义"是关于社会基本制度的安排是否正当的一种思想或理论，在西方主要是涉及权利与义务的正当安排。在中国传统文化中，因缺乏西方意义上的个体权利与义务的维度，因而没有这样的正义理论。但"义"在传统文化中有正当的含义，与"公""正"等相关，与"理"有关，有普遍性的特征；"义"还有"宜"的含义，是具体情境中人情与行为的合宜或适宜，有特殊性的特征。

② 《礼记·礼运篇》。

③ "以直报怨"出自《论语·宪问篇》，"父子相隐"出自《论语·子路篇》。

④ 《孟子·万章上》。

贵。个体面对不义行为的时候，产生正义感是非常自然的事情。但这种正义感要以个体的仁爱与角色为基础，应该始终怀有与角色相一致的人伦之情和履行义的义务感。以仁为基础的义，在面对伦理与法律相冲突的时候，会强调伦理对于法律的优先性与独立性，这也是传统社会"德主刑辅"的做法。与西方社会把正义与法律基本等同的做法不一样，中国传统社会的正义更多是与伦理，而不是与法律有关。因此，正义感也就主要与个体在人伦关系中是否符合角色的要求相关，而与休谟思想中那种与普遍的正义原则相关的正义感不同。

孔子和孟子并未否定其他人所理解的法与正义，而是从儒家学说的基本立场处理伦理与法律的冲突。也就是说，当伦理与法律发生冲突的时候，儒家在家庭成员这样的人伦关系中选择了对人伦关系的维系，并把这种维系理解为一种义。儒家不是否定亲人的违法行为，也不是不能感受到他人的愤恨与社会的义愤，而是主张维系亲人之间的情感，不因前者而伤及后者。那么，是不是跳出家庭成员这样的人伦关系之后，不义行为的处理就会完全依据抽象的法律或正义原则来处理呢？其实也不是这样，这是由中国传统社会对人与社会的理解决定的。中国传统社会对义的理解总是在一定的情境之中进行的，义总是与"合情合理"联系在一起，这种"合情合理"就是一种考虑社群关系与人伦关系而来的相对平衡的正义感。这种正义感是一种社会成员共同具有的主观感受，即"人同此心""心同此理"，但并未有严格而客观的尺度。"可见在中国，人们认为只有得了理还做了让步，才更加合理，也合乎人性。"[①] 因此，儒家的义，在家庭内部体现为对亲情与人伦的重视，而在家庭外部则体现为对人情与社群的重视。正义感基于此种对义的理解，也就与具体情境中人情与角色行为是否合宜联系起来。

晚清近代以来，中国遭受了前所未有的挑战和社会变革，并开启了现代化的进程。西方近代的思想，如自由、民主、平等、科学、博爱等，逐渐为一些有识之士和社会成员所接受和提倡。改革开放以来，中

---

① 翟学伟：《人情、面子与权力的再生产》（第二版），北京：北京大学出版社2013年版，第201页。

国社会经历了快速的社会转型，随着市场经济的发展与依法治国的推进，个体作为利益与权利主体获得了强调和支持，社会更加注重公平与正义。社会的巨大变迁对中国传统文化产生了重大影响，给正义的内涵赋予了新的内容，仁爱与正义呈现不断分离的趋势。

现代社会关于仁爱与正义的关系，借用一个关于义务的区分，即积极义务与消极义务，来讨论二者之间的关系。积极义务或者不完全责任，主要与仁爱相关。在这一点上，仁爱表现的爱有等差在传统社会与现代社会没有本质的差异。消极义务或完全责任，主要与正义有关。在正义的理解上，现代社会与传统社会则是非常不同的。现代社会的正义所预设的个体异于传统社会，突出个体的独立、利益与权利。在传统社会那里，仁爱是正义的基础；但现代社会的正义则获得了独立性。正义作为消极义务，要求个体不侵犯他人的权利，满足了这样的要求则履行了个体之间的义务。以此种立场来理解正义，那么正义感则是一种前面论及的反应性态度。现代社会关于仁爱与正义的区分似乎是非常明确的，但在社会转型期的实际情境中个体关于正义的判断和正义感仍然会受到传统文化的影响。比如对违背正义或法律的行为，我们的正义感会表现出对施害者的义愤之情。但如果施害者是自己的父母或者朋友，对此行为的不义的感知就降低，做出不公正的判断也会降低。[①]不公正的感知及其判断的降低，意味着我们的义愤之情的降低。义愤之情的降低跟我们的仁爱之情相关，我们对与自己关系亲密的人的仁爱之情会先于并且会冲淡义愤之情。此种情况与西方文化中人们的正义感是不同的，后者对于不义行为的感知与判断基本不会受人伦关系的影响，也就是不会受到中国传统的仁爱的影响。之所以出现这样的差异，是因为西方文化中的人们是从普遍的立场来感知与判断不义行为，而中国文化中的人们则考虑了人伦关系，兼顾了特殊性与普遍性。

除了在消极义务领域，不同文化背景下的正义感有不同的表现之外，在与正义相关的其他领域，正义感的表现仍然是不同的。比如，中

---

① 杨国枢等主编：《华人本土心理学》（上），重庆：重庆大学出版社2008年版，第428页。

国社会崇尚礼尚往来，送礼的一个原则是根据关系的亲疏远近而有所不同。这些关系的不同，实际上是人情（以仁爱为基础）的不同。这样的送礼行为往往依据恰当或合宜的原则，否则就会产生一种不当的感觉和情感。在一个团体或者组织内部，对成员的利益分配大多持平均主义的原则。这些分配原则虽说与正义相关，但此种正义必须在中国语境下的关系主体中才可以理解。分配不仅仅是利益的分配，还会涉及主体之间的相互关系，以及彼此之间的情感、态度、看法等。某个团体中的平均主义分配，一定程度上体现了以仁爱为基础的利他倾向。如果利益的分配离开了这些因素，完全采用公正的原则，那么就会认为是不合宜的，会产生愤怒等情感。相对而言，面对陌生人的分配则奉行依据贡献的公正原则。国家或社会在公共领域的分配，比如教育、医疗、就业、权力、地位等，也是坚持机会平等基础上的公正原则。即使在这一领域，也会受到"不患寡而患不均、不患贫而患不安"的传统文化的影响。人们对于贫富差距、城乡差距、东部与西部地区的差距等现象，会感受到一种不公平的感觉。调节和缩小这些差距是满足社会正义感，减弱或消除社会负性情感的必然选择。

在文化与社会背景下考察正义感，可以发现在正义感的情感表现、运行机制与同情原理等道德心理层面，中西文化具有一致性。从这个角度而言，休谟关于正义感的思想就值得我们重视。在正义的具体内涵与不同领域、人与社会的关系等层面，与此相联的正义感会有不同的表现。在充分理解中西文化背景下正义感的同与异之后，我们可以发现休谟思想背后的西方文化根源，从而更加深入地理解休谟的正义感理论。

八、正义的法则

休谟为正义规定了三条基本自然法则，即稳定财物占有的法则、根据同意转移所有物的法则、履行许诺的法则。按照休谟的看法，这三条自然法则是绝对必需的，所以是基本法则。

稳定财物占有的这一正义规则建立起来之后，虽然它给社会带来了很大的效用，但同时也存在着问题。在实践中，这一规则过于笼统，难以适应具体情况，即如何把某些特殊的财物归为某个特殊的人，而其他人则被排除在这种占有之外。这个困难就是关于财物应该如何分配的问题，要保持财物的稳定就要对财物进行合理的分配，确定谁应该享有何种财物。

财物的分配应该依据什么原则进行呢？休谟在《人性论》中考察了公共效用最大化的一种方式。休谟认为这种方式无疑是最好的，每个人都得到他所欲求的东西，适合于自己的东西。但是，这种分配方式看似可以达到效用的最大化，实际上却产生了严重的问题。相对于人的需求来说，财物毕竟还是稀少的，如果一些人同时需要某种稀缺的财物，而又不能共有时，该如何分配就成了问题。这种情况有可能导致争执与纠纷，这也就违背了缔结稳定财物占有的初衷。① 休谟在《道德原则研究》中还考察了另外一种分配方式。这种分配方式不是按人的需求，而是按财物的份额进行平均或平等分配。这种分配方式表面看起来也是很有道理的，每个人都平等地拥有相同的财物，但这种方式根本是行不通的，对人类社会也是极端有害的。假设最初财物的占有是平等的，这种局面很快就会被打破。人们之间的先天禀赋和后天努力是有差异的，而且这些差异是不能消除的。每个人能力的不平等导致了不同的人适合不同的职业，每个人会生产不同的东西。这些人的需求也不是相同的，有的人对某种东西的欲求很强，而其他的人却对其他的东西感兴趣。如果平等的分配方式无视这些差异，并抑制人们的技艺、勤奋和智慧的程度差异，将使社会沦为极端贫困的境地。而且，为了保持平等与监视不平等，就需要严厉的审查与司法。在人性自私与有限慷慨的情况下，谁能够拥有这样的权威呢？②

休谟否定了以上两种分配方式，认为人们很快就会找到解决这个问题的办法，"最自然的办法就是，每个人继续享有现时所占有的东西，

---

① ［英］休谟：《人性论》（下），关文运译，北京：商务印书馆1980年版，第542页。

② ［英］休谟：《道德原则研究》，曾晓平译，北京：商务印书馆2001年版，第46页。

而将财产权或永久所有权加在现前的所有物上面。"① 休谟的观点是受正义保护的财物不需要重新分配，只需要对事实上的所有予以正式认可。这种分配方式的理由何在呢？休谟给出了一个令人费解的哲学解释。他认为确定财产权的规则主要是由想象完成的。财产权表明的是一个人与一个对象之间的关系，这种关系不是事物自身所具有的，而是我们的心灵予以了这种关系。心灵的运作以观念为中介，因此这种关系是以想象的运作为原因，以观念之间的关系为结果而确定下来的。财产权这种关系自然地被认为是建立在某种先前的关系上，这种先前的关系就是现实占有，因而法律便把这种财产权加到现实占有上。如果说财产权被法律确认为一种永久所有权，那么这种永久所有与现实占有一种类似的关系。这种类似关系还与因果关系相联，因为在先的现实占有这种关系或观念通过想象很容易转移到永久占有的财产权这种关系或观念上。这种转移关系又被我们的习惯所加强，人们进而发生爱好这类的情感。"长时期在我们眼前的而又为我们得心应手地使用的东西，我们对它就最为爱不忍释；但是我们所从未享用过的、不习惯的所有物，则我们离开了它，生活中也没有什么不便。"② 因此，在确定财物的占有或分配上，我们便把现实占有某物确定为财产权或永久所有权。

把财产权归于现实占有者这个规则还需要其他的一些条件才可以发挥持久的效用，这些条件是占领、时效、添附和继承。占有某物表明人们可以使用、移动、改变或消灭它，这种关系是一种因果关系。洛克认为，当我们把劳动加于某种东西上时，他就对这种东西获得了所有权，也就占有了某物。休谟反对洛克的这种观点，认为洛克实际上是以添附来解释这个问题。尽管我们凭劳动对象做了改变，但是我们与对象之间的关系还是需要依赖观念的关系才可以解答。占有的时间性问题自然就与时效有了关联，民法就有必要填补自然法则的模糊性，汇票和期票在时效上是不同于债券的。添附关系是指我们借着与某些对象的密切关系

---

① ［英］休谟：《人性论》（下），关文运译，北京：商务印书馆 1980 年版，第 544 页。

② ［英］休谟：《人性论》（下），关文运译，北京：商务印书馆 1980 年版，第 544 页。

而获得的与此对象相关的其他对象。例如我们的花园中所结的果实，我们所饲养的动物所生的幼崽。继承权是一种自然的权利，在父母或其他亲人的同意下，又被亲属关系的观念所协助，这种财产的获得是合法的。

以上分析的是与稳定财物的占有相关的确定财物的占有的法则，接下来分析依据同意而进行的财产转移的法则。财产的稳定对于社会是有用而必需的，但是这种规则也有很大的不便。在确定财物的占有进行财产的分配的时候，我们没有考虑到这些财物对于人们的需求的关系。确定财物的占有很大程度上又是取决于机会，所以与人们的需要和欲望就发生了矛盾。如果采取暴力的方式来夺取个人所合适的东西，这种方式无疑是极为危险的，因为社会就有可能毁灭。为了克服这种不便，最合适的办法就是，"除了所有主同意将所有物和财产给予另外一个人之外，财物和财产永远应当是稳定的。"① 这种不便的克服也就显示了这个方法的效用，因而在道德上是我们所赞同的。这个规则就确保了人们之间可以互相交换和交易，满足各自的不同需求。人们采取的这种调整办法，因为财物的占有而使得财产的转移是可能的，这在休谟看来是一种因果关系也是一种类似关系。财物的转移既可以采取实物的形式，也可以采取一种象征的形式来满足想象。

休谟对许诺的义务的论述与对于稳定财物的所有权的来源的论述是大致相似的。在人类达成戒取他人的财物、稳定财物的占有这一人为协议之前，按时还钱为何是一种义务是没有办法解释的；同样，在人类达成确立许诺的协议以前，许诺也是不可理解的，不具有道德的约束力。对于诺言的遵守不是出于我们的决心、欲望或愿望，这些情感只是在许诺的协议建立之后才是可能的。但实际上，当我们说一个人要受诺言约束的时候，这确实是因为守诺是一种义务，这种道德义务要求我们信守诺言。守诺的义务不同于仁爱的义务，这是因为后者有产生该义务的自然动机，而前者并没有产生守诺的自然情感作为动机。依据休谟的看

---

① ［英］休谟：《人性论》（下），关文运译，北京：商务印书馆1980年版，第554页。

法，一切财产权，甚至遵守诺言都需要依靠于道德，而道德又依靠于我们的情感的通常途径，这些情感成为了行为的动机，并且这种通常途径也构成了义务的来源。在休谟关于仁爱的限定条件下，只有自利是合符这种情感的，因为它是如此之普遍。可是，如果任凭人类这种自利的情感自由活动的话，不仅会破坏财产权，而且也会在利益面前违背诺言。因此，并没有产生守诺这种自然动机，而守诺又是如何发生的呢？"因此我大胆地断言，许诺是以社会的需要和利益为基础的人类的发明。"①

对于自利的人来说，知性给我们提供了这种帮助而发明了许诺。在稳定财产的占有并得到确认的情况下，出于各自利益的需要就会进行交换和交易。在依据同意而转移财物的规则下，一方的财物转移必须要求另一方也履行相应的义务。一方同意转移他的财物，只要我也这么做的话。一方完成了他的交换行为，而只有依靠对方的感恩来报答他的好意，这种情况在自利的人性面前，不能获得任何的保障，极有可能导致忘恩负义的情形发生。休谟举了一个例子来说明这种情况。我和你都种了谷子，也都到了收成的时候了，收成的时间很短，如果延误的话就会带来很大的损失。如果今天我帮你劳动，明天你再帮我劳动，这对我们双方都是有利的。我知道我帮你并没有什么好意，而是为了能够及时收回我的谷子，而你也是同样的考虑。而如果我们都不互相帮助的话，那么就会延误收成的时间，这样双方都会遭到损失。但是，如果我帮助你，是以希望你能够出于感恩而帮助我的话，这种想法很可能落空，这样的话我将遭受更大的损失。出于互利的目的，我们就需要订立许诺的协议，以保证各自的利益都不会受损失。一旦这种协议形成，"协议就创造出了新的动机来"，遵守诺言的协议或者忠诚就成了一种新的动机。所以，利益是履行许诺的最初的约束力，因为这样做对双方都有利。履行许诺的效用又被加上了一种道德的约束力，从而和道德感结合起来。我们会对守诺的行为表示赞同，而对违背诺言的行为给予谴责。这种道德义务通过教育和政治家的宣传，又得到了进一步的强化。

----

① ［英］休谟：《人性论》（下），关文运译，北京：商务印书馆1980年版，第559页。

九、正义与功利

正义对于社会的必需与作用，使得正义在维持社会的稳定与秩序方面起了基础性作用。正是因为正义的这种社会效用，休谟的正义理论被认为是功利主义的。休谟对正义德性的社会效用评价原则的赞同，无疑也加深了这种印象。那么，休谟的正义理论是否是功利主义的？如果是，是属于行动功利主义还是规则功利主义？

从沙夫茨伯利开始，功利原则在道德感学派中开始出现。哈奇森则首次提出了后来的功利主义的重要原则，即大多数人的最大幸福。从休谟受沙夫茨伯利与哈奇森的影响来看，他在德性评价中坚持效用标准可以看做是具有浓厚的功利主义色彩。正义之所以是一种德性，获得我们的认可，就在于它能够给人带来幸福，可以维护社会的合作、和平与秩序。由此看来，休谟的正义理论可以被认为是功利主义的。但是，如果我们考虑到以下原因，这种看法是有问题的。功利主义的"功利"，一般而言指的是利益、好处、幸福，它的范围是比较广泛的。而休谟在正义的论述中，社会的效用、社会利益这个有用性标准与愉悦性标准是并存的，因而休谟所使用的有用性这个标准，相比于功利主义而言，是在较狭窄的意义上使用的。[①] 虽然正义的社会效用在正义理论中起了重要的作用，但是社会利益或广泛的仁爱并不是正义的原始动机。正是这个原因，A.C.拜尔认为休谟的正义理论不是功利主义的。[②] 功利主义本质上是理性主义的，这与休谟的意图是不一致的。休谟反对把道德建立在理性的基础之上，在正义理论中他同样坚持这种看法。虽然在正义规则的建立过程中，休谟谈到了需要知性或理性的帮助，但是理性发挥的作用是有限的。在正义这一人为协议的形成过程中，习俗起了重要的作

---

① ［英］亨利·西季威克：《伦理学方法》，廖申白译，北京：社会科学出版社1993年版，第 476 页。Baier, Annette C 也做了相同的区分，Baier, Annette C., *A progress of sentiments: reflections on Hume's Treatise*, Cambridge: Harvard University Press. 1991. p.250.

② Baier, Annette C., *A progress of sentiments: reflections on Hume's Treatise*, Cambridge: Harvard University Press. 1991.p.250.

用。休谟在谈到具体的正义的规则，比如确定财产权时，就是以想象、习惯、信念和情感的共同作用来论述的。还有一点就是，功利主义是一种规范伦理学理论，探讨的对象是行为，考虑何种行为可以产生最好的结果，功利原则规定了全部的道德义务与道德标准。而休谟的正义理论主要还是属于传统的道德感流派，探讨的对象是德性。休谟从来没有明确地提出何种行为是正确的还是错误的，何种行为是我们的义务或责任。所以严格说来，休谟的正义理论不是功利主义的。①

休谟的正义理论与功利主义确实有着一些显著而重要的区别，但是休谟的有关论述又具有功利主义色彩，所以有些哲学家或伦理学家认为休谟的理论仍然属于功利主义。鉴于功利主义本身并不是一个完全统一的派别，各自的分歧又较大，而把休谟的理论归为何种意义上的功利主义就需要细致的分析。虽然罗尔斯认为休谟思想的功利色彩不是严格的功利主义，但是他仍然把休谟归为古典功利主义之列。②R. J. 格罗索普（Ronald J. Glossop）则反对罗尔斯的这种观点，认为休谟并不是一个古典的功利主义者，而是属于规则功利主义。③汤姆·L. 彼彻姆既把休谟的正义理论放在行动功利主义之列，又认为休谟是规则功利主义的坚决支持者。④由此可见，休谟如果是一个功利主义者，在他是一个何种意义上的功利主义者这个问题上则存在着不同的观点。

以边沁和密尔为代表的古典功利主义把功利原则作为规范的基础，功利、幸福、善、快乐这几个概念是相互关联的。一个行为本身是没有

---

① 罗尔斯认为，从休谟发端的功利主义理论，严格说来不是功利主义，它与古典的功利主义有很大的区别。［美］约翰·罗尔斯：《正义论》，何怀宏等译，北京：社会科学出版社 1983 年版，第 32 页。哈里森从正义行为的动机角度也认为，休谟的正义理论根本不是功利主义的。Jonathan Harrison, *Hume's theory of justice*, New York: Oxford University Press, 1981, p.33.

② ［美］约翰·罗尔斯：《正义论》，何怀宏等译，北京：社会科学出版社 1983 年版，第 22 页。

③ Ronald J. Glossop, "Is Hume a 'Classical Utilitarian'", *Hume Studies* Volume 2, Number 1 (April, 1976), pp.1-16.

④ ［美］汤姆·L. 彼彻姆：《哲学的伦理学》，雷克勤等译，北京：社会科学出版社 1993 年版，第 127—145 页。

价值属性的，只是因其所带来的后果而具有道德价值。一个行为的正确是依据于其所产生的幸福与痛苦的免除的净额而决定的。幸福其实就是快乐的获得与痛苦的减少或免除，因而古典功利主义可以被认为是一种快乐主义的理论。因此，一个正义的行为或社会制度，就是行为的相关者或社会的大多数人获得的满足的最大净额。而休谟认为，人们出于互利的目的而建立正义规则，并不是如古典功利主义的那种目的。休谟的社会利益是包含了社会的每一个社会成员的利益，而不是最大多数人的利益。如果是为了社会的大多数人的利益，为了这些人的满足的话，就不能获得每个人的同意，因而也就不能达成一致同意的协议而建立正义规则。以牺牲少数人的利益来满足其他人的需求，给他人带来快乐或幸福，并没有成为人们的正义动机。在正义规则建立之后，一个正义的行为只是出于对于正义规则的遵守，这种遵守规则的行为不仅是对自己有利，对社会也是有利的。因此，休谟的正义行为的道德动机不是为了带来最大多数人的利益，而是因为出于遵守规则的欲望。这种欲望是与正义规则确保的社会的整体利益相联，而不是为了功利主义式的经过计算的大多数人的利益。在正义的德性评价中，正是因为对正义所维系的社会利益的同情而产生了赞同的道德情感，从而把德性或善的观念附于正义之上。虽然休谟的赞同的道德情感来自于快乐，从而带有一定的快乐主义色彩，但是这种快乐不是从所有个人的快乐的相加中产生的，而是扎根于一个公正的观察者的普遍观点的。这个观察者首先考虑的是一个行为对于行为相关者的影响，他不会牺牲少数相关者的利益而满足大多数人的利益，这不是公正所允许的。R. J. 格罗索普认为，"换句话说，休谟的同情的观察者对所有个体的同情的强调将导致平均功利主义的结论，比起休谟是一个古典功利主义者的结论似乎是更具可能。"①

　　休谟不是一个古典功利主义者，那么按照 20 世纪以来的行动功利主义与规则功利主义的区分，他是一个行动功利主义者吗? 依据布兰特的定义，行动功利主义可以表述为：在所有 X 能做的事情之中，如果

---

① 　Ronald J. Glossop, "Is Hume a 'Classical Utilitarian'", *Hume Studies* Volume 2, Number 1 (April, 1976), pp.1-16.

做 A 能够达到可期望的最大效用集，那么 X 的客观责任就是做 A。① 行动功利主义关注的是具体情况中的行为选择，只要是能够带来最大效用集与可能性更大的 A 行为，那么行动 A 就是我们应该采取的正确行为。行动功利主义严格执行功利的原则，在具体情况下的选择依据的是功利原则而不是行为的规则。这也就意味着，行动功利主义在具体的选择过程中，当功利原则与道德规则出现不一致的时候，个人的行为选择遵守功利原则才是正确的行为。为什么要按时还钱，这要看该行为是否可以达到最大的效用集。如果我急需钱，或者与我亲近的人急需钱，而还钱给他人后他人又不会使用这笔钱，那么我就不应该及时还钱。休谟则明确的反对这种情况，按时还钱是正义的要求，不能够因为个别行为而产生的较大功利而违反正义的规则。休谟自己也举了一个类似的例子，如果我们把一笔钱判给守财奴而不是一个穷人，在我们看来这貌似是正义的行为，但实际上却是违背正义的不义行为。纵使对方是一个恐怖分子，把钱判给他会被用于非法的目的，但是我们仍然认为这是正义所要求的。虽然个别的行为单独地看可能会违反社会公益，但是从长远来看，因为正义规则得到了遵守，社会秩序得到了保障，个别行为所造成的损害也就得到了弥补。行动功利主义有时允许不正义的行为，这在休谟看来是不能接受的。一个具有正义德性的人，就是具有遵守正义规则的行为倾向。正义德性所要求的是持久的按规则行为的倾向，这种倾向在长期的社会实践中沉淀下来，并成为了一种习惯和人们之间的常识道德。

面对行动功利主义直接诉诸行为的后果而导致的非义问题，规则功利主义提出了批评。龚群教授认为，"规则功利主义强调行动的道德特性是为规则所决定的，同时，规则功利主义坚持行动的功利或效用后果，把道德规则与行动的最大效用后果联系起来，认为正确的道德规则应该是那个能够带来或增加最大效用的规则。"② 规则功利主义并不直接的考虑行为选择的后果，而是考虑行为决定时所依从的道德规则。也可

① 龚群：《现代伦理学》，北京：中国人民大学出版社 2010 年版，第 116 页。
② 龚群：《现代伦理学》，北京：中国人民大学出版社 2010 年版，第 116 页。

以说，规则不从属于个别情况下的特殊要求，规则必须是稳定的，它们保护的是社会每个成员的利益，由规则所维系的社会利益必然大于个别情况下破坏规则所获得的利益。因为不首先考虑个别行为的直接后果，不是直接地以后果为依据，而是首先考虑行为是否遵从了规则，这就避免了行动功利主义所导致的非义情形。休谟在论述正义的规则时也是坚持这种观点，按时还钱的行为不应该视特殊对象和特殊情况而定，不能把特殊情况下的行为从正义规则所要求的普遍行为中分离出来。如果在某一个情况下因为个别行为的后果考虑而违背规则，那么规则的约束力就遭到了破坏，如果个别行为被普遍所允许和实施，那么就将导致规则的完全失效，随之而来的就是社会的混乱甚至社会解体。

　　休谟的论述表明了规则功利主义的立场。当我们在判断一个行为是否正义时，我们只是考虑它是否遵从正义的规则，而不是考虑这个行为的后果。当我们在考虑正义规则本身时，才涉及社会利益的问题。Alstair Macleod 认为，"休谟的正义理论体现了在正义和社会效用问题之间的一个非常巧妙的区分。当正义的问题产生的时候——决定了特殊行为的正义——社会效用的问题并没有出现。当社会效用问题出现时——其出现是财产权规则不得不被评价——正义的问题并没有产生。"[①] 休谟所举的例子表明，某个特殊的行为如果离开了正义的规则，就很难说是正义还是非义的。只有在确定了财产权规则之后，对他人财物的侵犯才是不义的行为；只有在守诺规则之下，按时还钱才是一种义务要求，对这种要求的违反才被认为是非义的行为。对这种行为的后果的考虑或权衡，并不成为该行为是否正义所必需。有时候特殊行为的后果不仅没有带来最大的效用，相反还会损害到社会利益，但是这种行为不一定是非义的行为。对规则的社会效用的考虑不是单独地看特殊的行为，而是看规则所要求的正义行为体系。在这些正义所要求的行为体系下，规则就会产生最大的社会效用。当然，休谟在考虑正义规则与社会效用的关系的时候，把财产的稳定要求与现存占有相结合，认为以这种方式确立的

　　① Alstair Macleod, "Rule–Utilitarianism and Hume's Theory of Justice", *Hume Studies* Volume VII, Number 1 (April, 1981), pp.74—84.

财产权可以实现最大的社会效用。休谟忽视了财产权的确立与维持之间的不同，现存占有的方式有可能达不到正当、公正的要求。而正义的规则必须要求是公正、平等的，这是与人们的自然期望相符合的。某些人由于智慧或机会而获得的财产有可能是极为丰富的，而其他人则由于出身或天赋的不平等而能够获得的财物相对来说是很少的。社会要平等地对待所有人，就要"按平等的方向补偿由偶然因素造成的倾斜"。① 所以，休谟如果在考虑现存占有的时候，能够把观察者理论所蕴含的平等倾向包含进来，对于维持正义规则的稳定将是有益的。

十、自然与人为

《人性论》在论述正义的最开始的时候，就提出了"正义是自然的还是人为的德"的问题，并且认为正义是一种人为之德。因此，自然与人为的区分，在休谟那里应该是相当重要的。如何理解各自的含义和这一区分，对休谟的正义理论就具有重要意义。

自然的与人为的区分，已经有很长的历史了。古希腊、中世纪、近代的哲学都可以发现这一区分。在古希腊的智者那里，"自然"的意思是"以本性"或"发乎自然"，"人为"的意思是"据约定"或"据审慎刻意的决定"。关于这个区分的简单介绍，哈耶克已经有过论述。② 用以表达人为的那两个有联系但又不同的部分，在近代造成了很大的混乱。针对同一个现象，有的认为是自然的，有的则认为是人为的。

休谟在使用自然与人为的区分的时候，虽然一直强调二者的不同，但有时候也陷入矛盾中，有些地方并未完全解释清楚。此前我们已经谈到了自然与人为的含义及其区分。此前提到了自然有两个方面的意思，一个意思是自然具有或本性具有的，如仁爱的自然倾向；一个意思是事物绝对必需的。休谟还认为，自然可以与稀少的、不常见的、神迹的东

① ［美］约翰·罗尔斯：《正义论》，何怀宏等译，北京：社会科学出版社 1983 年版，第 101 页。
② ［英］冯·哈耶克：《法律、立法与自由》（第一卷），邓正来等译，北京：中国大百科全书出版社 2000 年版，第 19 页。

西相对立，换成肯定的说法自然就是通常的。从自然的绝对必须与成为恒常的法则而言，正义又是自然的。这么看来，正义既是自然的又是人为的。

从人为这个方面而言，休谟提到人为协议与措施。正义的产生与维系依赖于这些协议与措施，因而正义是人为的。这样理解固然没有错，但还没有深入到人为协议的说明之中。在此，我们可以和社会契约论做些对比，就容易把握二者之间的不同。社会契约论崇尚理性的建构，正义的规则以人的理性建构为基础。这样的思想与笛卡尔的哲学有紧密联系，在笛卡尔的身心二元框架下，心智是独立的。笛卡尔的理性主义渗透到社会与道德领域，就会把情感与情绪等因素排除在外。理性的建构会突出人类活动的有意识、意志、刻意、思考、发明与设计等特征，把如此构建的原则作为评判道德与政治的标准。只要不符合这个标准的东西，都被认为是非理性的，甚至是不理性的，因而要被抛弃。在这一信念下，传统的习俗、风俗与惯例都可能会成为不合理的。这一理性建构的信念与方式，遭到了休谟的反对。其实在休谟之前，曼德维尔已经表达了类似的思想，人并不是原子式的理性个体，而是生活在小家庭里，共同面临着普遍的危险，由这些条件导致了组成社会的结果。①

对于正义的来源做某种历史的考察的做法，是苏格兰启蒙运动的一个特征。休谟也有这种做法，人类在进入拥有正义规则的文明社会之前，人类已经在过某种社会的生活。在这样的社会，已经有正义的萌芽了。这些萌芽随着社会的扩大，逐渐地被确立为普遍的规则。在这样一个具有进化论特征的历史进程中，正义的产生也带有这种特征。

休谟在具体阐释这个渐进的过程中，仍然认为关于财务占有的稳定是一种人为的协议的说法。正是在这一点上，休谟的解释有不清楚的地方。人为的协议需要知性的协助或指导，它使得个人能够调整或克制自己的破坏性的欲望与激情，以间接的方式达到自利的满足。在感性与知性的这样的相互作用下，人类行为的动机是自利，相互参照的行为都是

_____

① ［荷］伯纳德·曼德维尔：《蜜蜂的寓言》，肖聿译，北京：中国社会科学出版社2002年版，第442页。

出自同样的动机。休谟在确定这样的动机之后，又继续说道"确立正义法则的乃是对于自己利益和公共利益的关切"。① 对于自己利益的关切就是自利的动机，但是对于公共利益的关切这样的动机如何产生呢？休谟的有限慷慨的说法能够容纳这样的动机吗？公共利益只是个人行动带来结果，而不是个人行动的一个动机。

严格说来，个人行动带来的结果只是作为一种正义的规则的自然倾向，并不是我们可以设计或有目的的构想的结果。如果成为了一种可以设计的，或者如休谟所言的对"公共利益的关切"，那休谟的观点就是理性的建构。这是休谟所不同意的和反对的观点。如此一来，休谟就会陷入自相矛盾的境地。

休谟的矛盾源于他的这样一种做法或努力，即在自然与人为之间要为正义做出一个不同于以前的说明。正义不是依人类的本性而具有的，也不是理性的建构，但确实又是一种人为的协议。休谟要想达到这样的目的，但他的说明是不太清楚的。休谟自己写道："我感觉到，这种推论方法并不完全自然；不过我这里只是假设这些考虑是一下子形成的，而事实上它们是不知不觉地逐渐形成的。"② 在这里，假设的一下子形成就是某种形式的理性建构了。休谟在《道德原则研究》的一个注释中写道："但是由于正义和所有权以理性、深谋远虑、设计以及人们当中的一种社会性的联合和联盟为前提"，这样的观点很容易看出理性建构的特征了。③ 如果再加上《道德原则研究》中的正义的唯一起源是公共的效用的说法，还有《人性论》中对公共利益的关切的说法，这些方面也会加深休谟的理性建构与功利的色彩。

休谟的这个问题与矛盾的解决，他已经有很好的论述，但并未成为他关于自然与人为的一种明确的观点。"因为这些法则的成立的原因虽

---

① ［英］休谟：《人性论》（下），关文运译，北京：商务印书馆1980年版，第536页。

② ［英］休谟：《人性论》（下），关文运译，北京：商务印书馆1980年版，第543页。

③ ［英］休谟：《道德原则研究》，曾晓平译，北京：商务印书馆2001年版，第159页。

然是对于公益的尊重，而公益是这些法则的自然趋向，可是这些法则仍然是人为的，因为它们是有目的地设计出来的，并指向某种目的。"① 在这个显得有点复杂的论述中，已经可以发现关于自然与人为的问题的解决办法，但休谟自己并未明确提出来。在亚当·弗格森那里，这个问题得到了明确的表述和较好的解决。亚当·弗格森指出了自然与人为之间的第三种分类，并且对这种可能给出了明确的阐释与论证。亚当·弗格森认为，财产是一种进步，依赖于习惯，并且是循序养成的。② 关于具有正义的普遍规则的文明社会来源，他的论述更为清楚。"社会形态的起源模糊而遥远，正如我们并不知道风来自何方，又吹向何方一样。远在有哲学以前，社会形态就是人类出于本能而形成的，并非人类思辨的结果。在建立机构、采取措施方面，众人往往受到他们所处的环境的影响。他们很少会与自己的环境背道而驰，去追随某个规划人的计划。"他接着写道："即便在所谓的启蒙年代，民众在迈出每一步，采取每一个行动时都没有考虑到未来。各国偶然建立了一些机构，事实上，这是人类行为的结果，而并非人们有意这么做。"③ 从弗格森的观点中，特别是"这是人类行为的结果，而并非人们有意这么做"，可以看出第三种分类的特征。财产权与文明社会，并不是人们有意识的设计与发明，它们只是人类行动的结果。人类的行动当然也是有意识的，但不能脱离具体环境中的社会实践，以及在其中形成的习惯与传统。

从弗格森的观点来看，休谟关于正义既是自然的也是人为的矛盾之处可以得到解决。作为财产权的正义是人类行动的结果，人类的行动是有意识的，有动机、目的、知性的引导，逐渐接受正义的规则，这些方面是人为的；同时，作为财产权的正义的自然倾向是公共利益、社会的稳定与秩序，这些方面并不是人类有明确意识的目的与规划，因而可以

---

① ［英］休谟:《人性论》(下)，关文运译，北京：商务印书馆1980年版，第569页。

② ［英］弗格森:《文明社会史论》，林本椿、王绍祥译，沈阳：辽宁教育出版社1999年版，第90页。

③ ［英］弗格森:《文明社会史论》，林本椿、王绍祥译，沈阳：辽宁教育出版社1999年版，第135—136页。

说是自然的。休谟关于正义是自然与人为的观点，显示出与自然法和契约论的独特之处。

第三节　其他人为之德

一、忠顺及其限度

在正义的规则建立之前，按时还钱的正当性是难以理解的。在遵守诺言这一人为协议达成一致前，守诺也不被认为是一种道德要求。忠顺与忠诚这种政治义务，在政府建立之前同样也是不存在的。所以，为了说明忠顺这一德性，首先就要解释政府的来源和建立。

休谟认为，人类不是生来就构成了社会，在组成了社会的时候，也不是立即就成立了政府。社会与政府是可以分离而存在的，有社会的时候不一定有政府，这可以从人类学和历史中发现证据。社会的产生需要一定的条件，政府的起源也是依赖一定的条件和基础。随着人类社会的发展，财富也随着增加。但是，由正义规则所维系的社会的稳定与秩序并没有随着社会财富的增加而变得固定下来。财物，由于其可转移性、价值与稀缺等特征，容易成为人们争夺的对象。正是因为财物的这些性质，它的增长更加激发了人们的自然欲求。人类的人性是难以改变的，它总是喜欢追求现实和当前的利益，虽然遥远的利益对于人们是巨大的。遥远的利益在想象原则之下，总是显得模糊，它只能刺激起较为微弱的印象。而现前的利益，虽然相对于遥远的利益来说是细小的，但它们却能刺激起生动而活泼的印象，产生强烈的情感。当破坏公道的结果对于我们是遥远的时候，由破坏规则而来的现前的些小利益就会促使我们做出非义的行为。当这种情况发生得过于频繁，人类的交往和社会安定就会处于危险的境地。

如果不出现另一补救措施，那么社会必然就要解体。自然并没有给人类提供这种天然的可以依靠的保障，这种保障只能是出自人类的发明。人类所能发明的补救措施，不是针对财物的增加，而是针对人类的追求现前利益而舍弃长远利益的倾向，促使长远利益转变成现前利益，或者二者处于同一水平线上。"显而易见，这个补救方法如果改变不了这个倾向，它便永远不能是有效的；而我们既然不能改变或改正我们天性中任何重要的性质，所以我们所能做到的最大限度只是改变我们的外在条件和状况，使遵守正义法则成为我们的最切近的利益，而破坏正义法则成为我们的最辽远的利益。"① 大多数人难以做到这一点，只有少数人可以没有利益，或者只有长远利益。这少数人可以执行正义的要求，可以完成社会的任务，这些人就是民政长官、国王和他的大臣，我们的长官。这些人所能做的就是乐于遵守正义的规则，并且还要强迫他人也遵守，并在社会中执行公道的命令。他们对于正义的执行和决断不受猛烈情感的影响，遵守公道的要求而没有偏私，因而这就为引导他人强烈的舍远求近的倾向提供了一种防止的保障。

这就是政府的起源。"人诞生于家庭，但需结成社会，这是由于环境必需，由于天性所致，也是习惯使然。人类这种生物，在其进一步发展时，又从事于建立政治社团，这是为了实施正义。没有这种执行机构，人类社会中不可能有和平，不可能有安全，也不可能进行相互交流。"② 从休谟关于政府的起源的论述中可以看出，他反对君权神授的宗教解释，尤为反对契约论。当然，休谟对契约论的态度既有极力反驳的一面，也存在一定的让步。让步的一面表现在政府成立之初。"不能否认所有的政府最初都是建立在契约之上的，人类最古老和粗率的联合主要是依据这种原则而形成的。"③ 但是在政府成立之后，甚至在当今，就不能再认为政府还是建立在所有人都同意的基础之上。休谟认为这是违背了经验常识的，政府在我们的同意之前已经建立了。而如果说政府是建立在同意的基础上，但是我们并没有作出这种选择，这是荒谬的。政

---

① ［英］休谟:《人性论》（下），关文运译，北京：商务印书馆1980年版，第577页。

② ［英］休谟:《休谟政治论文选》，张若衡译，北京：商务印书馆2010年版，第121页。

③ ［英］休谟:《休谟政治论文选》，张若衡译，北京：商务印书馆2010年版，第23页。

府在最初的原始契约的基础上，经过长期的发展而逐渐稳定下来。稳定下来的政府不再是依赖人们的同意，而是因其执行正义的必需，给人类社会带来了安定与秩序，给人们带来了福利和幸福。休谟在政府成立之后，则给予了功利主义的解释，社会效用是政府存在的原因，也是其合法性和正当性的来源。

休谟对政府的来源的探讨引出了忠顺的德性，因为忠顺这个政治义务是相对于政府而言的。休谟讨论忠顺的起源也是从两个方面展开的。政府一旦建立，就产生了忠顺的政治义务。在政府最初产生之时，原始契约发挥了作用，同样它也在忠顺的最初来源中起了作用。休谟在这里仍然对契约论给出了一定的让步，"我主张，忠顺的义务虽然在最初是建立在许诺的义务上，并在一个时期内被那种义务所支持的，可是它很快就自己扎根，并且有一种不依靠任何契约的原始的约束力和权威。"① 但是，契约论不能运用得过于普遍，因为政府在建立之后不再依赖于人们的同意，忠顺也是同样如此。我们之所以忠顺或忠诚于我们的政府，不是因为我们已经允诺了而必须这么做。忠顺有可能部分是因为政府提供了服务而感激，部分是出于我们骄傲的承认，更多的是因为政府是人类福利与幸福的必需，政府保障了正义的执行。②

休谟对于允诺与忠顺的关系给予了详细的说明。在最初的时候，允诺和忠顺是相互联系的。人们同意或者默认了政府的统治，也就产生了服从政府的政治义务。这种相互关联的关系被契约论一直强调，他们认为正是人们由于同意而被赋予了忠顺的义务。休谟认为这种看法是不正确的，也是不合符历史事实的。来自历史经验的证据表明，允诺和忠顺是相互分离的。允诺在政府建立之后就成为了其中的一个结果，也就是说允诺需要政府的保障。如果没有了政府的保障，允诺的约束力就会变小，甚至被破坏。既然允诺不能成为政府的原因，那也就不能产生忠顺，二者没有因果关系。允诺与忠顺所运用的领域是不同的，前者是关

---

① ［英］休谟：《人性论》（下），关文运译，北京：商务印书馆 1980 年版，第582 页。

② Jonathan Harrison, *Hume's theory of justice*, New York: Oxford University Press, 1981, p.201.

于日常生活的私人领域，而后者是关于政治社会的公共领域。从约束力的来源看，二者也是相互分离的。我们不会因为守诺而赞同忠顺，也不会因为忠顺而赞同守诺。一个人因为不遵守承诺而受到我们的谴责，但是他的忠诚却会受到我们的赞誉。在私人领域，人们出于互利的目的而做出承诺，信守承诺。在政治领域，社会的维系依靠正义，而正义的执行使得政府成为必需。人们为了获得社会的稳定与个人的幸福，必须要忠诚于政府，只要政府还在维护社会公益，我们就必须要对政府表示服从。尽管有时候我们的利益或许会受到损害，但是这不足以成为我们叛乱或反叛的理由。在道德约束力上，因为允诺所带来的利益而把守诺称为一种德性，同样，因为忠诚于政府而获得的社会稳定和利益也被认为是一种德性。

休谟既然认为允诺与忠顺是相分离的，那么忠顺的义务来源于什么呢？如同正义德性的论述一样，休谟的忠顺德性也有两个不同的约束力来源，一个是利益的约束，一个是道德的约束。利益的约束力表明了我们是出于什么动机而履行忠顺的义务，"我们的政治义务的目的虽然是在于执行我们自然的义务，可是这个发明的第一动机，以及履行这两种义务的最初动机，都只是私利。"① 休谟认为，履行忠顺义务的第一动机是就时间而言的，忠顺代表了人们是出于互利的目的而把它加在我们的意志、行为之上，成为我们的行为规则与政治要求。在我们的舍远图近的倾向下，些许现前的利益就会使我们做出只顾追求私利而损害他人利益的行为。这是人性的一种倾向。经验和观察会使我们明白，必须要发明某种补救措施才能建立人们相互信任的条件，维护彼此的合作。政府的产生正是满足了这个目的，我们对于政府的忠顺就是因为它能执行正义，能够进行决断和公道地对待每一个人。我们忠实于政府，就是为了维护自己的利益，因为我们知道，当我们的利益受到损害的时候，政府会制止这种行为，并补偿我们所受到的损害。政府正是因为对于人类的福利和幸福，才促使我们对政府表示忠

---

① ［英］休谟:《人性论》（下），关文运译，北京：商务印书馆1980年版，第584页。

顺。当我们表现出舍远图近时，政府会强制我们顺从；当我们忠诚于政府时，它会给我们带来社会的安定与秩序。以互利为基础的政府建立之后，道德的约束力也就立即形成了。忠顺因其社会效用而被认为是一种德性，反叛因其给社会带来的危害而被认为是恶。这种道德的力量通过其他措施而进一步加强，政治家的宣传和教育会给予忠顺以赞誉，而反叛则遭到贬斥。这些因素在自我荣誉的关心之下，会结合成更加强大的力量。可见，忠顺依赖于互利，如果政府能够很好地维护社会的稳定和人们的利益，那么就会加强我们对于政府的忠诚度。我们对于政府的忠诚，会使得社会更加稳定，人们更能切身感到利益的保障和幸福。

从因果关系来说，利益是人们建立政府的原因，而忠诚则是结果。如果一旦政府不能保障人们的利益，是否意味着我们就能够不再忠顺于政府呢？休谟认为，对于这种情况应该十分慎重。从忠顺的自然约束力即利益来看，如何确定政府已经不再维护人们的利益是个很复杂的问题。在专制政府下，人们仍能够从社会稳定中获益。虽然政府在某方面、某时刻可能没有顾及一些人的利益，甚至有害于多数人的利益，但是维护社会的稳定是政府的最大职责。所以，只要情况不是非常严重，就不会允许叛逆的行为。而且，在利益的约束力失效的情况下，道德的约束力仍然发挥着作用。我们会谴责那些给社会带来动乱的反叛行为，因为社会动乱会给整个社会带来灾难。这种灾难远比在一个政府统治下所遭到的损失要大，动乱是最坏的，拥有政府比没有政府要好。但是，所有的规则都有例外。休谟分两种情况来处理这种例外。第一种情况是进行一些必要的革新，沿着理性、自由和正义的方向改革，对于社会实属幸事。"但任何个人均无权作激烈革新，立法机构企图作这种革新则更为危险，指望它们只能弊多于利。"① 休谟承认改革是必要的，但过于激烈的改革则是不可取的。另外一种就是面对极端的情况时，则以公共利益为最终标准。休谟认为，常识道德会告诉我们，"当服从命令

----

① ［英］休谟：《休谟政治论文选》，张若衡译，北京：商务印书馆2010年版，第129页。

会导致公共灾难时，必须放弃这种责任而服从我们主要的和根本的责任。"① 休谟的态度是非常慎重的，什么情况才是极端情况呢，有没有程度的标准呢？"只有在绝对不得已的情况之下，即当公众受到暴力和暴政威胁、处于最大危险之中时，才能抗命违纪，作为一种最后的补救手段。"②

忠顺作为一种政治义务或人为之德，是基于对人性的舍远图近的倾向的清醒认识而产生的。忠顺是对于政府的忠诚，政府只要在维护公共利益上是成功的，就足以获得我们的忠顺。所以，休谟对于忠顺的论述也表现其功利主义的一面。至于政府的具体形式，有的是君主制，有的是世袭制，有的是民主制，这些都是相对次要的考虑。因为一个民族或国家采用什么形式的政府，这取决于这个国家的风俗习惯、传统、历史和环境。

二、贞操与淑德

社会的安定与秩序需要人们普遍遵守正义规则，这既是维护私人利益之所需，也是维护社会利益之所需。正义、守诺、忠顺这些德性，正是人类依据自身和环境因素而人为发明出来的，以保障社会利益的实现。家庭是社会的细胞，家庭的稳定与秩序也事关社会的安定。因此，关于家庭的德性对于保障社会的运行同样地具有重要的意义。

贞操与淑德就是这种家庭的德性。休谟在以下两种意义上使用贞操，一种就是对于婚姻的忠诚，一种就是禁止任何婚外或非法的性行为。关于婚姻的忠诚，休谟认为，出于抚养孩子的需要，必须要求父母忠诚于婚姻。"人有着漫长而不能自助的幼年期，这就需要父母为抚养他们的幼子而结合起来，而父母的这种结合要求对婚姻关系有贞操或忠

---

① ［英］休谟：《休谟政治论文选》，张若衡译，北京：商务印书馆 2010 年版，第 139 页。
② ［英］休谟：《休谟政治论文选》，张若衡译，北京：商务印书馆 2010 年版，第 140 页。

诚这个德。"① 人类与其他动物不一样，人类在幼年期是非常弱小的。如果单独凭借幼儿的力量，很难在自然界中生存下来。这不仅是因为其获取所需食物的困难，还因为要面对着其他的生命的威胁。人类从出生到成年，也就是能够独立的生活以前，要经过很长的一段时间。在这段时间中，如果没有父母的抚养和提供的保护，幼儿是难以存活下来的。父母结合以保障幼子的成长，这是为了人类种族繁衍的需要。对婚姻的忠诚，既可以维护一个稳定的夫妻关系，也就可以给幼儿提供一个成长所必需的环境。关于禁止非法的性行为，这是有着生物学和解剖学的基础。从男人的角度来看，要想使男人承担抚养幼儿的责任，前提就是幼儿是他们自己的孩子。"不过为了促使男子以这种约束加于自己，并且甘心乐意去忍受由此所招致的一切辛苦和费用，他们必须相信，那些子女是他们自己的，而且当他们发挥他们的爱和慈爱时，他们的自然本能没有施加于错误的对象上。"② 休谟认为，人体的结构使得男人难以保证子女是他们自己的。在生殖因素中，是由男体进入女体，所导致的结果是，男子在这方面容易发生错误，而在女子这方面则绝对不会发生这种错误。休谟的意思是，女子所怀有的孩子一定是她自己的，但不一定必然是这个男子的。对婚姻的忠诚，保障了孩子的抚养；禁止非法性行为，则保证了这个所抚养的孩子是他们自己的孩子。

贞操作为一种德性，必然也就是遵守这种义务的行为倾向，这种稳定的倾向要通过行为表现出来，而淑德正是这种外在行为的一个标志。淑德只是针对女人，在这一点上，它不像贞操。贞操的要求对于男人和女人都是适用的。淑德注重的是女人在行为上、表情、姿态上不要放肆，不要与享乐发生直接的关系。甚至还要求在穿着上，得体的衣着给人以端庄的感觉。通过这些外在的表现，人们可以发现女人具有了贞

---

① ［英］休谟:《人类理智研究　道德原理研究》，周晓亮译，沈阳:沈阳出版社2001年版，第198页。休谟在其他地方也认为，父母为了幼儿的生存而相结合就必须要忠诚于婚姻。［英］休谟:《道德原则研究》，曾晓平译，北京:商务印书馆2001年版，第57页。

② ［英］休谟:《人性论》（下），关文运译，北京:商务印书馆1980年版，第612页。

操和淑德的德性。因此，人们会把赞誉给予这些女人，而把谴责给予那些行为相反的女人。我们的这种赞同与责备之情，是因为这种德所带来的社会利益。因为具有淑德之人，也会是一个具有贞操德性的人，通过有利于家庭的稳定而有利于人类种族的繁衍。

贞操与淑德和其他人为之德一样，"在自然中是没有基础的"，也都是由"人类的自愿协议，并由社会的利益而发生的"。① 在人类的自然情感中，并不存在与贞操要求相一致的行为的动机性情感。那么，贞操是如何产生的，人类为什么要遵守贞操的要求，而且还把贞操与淑德作为德性呢？休谟认为，人类或者说特别是女人，容易受到不贞行为的强烈诱惑，自然以那样强烈的倾向刺激人们去追求那种快乐。当这种快乐是现前的，就会成为一种强烈的动机，使他们忽视辽远的动机而听从于现实的诱惑。在休谟看来，如果听任这种情感的话，就会产生严重不利的社会后果。这首先就是威胁到家庭的稳定。在男人看来，他们之所以愿意承担抚养小孩而进行劳动，是因为他们相信小孩是他们自己的。为了达到这个目的，就需要给予他们以相应的保证，这种保证因而也就成为必需的。而妻子的不贞行为，就会使这种保证无效，他们也就不愿意通过辛苦的劳作而抚养小孩。如此一来，孩子就会得不到必要的抚养，人类种族自身的繁衍就将是不可能的。自然并没有给人类提供这种必需的保证，所以人类只有凭借知性的帮助以发现某种规则才能满足这种需要。对不贞行为的惩罚必须是严厉的，但这种方法的作用是有限的。只能对于公开的不贞行为才能进行惩罚，当不贞行为没有得到合法的证明的时候，惩罚就不能进行。因此，"除了丑名或败誉那种惩罚之外，似乎没有任何可能的约束方法。"② 这种惩罚对女人的心灵产生了巨大的影响，人类是如此关注于自己的名誉，一旦获得了不贞的坏名声无疑将是一种耻辱。从利益的角度来说，具有贞操德性的女人更能够获得男人的青睐，而他们的孩子也可以得到良好的抚养，这对于女人和男人

---

① ［英］休谟:《人性论》（下），关文运译，北京：商务印书馆1980年版，第611—612页。

② ［英］休谟:《人性论》（下），关文运译，北京：商务印书馆1980年版，第612页。

来说都是有好处的。所以，贞操通过维护家庭的稳定而实现了人类种族的繁衍的目的，也就成为了实现这种目的的必要手段和发明。正是因为贞操给社会所带来的利益，我们对于贞操给予相应程度的赞美，对于不贞则给予相应的谴责。

如果说以上对于贞操的强调或说明还是类似于休谟对于其他人为之德的话，休谟认为还必须给予贞操进一步的严厉措施。虽然我们已经给予了贞操与不贞所必需的赞美与责备，但是这种诱惑是如此之大，以至于有可能导致女人忽视了她们的辽远利益与动机。当女人发现不贞行为不会被发现，或者可以找到保全自己名誉的手段时，如何对抗这种现前而强烈的、容易导致放纵行为的情感或动机呢？休谟认为，在对不贞的行为表示谴责之外，还必须先有一种羞耻感或畏惧感，以防止放纵行为的发端。这种羞耻感就通过外在的淑德而表现出来，这种德性"使女性对于凡与那种享乐有直接关系的一切表情、姿态和放肆，发生一种恶感"。① 不贞行为虽然难以证明，但是对于不贞行为的坏名声会进一步具体到公众可观察的行为之中。坏名声总是和不端庄的行为、衣着等方面是联系在一起的，而贞操的好名声也就和端庄而得体的行为与衣着等这些外在表现联系起来。这些外在的表现都是服务于一个人的行为品质的，淑德也就成为贞操的外在标志。

针对那些强烈的放纵行为的冲动，除了在淑德这种严厉措施以外，还要使得这种措施更加频繁与持久。当我们说贞操主要是为了抚养孩子的需要时，那么过了这个时期是否就不需要坚持这种德性了呢？休谟认为，即使过了抚养孩子的时期，贞操也仍然要持守下去。从观念的联结上来说，当贞操被确定为一种德性之后，"人们就容易把它扩展到它所原来由以发生的那些原则之外。"② 一个不管如何放荡的单身汉，看到妇女的任何放荡或无耻行为一定会感到震惊，即使这个妇女过了生育的时期。"在此贞洁事例中，我们可以补充说，老人的榜样会有害于青年，

---

① ［英］休谟:《人性论》（下），关文运译，北京：商务印书馆 1980 年版，第613 页。

② ［英］休谟:《人性论》（下），关文运译，北京：商务印书馆 1980 年版，第614 页。

女人在不断预见一定时期也许会给她们带来放纵的自由时，将自然地促使那个时刻的到来，并更加轻率地看待这一如此为社会所必不可少的整个义务。"① 因此，贞操与淑德必须要从生育时期扩展到年老力衰，而且还要扩展到最早的幼年时期。从小我们就会通过教育把贞操的观念交给她们，并且要求她们在日常生活中形成淑德的行为习惯，以此来控制和驯服她们的心灵。通过这些强化措施，贞操与淑德就会扎根于她们的心灵，不仅会对不贞的行为表示谴责与制止，而且还会对不贞的行为产生一种罪恶感，从而在面对诱惑的时候坚守贞操的德性。

　　如何看待休谟对于贞操与淑德的论述呢？如果说贞操主要是为了抚养孩子的需要，当我们可以发现其他抚养孩子的途径的时候，是否意味着贞操这种德性并没有休谟所认为的那样必需呢？休谟自己也意识到了这个问题。在《论多妻制与离婚》一文中，休谟提到了婚姻只是男女双方的一种契约，婚姻的形式不是只有一种。② 贞操与淑德预设的婚姻形式是一夫一妻制，在这种形式下，贞操对于维护家庭乃至社会的稳定是非常必需的。休谟对于贞操的强调，同时也说明了这是在父权制社会中的一种普遍现象。而如果在母系社会，因为孩子可以得到很好的抚养，贞操就不会像休谟认为的那么严厉，相反这种德性还有可能不会出现。③

　　休谟认为，德性因其社会效用而受到我们的赞同，贞操与淑德是说明这些原则的"更显著的例子"。贞操与淑德完全是为了社会利益而发明出来的，也正是因其社会利益而被认为是德性。这种显著之处，一个重要的原因是为了男人抚养孩子的需要而发明的一种更严厉的德性。所以，在与忠顺这类德性的比较中，贞操显得尤为突出，因为这种德性更突出人为性。贞操所强烈反对的是女人的诱惑，而遵守贞操的要求并

----

① ［英］休谟:《道德原则研究》，曾晓平译，北京：商务印书馆 2001 年版，第59 页。

② ［英］休谟:《休谟散文集》，肖聿译，北京：社会科学出版社 2006 年版，第121 页。

③　Ann Levey, "Under Constraint: Chastity and Modesty in Hume", *Hume Studies* Volume XXIII, Number 2 (November, 1997), pp.213—226.

没有给女人带来如同守诺一样的利益。A. C.拜尔并不认同休谟的这种观点。他认为贞操并不是典型的人为之德，而守诺、忠顺这些德性才是典型的人为之德。贞操这种德性是与人的自然倾向相冲突的，并不是如自利的倾向通过自我调整而获得满足。与守诺相比，贞操也不是社会所必需，不是对所有人都一样的。[①]A. C.拜尔的观点有一定的合理性，但是从休谟对人为之德的人为性的观点而言，贞操确实也可以算是很典型的人为之德。贞操必须依赖于整个社会的行为，而不是单个的行为；贞操正是在一夫一妻制的社会中，因其社会效用而成为必需的。而这种更加严厉的德性，要求内在的忠诚与外在的淑德相结合，也就更加凸显出其人为性的一面。

---

① Baier, Annette C., "Good Men's Women: Hume on Chastity and Trust", *Hume Studies Volume V*, Number 1 (April, 1979), pp.1—19.

第六章　自然之德

把德性分为人为之德与自然之德，这是休谟伦理思想的一个主要贡献。人为之德与自然之德的区分的一个重要依据是德性的情感资源的不同。人为之德之所以是人为的，就在于其缺乏自然倾向，这种自然倾向可以作为德性行为的动机性资源。自然之德则与人为之德形成鲜明的对比。自然之德具有这种德性行为的自然倾向，也就是自然地具有行为的动机性情感。在这种德性行为的道德评价上，人性中也存在着一种普遍的情感，可以作为评价的共同标准。休谟在这两个方面的论述与同情有着紧密联系，因为同情具有意动性和评价性两种特征。对他人的同情是道德区分与评价的一个基础，这一点在自然之德上表现得尤为明显。

正是在人为之德与自然之德的上述那种重要的区分上，休谟关于自然之德的论述需要给出进一步的考察。一些自然之德，如理智与节俭等，并不具有休谟所言的自然倾向；即使是具有自然倾向的那些自然之德，在实践中它们也不是充分的。这些方面需要利用和补充作为德性知觉的道德情感，才可以辩护休谟关于自然之德的观点。上述做法继续带来了问题，经过反思认可与习惯或习俗作用的自然之德，是否还能被称之为休谟原初意义上的自然之德？

第一节　同情与自然之德

一、自然之德与恶的起源

在论述人为之德后，休谟接着考察了自然的德。"现在我们来考察那些完全是自然的、而不依靠于人为措施和设计的德和恶。"① 这句话中自然与人为措施和设计的区分当然是清楚的,但何谓自然的却不是很清楚。如果说正义的起源和正义是一种德性是两个不同的问题,那么在自然之德这里这是一个问题,解释自然之德的起源也就回答了他们何以是德性。其实,休谟主要用同情原则来解释自然之德,同情是我们心灵中的一个强有力的原则。

此前已经论述过同情原则,同情不是一种具体的情感,而是一种情感传递的机制。通过同情,A 的情感可以传递给他人,他人的情感也可以传递给 A。情感传递的具体过程是通过印象与观念的联结实现的,依次经历了四个步骤。第一,通过他人的声音或表情等外部特征(印象),获得关于他人的情感的观念。第二,通过追溯他人的情感产生的原因,获得了一个原因的观念。第三,这个原因的观念作为生动的观念,激发了自己类似的情感体验。第四,自己产生了与他人类似的情感。因为同情,我们所有人的情感都可以相互传递的。快乐或痛苦,以及基于二者产生的其他情感,通过同情可以在人们之中进行传递。

同情原则中有两个非常重要的工作原理,一个是印象与观念的联结,一个是因果联结。印象到观念的联结表现在依据他人的外在表现的印象,得出了情感的观念,进而由一系列的观念的联想最终激发了自我的情感。因果联结表现在由他人的情感的观念这个结果,可以联想到产生它的原因,这个原因又进一步产生了自我的情感的结果。这两个工作原理是相互作用的,印象与观念的联结渗透了因果联结,因果联结也渗透了印象与观念的联结。

道德的基础是情感,而道德情感的阐明依赖于同情原则。在解决正义何以是一种人为之德的问题的时候,道德感是依赖于同情作出说明的。对公益的同情产生了道德赞同,进而作出了正义是一种人为之德的道德判断。这个地方的正义是一种性格或心理性质倾向,因它给其他人带来的有利结果而产生的快乐或痛苦,通过同情也使旁观者的我们产生

---

① [英]休谟:《人性论》(下),关文运译,北京:商务印书馆 1980 年版,第616 页。

了相似的情感，进而作出了这种性格或倾向是德性的道德判断。"达到目的的手段，既然只有在那个目的能使人愉快时，才能令人愉快；而且和我们自己没有利害关系的社会的福利或朋友的福利，既然只是借着同情作用才能使我们愉快的；所以结果就是：同情是我们对一切人为的德表示尊重的根源。"① 某种能够产生社会福利的性格或倾向作为原因，产生了我们的道德赞同这个结果。其他人为之德也可以依据这个过程进行解释。

不仅人为之德可以这么解释，自然之德也可以依此进行解释。自然之德正是因为其带来的倾向，通过同情而被赞同或反对，这是休谟的道德区分理论在自然之德上的运用。许多自然之德，比如通常被称为社会的德性，都有带来社会福利的倾向，这个原因产生了我们的道德赞同。同理，其他的自然之德，也可以产生道德赞同的情感。社会的德这些德性与其他的自然之德的区别在于，前者给他人带来福利与快乐，后者给德性的主体带来利益与快乐。这两种自然之德带来利益与快乐的倾向，通过同情都可以获得旁观者的赞同。

休谟认为，依据同情原则说明道德赞同的时候，在自然之德的运用上比人为之德的运用"显得更为合理"。② 虽然德性的判断都依赖于同情原则，但是自然之德与人为之德还是有些不同。"自然的德与正义的唯一差别只在于这一点，就是：由前者所得来的福利，是由每一单独的行为发生的，并且是某种自然情感的对象；至于单独一个的正义行为，如果就其本身来考虑，则往往可以是违反公益的；只有人们在一个总的行为体系或制度中的协作才是有利的。"③ 休谟这里指出的二者的区分是非常清楚的，自然之德的单独的行为会带来福利，正义行为依赖于一个行为体系。比如，一个仁慈的行为因其带来的福利而被赞同，但把穷人

① ［英］休谟：《人性论》（下），关文运译，北京：商务印书馆1980年版，第619—620页。

② ［英］休谟：《人性论》（下），关文运译，北京：商务印书馆1980年版，第622页。

③ ［英］休谟：《人性论》（下），关文运译，北京：商务印书馆1980年版，第621页。

的一笔财富判给守财奴这个单独的行为很可能被认为是违反公益的。后者必须依赖于一个正义的制度，以及考虑由制度维系的公益才可以作出道德判断。

虽然有上述的区分，但休谟认为自然之德与人为之德因其带来的福利与快乐的倾向而获得道德赞同，这两种德性都依据于同情得以说明。但是，这里存在一些问题。休谟自己已经意识到了两个问题。第一是同情的运作受想象的影响而容易变化，受同情影响的道德情感也会出现相应的变化。但是，我们对于某种德性的判断是不会变化的。如果依赖于变化的同情，就会导致某种品质既是有德同时又是恶的评价，这两个评价是相互冲突的。第二是所有的德都有带来福利与快乐的倾向，我们的同情是依据福利与快乐的结果而作出的。如果某种倾向并未带来事实上的福利与快乐，它就不能激发我们的同情，也不能得出是德性的道德评价。休谟对这两个问题都给出了自己的回答，这就是他的同情的修正与普遍观点。这些内容在第三章的时候已有论述，在此不做赘述。休谟的回答还产生了另一些问题，这些问题在休谟的伦理思想内部难以很好地解决。

第一个问题是关于同情原则与道德感或道德情感之间的关系。道德感依赖于同情原则，这是非常清楚的。同情的运作主要依赖于因果关系，通过想象而产生印象与观念的联结。这造成了如下的问题，即道德感作出道德判断的过程包括了一系列的环节。而且，由于同情的修正与普遍观点的采用，道德感作出的道德判断依据于推理，依据于知性或反思的作用。由此可能得出这样的结论，即道德感的情感成分非常弱，而道德推理的成分较为明显。这样的结论似乎与休谟的观点相冲突。"我们并非一个品格令人愉快，才推断那个品质是善良的；而是在感觉到它在某种特殊方式下令人愉快时，我们实际上就感到它是善良的。"① 道德感是一种类似直觉的东西，我们是感觉某种品质是德性，而不是推断它是德性。但从上面的分析可以看出，道德感依赖于道德推理，需要不断

---

① ［英］休谟：《人性论》（下），关文运译，北京：商务印书馆1980年版，第511页。

地修正那些偏私的感觉。经过不断修正的道德赞同，很难说是感觉的，而不是推理的。

面对这个问题，休谟会如何回答呢？一个可能的回答是把普遍观点当做一种生动的观念或信念。只有这种信念不能作出道德判断，否则道德判断就成了观念之间的关系。某个会带来社会福利的行为的观念，因其与普遍观点的一致而被认为是道德的。休谟反对这样的解释，道德判断不是观念之间的关系，而是依赖于道德感或道德情感。休谟会认为，那种生动的观念或信念自然地激发了我们的赞同感，进而作出了道德判断。如果我们依据经验和观察，经常把自己系于普遍观点之下，那么普遍观点就会变成一种生动的观念与信念。这种观念或信念产生的道德感不是强烈的，但确是有力的。这种力量在我们的社会交往与语言交流中得到了加强，道德情感成为了一种冷静的情感。因此，我们在做出道德判断的时候，可能会因为较少的情绪或没有情绪的干扰，而被认为是理性的判断，但实际上仍然是道德感在作出道德判断。

第二个问题是德性的动机问题，它似乎受到了休谟的忽视。休谟认为，"显而易见，当我们赞美任何行为时，我们只考虑发生行为的那些动机"，"我们称赞和赞许的最后对象仍然是产生这些行为的那个动机"。① 这里清楚地表明，某种行为之所以被认为是德性，是因为产生该行为的动机，道德赞同与否的对象是行为的动机。休谟在论述正义的时候，充分的讨论了正义的动机问题。可是，在自然之德这里它并未明确论述。某个带来福利的倾向这个表述不是非常清楚，它强调带来福利这个方面，还是强调具有动机的倾向呢？从休谟对自然之德的论述看，似乎强调的是前者。依据同情，带来福利的这个原因产生了道德上的赞同，不管福利是可能的还是现实的。即使强调后者，休谟也并未对动机的倾向做出具体的说明。而且，在自然才能等自然之德的说明中，休谟主要考虑因它带来的福利而被认为是德性的。一些并不具有动机倾向的品质，也是因为它带来的可欲结果而引起了道德赞同。仁爱这种自然之

---

① ［英］休谟:《人性论》(下)，关文运译，北京：商务印书馆1980年版，第517页。

德，可以发现有被赞同的动机倾向，但是其他的自然之德并未有明确的动机。如果依据道德赞同的对象是动机的观点，那么很多自然之德就难以说明。这是一个难以解决的问题，这些品质作为一种行为倾向，但并未有明确的动机。

根据以上的论述，休谟在运用同情原则阐释自然之德的时候，有些地方是很清楚的，有些地方不甚清楚，一些地方甚至出现了矛盾。从后来的《道德原则研究》看，旁观者依据效用与快乐的标准来判断德性的做法受到强调，这种做法实际上是淡化或回避了动机问题，休谟强调德性的评价而忽视了德性的动机等问题。

二、仁爱

仁爱与自爱是近代伦理学的两个重要话题，它关涉到人的本性是什么的问题。在伦理学上，自爱论者如霍布斯与曼德维尔认为，仁爱是纯粹的伪善，仁爱、同情、友谊等都是自爱的变体。所以，自爱论者明确反对仁爱的存在，仁爱只是服务于个人的，特别是政治家的利益，"道德的发端明显的是由于巧妙的政治所创制"。[①] 与此相反，沙夫茨伯利、哈奇森、巴特勒等人都肯定仁爱的普遍存在，反对把仁爱归结为自爱。沙夫茨伯利认为，人性中存在着一种天然情感，仁爱就是此类天然的情感，它自然地趋向公共的利益，在道德上必然是善的。哈奇森则认为，仁爱是一种纯粹的情感，它是人类的一种本性或本能。只有出于仁爱动机的行为，或者其他德性中包含着仁爱的引导，才是道德上善的。巴特勒也承认仁爱情感的存在，虽然这种情感可能是"短暂的"、"微弱的"。[②] 巴特勒对仁爱的强调不像哈奇森那么突出，巴特勒还特别提出了良心。从这些早期情感主义者的观点来看，他们并不否认自爱情感的存在，同时也肯定仁爱情感等其他情感的存在。他们认为仁爱情感不能归为自爱

① 周辅成编：《西方伦理学名著选辑》（上卷），北京：商务印书馆1964年版，第788页。

② 周辅成编：《西方伦理学名著选辑》（上卷），北京：商务印书馆1964年版，第851页。

情感，不是自爱的一种变体。在道德上，仁爱的作用与地位都是明显而最为重要的。

休谟的观点接近于哈奇森等人的观点，他也反对把仁爱归结为自爱。"我们将发现，一个主张与自爱截然不同的无私的仁爱的假设，较之于一个妄图把友谊和人道全都分解成自爱的假设，其实包含更大的简单性，也更合乎自然的类比。"① 仁爱作为一种对他人幸福的欲求的情感，总是与间接情感之一的爱相结合或相伴随，总是包含着使爱的对象获得幸福的欲望，这种结合是"自然的和原始的"。欲求他人幸福的仁爱永远都是与自爱相对的，它不是与自我的快乐或痛苦直接相关，也不是由后者所产生。仁爱与其他情感的最大不同之处在于其来源。休谟认为，仁爱是人的天性中所赋有的，"这似乎是与我们的构造和组织不可分离的"。② 自爱，休谟认为并不能被认为是爱的一种形式，因为爱的对象总是针对他人的。从仁爱与自爱的区分来看，仁爱在来源上不能归为自爱，而且仁爱是针对他人的，是对他人幸福的欲望。

休谟进一步把仁爱分为特殊的仁爱与普遍的仁爱，二者的区别是基于情感的对象的不同。前者的范围是较狭窄的，是对所爱之人感到仁爱，后者的范围是较广泛的，是我们对所同情之人、甚至是低等的动物感到仁爱。特殊的仁爱的存在是确定的事实，这可以从经验中得到大量的证实。普遍的仁爱是否存在呢？我们会发现休谟的论述是很谨慎的。从仁爱是一种本能来看，仁爱的存在是没有疑问的。但是休谟也认为，"人类心灵中没有像人类之爱那样的纯粹情感。"休谟这种看似矛盾的态度显示出与哈奇森的复杂联系。休谟在反对把仁爱归结为自爱上，他当然肯定仁爱或普遍的仁爱是存在的。这与哈奇森的观点是一致的。但是，休谟说我们的心灵中没有仁爱的"纯粹情感"，这是怎么回事呢？

休谟对仁爱作出了不同于哈奇森的解释。休谟认为普遍仁爱依赖于

① ［英］休谟:《道德原则研究》，曾晓平译，北京:商务印书馆2001年版，第153页。Benevolence 在《人性论》的中译本中译为慈善，在《道德原则研究》的中译本中译为仁爱，在此采用仁爱这种译法。

② ［英］休谟:《道德原则研究》，曾晓平译，北京:商务印书馆2001年版，第85页。

同情原则才能说明其运作。如果普遍的仁爱既以人类为对象，也以非人类的其他万物为对象时，这种情感只有依赖同情才能够进行解释。"诚然，任何一个人或感情动物的幸福或苦难，当其在与我们接近并以生动的色彩呈现出来时，没有不在相当程度上影响我们的；不过这只是发生于同情，并不证明我们对于人类的那样一种普遍的爱情，因为这种关切是扩展到人类之外的。"① 虽然同情可以解释普遍的仁爱，但也只是阐明普遍仁爱的发生机制，并不能说仁爱来自于同情。② 在来源上，仁爱仍然来自于人的原始构造，是人的一种本能。

以上是依据休谟的观点，对什么是仁爱的解释。休谟在自然之德中主要解决的是如下问题，即仁爱何以是一种德性而且是自然之德。这个问题要依据休谟的道德感理论才可以解决。特殊的仁爱，既是因其带来的福利，也是因其快乐，获得了我们的道德赞同。对道德赞同的具体阐释，依赖于同情原则。我们已经区分了两种同情，即前道德的同情与道德化的同情。与道德赞同相关的是道德化的同情，它要求跳出自我的狭窄范围，从而考虑仁爱给仁爱对象带来的影响。依据同情的道德感的解释，是和休谟的另一观点相一致的。特殊的仁爱是我们人性中的一般倾向或自然倾向，这种倾向成为了关于仁爱的道德判断的标准。"当我们断定恶和德的时候，我们也总是考虑情感的自然的和通常的势力；如果情感在两方面离开共同的标准都很远，它们就总是被认为恶劣的而遭到谴责。"③ 特殊的仁爱既符合道德感依据有用与快乐两个标准而作出道德判断的观点，同时也符合了人性中的自然的和通常的倾向，因而它既是

---

① 〔英〕休谟：《人性论》（下），关文运译，北京：商务印书馆1980年版，第521页。

② 休谟在《道德原则研究》中的一条脚注中认为，仁爱、人道或同胞感"这些原则不能分解成更简单和更普遍的原则"，它们是"原始的"。〔英〕休谟：《道德原则研究》，曾晓平译，北京：商务印书馆2001年版，第150页。这条脚注的意思不是否定了《人性论》中的同情原则，也不是否定仁爱与同情的紧密联系，主要是反对把仁爱归结为自爱的观点。对于休谟来说，从经验中可以发现仁爱的存在，仁爱作为一种本能倾向是不能再有其他的来源，而同情仍然是作为一种激发仁爱的机制，是仁爱的经验基础。

③ 〔英〕休谟：《人性论》（下），关文运译，北京：商务印书馆1980年版，第524页。

一种德性，同时也是一种自然之德。

　　与特殊的仁爱相比，普遍的仁爱在范围上有了极大的扩展。它不仅扩展到陌生人，甚至扩展到非人类和非生命的东西。就扩展到陌生人而言，仁爱因其带来福利和快乐的原因而产生了道德赞同的结果。当然，对于这里的道德赞同的阐释仍然依赖于同情原则。休谟在《道德原则研究》中阐释仁爱是一种自然之德，除了强调效用与快乐的标准之外，还从历史的角度加强了他的解释。他举了大量的例子以表明，仁爱因符合两个标准而获得赞同得到了历史经验与观察的证明。虽然休谟不再强调同情原则，但它仍然是不可或缺的。那些与我们时空相隔久远的仁爱品质之所以得到赞同，乃是因为我们对受这种品质影响的人们的同情。这样的做法无疑加深了仁爱是一种自然的和通常的倾向的做法，从而普遍的仁爱也被认为是一种自然之德。

　　仁爱包含着一种指向他人的情感反应，经过发展这种情感稳定下来并成为了一种利他行为倾向。这种仁爱，正是它的利他性倾向，即给他人所带来的利益和愉悦性，而激发了我们的赞同情感，被认为是一种德性。仁爱是一种主要的自然之德，它出自于仁爱这种自然情感，并且每一个仁爱行为总是激发我们的认同并自然地被认为具有道德价值。仁爱的价值还体现在它能够给予其他品质以正确的方向，"勇敢与野心，如果没有慈善加以调节，只会造成一个暴君和大盗。至于判断力和才具，以及所有那一类的性质，情形也是一样。它们本身对于社会的利益是漠不关心的，它们所以对人类具有善恶的倾向，是决定于它们从这些其他的情感所得的指导。"[①] 杰出的能力、无畏的勇气、巨大的成就，这些会使英雄或政治家遭受人们的嫉妒，而一旦加上仁爱的因素，立即就显示出宽和与温柔，并获得人们一般的赞许。从仁爱对于其他品质与能力的调节来看，仁爱可以在动机和行为倾向上保证这些品质与能力是服务于人类的幸福，从而这些品质与能力也就可以成为善的。正是因为仁爱的此种效用，仁爱也被认为是一种自然之德。

---

　　① ［英］休谟:《人性论》（下），关文运译，北京：商务印书馆1980年版，第647页。

休谟认为，道德这一概念蕴含着某种全人类所共通的情感，它可以扩展到所有时代的全人类，深入到人们的举止和行为，这种情感就是人道与仁爱的情感，也就是我们所说的"人同此心"。这种共通的情感通过同情，可以互相传递和相互感染，因其自然的和通常的倾向而达到和谐，也就是我们所说的"心同此理"。只有仁爱或人道的情感"才能构成道德之基础或关于谴责或称赞的任何一个一般的体系之基础"，① 而要证明仁爱情感的价值则是一件多余的事情，仁爱"普遍地表达着人类本性所能达到的最高价值"。②

三、伟大的心灵

伟大的心灵品质并不是一个单一的德性或品质，心灵的伟大包含着几个重要的因素或品质，因而可以说是复合的。伟大的心灵主要包括了骄傲、谦逊、自尊等这些德性。休谟运用他自身的理论不仅解释了这些品质产生的原因与机制，而且也说明了这些品质之所以成为自然的德性的理由。

伟大的心灵关注的是个人自身的心灵品质，骄傲与谦卑的对象是我们自己而不是他人。我们之所以感到骄傲，是因为我们自身具有令我们自身或别人感到愉快的东西。休谟在论情感的部分曾经指出了产生骄傲这一间接情感的原因，包括心灵的每一种有价值的性质、身体以及技艺方面的特长、财富这类的外在的条件，这些原因都可以刺激我们的心灵并产生骄傲的情感。心灵的每一种有价值的品质比其他原因更能刺激我们自身的骄傲。休谟对骄傲的产生机制的说明运用了印象与观念的双重联结，这个过程已经在前面有过论述。休谟对此的说明加上了几条重要的限制，产生骄傲的原因对自己或他人都是显而易见的，这些原因与自己的联系不是暂时而是较长久的。休谟认为，我们在判断对象的价值时

---

① ［英］休谟：《道德原则研究》，曾晓平译，北京：商务印书馆2001年版，第126页。

② ［英］休谟：《道德原则研究》，曾晓平译，北京：商务印书馆2001年版，第28页。

大多根据比较原则，而较少依据其内在的价值或优点。所以，当心灵的有价值的品质或其他的东西"为我们所特有，或者至少是我们少数人所共有的"时候，通过比较就增加了这些引起骄傲的原因的价值，刺激起更强的骄傲感。如果我们意识到自己的优秀品质或者突出的成就时，自然的就会产生一种骄傲的感觉。

对骄傲给他人带来的影响的说明依赖于同情原则与比较原则。先说同情原则。骄傲自身就包含了快乐的情感，这种快乐通过同情也可以给他人带来快乐。这个具体的过程依赖于印象与观念的联结与因果联结，此前已有详细的解释。他人的肯定与快乐通过同情，又再次加深了自己的快乐与骄傲。如果这种肯定是来自于我们所尊敬之人或与自己关系密切之人的时候，这种骄傲与自豪会更加生动和强烈。再说比较原则。骄傲可以给人带来愉快的感觉，但同时也会产生痛苦的感觉。这种痛苦的感觉源自于比较，一旦我们意识到他人具有哪些品质与优点而自身却缺乏的时候就会产生一种谦卑的感觉。也就是说，有时候我们会对他人的骄傲感到不悦。反之，他人的痛苦与谦卑让我们感到快乐。"直接观察他人的快乐，自然给我们以一种快乐；因此，在与我们自己的快乐相比较时，就产生一种痛苦。他的痛苦，就其本身而论，是令人痛苦的；但是却增加我们自己幸福的观念，而给我们以快乐。"①

休谟认为，同情原则与比较原则产生的情感是相反的，这样对立的情感的产生或转变需要一个中介，即观念的生动程度。比如，我们在安全的陆地上，通过想象在海上处于惊涛骇浪中的人们的不幸以增加自己的幸福。通常，这种观念是如此微弱，以至于难以通过比较而增加自己的幸福感。但是，如果我们靠近海岸，真实地看到那些海上的人处于极大的危险与不幸的时候，这可能又会激发我们的同情与怜悯。观念太弱，不足以产生比较；观念太生动，可能会产生同情，而不是比较。

对上面的区分的运用带来了非常重要的影响。骄傲，既能给人带来快乐，也能给人带来痛苦。当骄傲是适当的时候，更多的是给他人带来

---

① ［英］休谟：《人性论》（下），关文运译，北京：商务印书馆1980年版，第637页。

快乐，特别是这种骄傲还符合礼仪或礼貌的要求时更是如此。礼貌与礼仪要求在表达骄傲的时候不能过于直接，任何显示骄傲的姿态和表现都会刺激他人的骄傲，有可能产生令人反感的印象。而且，因为骄傲这种情感的倾向总是强烈的，"没有人能够区别清楚他自己身上的恶与德，或者确实知道，他对自己的价值的重视是有很好的根据的。"① 考虑到骄傲的自然倾向与导致的反感，骄傲的直接表现都会遭到人们的谴责。如同保护个人的财产一样，为了保护人们的骄傲不相互对立，保持愉快的交谈和交往，就确立了礼貌的规则。在社会生活与交往中，礼貌就要求某种伪装。即使我们是真正值得骄傲并怀有这种情感，在他人面前我们也必须装出谦虚的外表，在举止、行为与姿态中都要表现出谦逊和对他人的恭敬。如果我们在行为中遵守这些规则，当我们间接地表示我们所隐藏的骄傲时，人们就会变得宽容。

适度的骄傲总是伴随着适度的谦逊。谦逊是对于自己弱点的恰当意识，了解我们自己的优点就必须要了解这些优点所存在的限度。谦逊（modesty）不同于谦卑（humility），后者是一种令人不快的、令人感到虚弱的情感，容易使心灵感到沮丧。在论情感部分，谦卑被十分简短地讨论了。产生骄傲的那些原因如果都变成相反的，包含着心灵的品质的低下、自身条件与技艺的不足、外在条件的缺陷，这些原因或特征就会导致主体经历一种痛苦的感觉。一个人更喜欢隐藏这些特征，极力避免因此而给人所带来的不快。但谦逊只是对一个人感到骄傲的条件及其限度的认知，把自己所具有的能力放在一个合适的地位和范围之内。拜尔认为，"在一个鼓励劳动分工的社会中，当不同的人的力量都是必需和不可复制的时候，合作起到最好的效果。对于一个人不能做而其他人可以做某事、是一个人的弱点而却是其他人的强项的谦逊感觉，不会导致不快，这伴随着一个人所能胜任的恰当感觉。"② 谦逊在一个合作的社会中显得是必需的。它使谦逊的主体完成自己力所能及的事情，而不至于

---

① ［英］休谟:《人性论》（下），关文运译，北京：商务印书馆 1980 年版，第640 页。

② Baier, Annette C., *A progress of sentiments: reflections on Hume's Treatise*, Cambridge: Harvard University Press. 1991.p.206.

沦为自负；它还给他人带来一种快乐的感觉，因为它体现了对别人的才具及其价值的认可与尊敬。

骄傲的适当，如果用休谟的观念论来说明的话，它没有生动或强烈到如下程度，即极大地刺激了他人的骄傲以进行反对，没有在他人身上产生太强的痛苦，也没有因虚假的骄傲带来的轻蔑。这样的骄傲总是会激起他人的快乐之情，并获得他人应有的尊重。当他人的快乐与尊重通过同情再次返回到自身的时候，又加强了快乐与骄傲的情感。

如果是不恰当的骄傲，即与上述的情形相反，则会给他人带来痛苦的体验。无视他人对于自己的骄傲的情感反应，就会变成极度的骄傲，不仅不能使人产生快乐的感觉，相反只会产生让人厌恶的感觉。如果一个人假想自己的价值极高而实际上却极低的时候，这种自负更加会遭到他人的反感与谴责。这种情况用休谟的观念论解释就是，骄傲观念，不管是真实的还是虚假的，不管是否符合礼仪，它生动到刺激了他人的痛苦，并被人谴责。

通过上面的分析，我们已经可以得出骄傲何以是一种自然之德的结论了。适度的骄傲因其有用性和愉悦性而受到我们的赞同并成为一种自然之德，"在生活行为中，最有用的确是莫过于一种适当程度的骄傲，因为骄傲使我们感到自己的价值，并且使我们对我们的一切计划和事业都有一种信心和信念。"① 一个人知道了自己的才具并形成了可行的计划，在受到骄傲的鼓舞并得到幸运的眷顾的时候就会获得成功。适度的骄傲总是传达快乐的感觉，不仅令骄傲的主体感到快乐，而且他人也感到相似的快乐。

休谟对骄傲与谦逊的看法与基督教的观点相反，后者认为骄傲是一种恶，而谦卑则是一种德性。休谟则直接反对了基督教的这种观点，认为谦卑等整套僧侣式的德性"麻痹知性且硬化心肠、蒙蔽想象力且使性情乖张。"这整套德性"既不提高一个人在俗世的命运，也不使他成为社会中更有价值的一员，既不使他获得社交娱乐的资格，也不为他增添

---

① ［英］休谟：《人性论》（下），关文运译，北京：商务印书馆1980年版，第639页。

自娱的力量"。① 休谟称具有此类德性的人是"性情抑郁、心智迷乱的狂信者",这些人所具有的此类品质不仅不会使观察者产生赞许之情,相反还被谴责而放入恶的栏目之中。休谟的这种看法属于 17-18 世纪的世俗传统,骄傲、抱负、对名声的渴求基本上都被认可为行为的重要动机。这些情感不再被认为是恶的,在适当的范围内还被认为是一种德性,在社会上可以产生有益的结果。

与骄傲紧密相联的还有自重或自尊,它也是一个人的品质或性格的必需条件。对归于自我的东西的一种适当感觉是不可缺少的,如果没有自尊就会使人感到不快。我们对于一个缺乏自尊与自信的人,很难把我们的尊敬与信任赋予他;只有对自己感到自尊的人,才能够获得他人的尊重与赞许。如果一个人为了达到自己的目的,忍受低贱的奴役并巴结那些凌辱他的人,这个人就是卑贱的。归于自我的东西与我们在世界上的等级和地位相联系,我们的身份由我们的门第、财产、职业、才能和名声等确定。一个自尊的人是要遵照这些习俗的要求,使他的行为合符这些习惯与习俗,不要超越界限与破坏规矩。休谟对自尊的强调也反映了他所处的时代的状况,"休谟时代的思想家已经把人从上帝阴影的笼罩中解放出来,不再需要从上帝那里确证自己的价值,对人自身的尊严和价值充满着自信,显示出处于资本主义上升时期的人们对进取奋斗精神的崇尚。"② 休谟反对那种把自我否定当做德性的基督教传统,自我不是有罪的,自我控制与压抑是不可取的。骄傲与自尊是属于那些使人伟大(great)的心灵品质或德性,这些德性是与使人善良(good)的品质或德性相区分的。一个仁爱之人,同时也可以是一个骄傲与自尊的人,俗世的成功更有助于仁爱行为的实施。

休谟并不太赞同英雄德性,伟大的心灵并不等于英雄德性,休谟的关注点是放在他那个时代的日常生活中的。英雄主义虽然被一般人所大为崇拜,但是冷静的思考的人们并不对此加以称赞。英雄主义带给人类的祸害是巨大的,它导致了"帝国的颠覆,地方的糜烂,城市的劫

---

① [英]休谟:《道德原则研究》,曾晓平译,北京:商务印书馆 2001 年版,第 123 页。

② 张钦:《休谟伦理思想研究》,北京:中国社会科学出版社 2008 年版,第 220 页。

掠。"① 虽然这种品质本身可以受到我们的尊敬，激发我们的心志，但是对于它的社会危害性，对遭受此祸害的人们的痛苦的同情就会压制我们的尊敬之情，转而倾向于憎恨它。哲学家苏格拉底所具有的不是英雄主义，而是伟大的心灵。他虽然身处赤贫和家庭烦恼中却能始终保持平静和满足，轻视财富并维护自由的慷慨，这受到了人们的无比钦敬。同样，克利安提斯"曾经经历严重的艰难、不幸和危险，然而凭借心灵的伟大，他仍然超越了所有那一切"。② 克利安提斯不是一个具有野心的士兵，不以战场上的功绩而出名，也不是一个重要的政治家或领导者，克利安提斯的德性所表达的是日常生活领域的品质。

总而言之，伟大的心灵是复合的德性品质，骄傲、谦逊与自尊是其中主要的德性，它们存在着一个合理的界限，超出这个限度就可能变成恶。它们或是因其对人的有用性，或是因其愉悦性而成为我们赞许的对象。

四、自然才能

自然才能是否具有道德价值，是否可以被认为是德性，通常的看法是否定的。但休谟的观点是肯定的，他认为自然才能和道德的德都具有相同的道德价值。自然才能不是一种单一的德性，而是包括了许多不同的德性，心灵和身体方面的禀赋与才具都被包括在内。这些自然才能之所以被认为是自然之德，是因为它们符合有用性与愉悦性这两个标准。休谟的这种观点表现出泛德性化的特征，并引起了其他人的反驳。

多数思想家认为，自然才能和道德的德的区别是非常明显的，德性与才能、恶行与缺点的界限是很明白的。休谟一定程度上承认二者有区分，但认为"在最重要的条件方面却都是一致的"。因此，由这种区分

① ［英］休谟:《人性论》（下），关文运译，北京：商务印书馆1980年版，第644页。
② ［英］休谟:《道德原则研究》，曾晓平译，北京：商务印书馆2001年版，第122页。

而导致的争论就"只是一种词语上的争论"。① 休谟认为最重要的条件，主要指德性判断的两个标准，以及道德赞同和同情原则。一个仁爱的品质，因其利他倾向而在旁观者心理产生快乐的感觉，并且仁爱这种情感本身就给人以愉悦的感觉，这个人就会受到我们的赞许并且是受人喜爱的。同样地，具有明智或具有良好判断力的特性，这些性质的有利倾向通过同情而给观察者传来快乐的感觉，因此而受到我们的赞扬。每一种德所激发的快乐感觉虽然都是不同的，但其产生的原因和结果都是相似的。从性质上看，这些不同的快乐感觉都是道德的感觉，在性质上是相同的；从产生的机制上看，都是因某种德的刺激而产生的，产生过程是相似的。所以，以我们的快乐感觉为基础而形成的赞许与谴责性质上也都是相同的，与此相伴随的爱与尊重也是如此。

支持自然才能与道德的德的区分的一个非常重要的理由是自愿或自由意志，因此休谟对这种理由进行了反驳。一般认为，道德的德不能是强迫的，必须是自愿的，以自由和自由意志为前提条件。而自然才能则无关乎自愿或自由意志，缺少这个条件就不能被认为是道德上善的。休谟对于这种观点提出了自己的反驳意见。他认为，自由或自由意志是不存在的，"自由既是消除了必然，也就消除了原因，而与机会是一回事了。"② 那些主张自由或自由意志存在的人，都是把自由当做了机会，这样的话行为就永远不能得到正确的证明，也不能被认为是恶的。

休谟还引用其他道德学家的观点来证明自己在这一点上的正确性。他认为，古代的哲学家或道德学家在区分德性的时候，也并没有把不具有自由意志的德性排除在他们的德目表中。西塞罗就把心灵的睿智、思维的某种天赋能力以及口才的雄辩等这类令人钦佩的东西当作德性。这类德性与公正、仁慈、诚实等一些令人愉悦的德性都受到人们的赞誉，都被认为是具有道德价值的。休谟还谈到了亚里士多德对于德性的分类，勇敢、自我克制、明智等这些东西，也像正义与友谊一样被列入到

---

① ［英］休谟：《人性论》（下），关文运译，北京：商务印书馆1980年版，第650页。

② ［英］休谟：《人性论》（下），关文运译，北京：商务印书馆1980年版，第445页。

德性的目录中。

为什么古代的道德学家把不具有自由意志的德性列入其德目表中，而休谟那个时代的一些道德学家则持相反的观点呢？休谟认为，"在较晚近的时代，各种哲学，尤其伦理学，一直是与神学紧密结合在一起的……哲学家们，或者不如说披着哲学家伪装的神学家们……就必然导致他们提出自愿或非自愿这个因素作为他们整个学说的基础。"① 由于休谟对整套僧侣德性的反感和他对自由的机械论看法，所以他反对把自愿或非自愿作为伦理学说的基础。在德性的分类上，休谟更多的不是从近代受到基督教影响的伦理学出发，而是返回到古代的哲学家那里，比如西塞罗。

休谟的上述反驳和他对德性分类的看法是否合理呢？从对自由或自由意志的反驳来看，不得不说，休谟对自由或自由意志虽有其独特的观点，但也有误解之处。霍布斯对于自由的看法，使得人们具有了法定的自由或权利，也被称为消极自由。卢梭进一步指出了意志自由，其自主思想在康德那里得到了进一步的发展。意志自由可以被称为反思的自由，为我们确立了道德自由，给我们留下了良心的空间，也给予我们道德上拒绝的权利。这些自由在历史上发挥了积极作用，而且获得了大多数哲学家的承认。休谟把自由理解为机会的观点，对于上述的自由就有很大的误解。这可能源自于他自己的富有机械论色彩的自由观，"动机和行为之间的结合既然像任何一些自然活动的结合一样、具有同样的恒常性，所以它在决定一项的存在推断另一项的存在方面对于知性的影响也是一样的。"② 休谟对自由的这种看法，直接就导致了他取消把自由意志看做行为善恶的前提条件。

近代伦理学，特别是康德伦理学，完全以自由意志或实践理性作为伦理学的基础的做法，也不是没有问题的。从这个方面而言，休谟的观点也就有合理的地方。一个需要承认的事实，一些德性并不具有明显的

---

① ［英］休谟：《道德原则研究》，曾晓平译，北京：商务印书馆2001年版，第173页。

② ［英］休谟：《人性论》（下），关文运译，北京：商务印书馆1980年版，第442页。

自由意志，但行为的自由或自愿又是一个条件。所以，自由或自由意志，并不是德性的充分条件，而是必要条件。休谟反对自由可以成为充分条件，这是合理的；但是，他认为自由不存在，进而否定自由或自愿的必要性，这是不合理的。

亚里士多德确实把勇敢与明智等这类品质认为是德性，但是他把这些德性与意志、善的目的、实践智慧相联系。休谟单独把勇敢与明智等抽出来，把它们与善的目的、意志等分离开来是不妥当的。如果我们不考虑自愿或自由这个复杂的问题，勇敢与明智这类品质也是要与良善的目的相结合才能显示出其道德价值，这一点休谟自己也承认。如果没有仁爱之类的引导，勇敢与明智等之类的东西就有可能变得邪恶，使人成为一个危害社会的人。所以，即使不考虑自由意志的问题，良善的目的是必须要被包括进自然才能的。休谟此前也承认，一个行为是否具有德性，行为的动机是一个必要条件，只有那些出于善良的动机的行为才是有德的。虽然自然才能之类的东西本身不具有动机性的情感，把仁爱等善良动机作为这些品质的必要条件就是非常有必要的了。休谟对于品质、动机与行为之间相互关联的看法，表明单独考虑何种性质为德性或只考虑德性的区分是有问题的，并且自身的理论存在着前后之间的矛盾。

休谟依据产生快乐感觉的因果解释，认为只要某种品质能够产生快乐的感觉，都可以得到道德上的认可与赞同。"这些道德的区别发生于自然的苦乐区别；当我们对任何性质或性格作一般的考虑、并因而感受到那种苦乐感觉时，我们就称那种性质或性格为恶劣的或善良的。"① 因此在休谟看来，某些人具有的敏捷的理解力、智慧与见识都是有德的，甚至清洁也被认为是一种德性。更为奇怪的是，擅长性爱术的人或身体的有利条件，以及财富等这些东西都可以给人们带来快乐，因此而成为爱和赞许的对象。休谟所认为的苦乐感觉，虽然被认为是特殊的，但是实在过于宽泛，这种特殊的感觉为什么是道德的他没有过多的关注，而

---

① ［英］休谟：《人性论》（下），关文运译，北京：商务印书馆 1980 年版，第652 页。

只看重这种感觉产生的心理过程。如果一个人在他人眼中表现出了这些相反的性质，就会遭到批评；但这一定就意味着，缺乏那些休谟所看重的性质就要受到责备，在道德上是有问题的吗？如果我不幽默、也不雄辩，是否意味着我缺乏这些性质就要受到责备，在道德上存在严重的问题呢？"我们钦佩良好的判断力或者雄辩，但我们确实并不责备某个缺乏这些性质的人，不像我们责备某个缺少勇气的人，或者那些达不到诚实或善良的一般标准的人。"[1]

休谟把那些本不是德性的东西而认为具有道德价值的观点是令人值得怀疑的，这取消了道德的德与其他性质之间的区别。所以，福特认为，"休谟对称之为善的那些品质的共性的解释，应该说是很糟糕的。这就使他把诸如诚实、公正、仁慈和勇敢等和清洁（它自然使我们令人愉快，又是爱情和爱慕的重要源泉）以及智力与口才等等同起来。在休谟那里，人们看不到对技能或才干与善之间差异的说明。他甚至说，没有理由把善视为某种性质不同的东西。"[2] 从福特的反驳可以看出，自然才能与道德的善之间的差异是确实存在的，对于二者的具备或缺乏的赞许不是相同的。我们也许会因为自然才能的缺乏而产生某种谦卑的感觉，但是绝不会在道德上谴责自己，认为这是道德上的过失与错误，人们也不会因此而谴责自己。所以，人们道德上的赞同与责备就成为了关于某种性质是否是德性的一种限制条件。这种条件和前面的善良动机或目的的条件一起，对休谟在自然才能上的泛德性色彩给出一些必要的限制。

当然，休谟对德性的这种看法是与其功利主义倾向有关的。那些带来人类福利的行为倾向或品质都可以获得休谟的赞同，并且被认为是德性，人类的幸福成为了德性的试金石。但是，我们必须要看到，这些给人类产生福利的倾向就证明了与善的目的是相联系的，而我们的赞同也总是给予这些德性。这种联系并不能取消道德的德性与才能的区别，才能虽然有助于某种善良目的的实现，但是其本身并不具有善的目

---

[1] J. L. Mackie, *Hume's moral theory,* Boston : Routledge & K. Paul, 1980, p.128.

[2] P. 福特:《休谟论道德判断》,《哲学译丛》1987 年第 4 期。

的，因而不具有道德价值。确实，像理智这类东西并不能认为是道德德性。休谟在自然之德的分类上之所以体现出泛道德化的倾向，根源就在于他的德性区分与评价理论。有用性与愉悦性虽然可以给我们带来快乐的感觉，但是这种快乐的感觉不一定是道德的感觉。巴尔弗（Balfour）认为，德性必须包含一个善的意图，并且是以人类意志与理解为基础的。[1]J. 费舍根据休谟对德性的分类以及遭到的批评，对德性进行了重新的分类。他把各种品质或特征分为三类，道德德性（moral virtues）、认知能力（intellectual abilities）与身体素质（physical qualities）。[2]道德德性或具有道德价值的品质，其自身指向的是善的目的，当缺乏这类德性的时候就会遭致人们的责备。休谟关于德性的心理学上的因果解释，还要加上善的目的、道德的赞同、自愿等限制条件或必要条件，这样才可以避免泛道德化的特征，从而具有更大的合理性。

第二节 自然之德的再考察

一、作为德性的自然之德

休谟在论述自然之德的时候，并没有对它进行明确的定义，特别是从德性上给出界定。根据此前的讨论，自然的意思主要指不是神迹的，不是非同寻常的，也不是人为的。依据休谟的意思，自然应该是人性所具有的一种自然倾向，这种倾向不是教育与宣传的产物，恰恰相反，它是后者的基础。自然之德获得的赞许，不依赖于人为协议，它是自然作出的。

自然之德作为一种德性，它的自然倾向应该包括了这种德性行为的动机。关于行为的动机方面，休谟在论情感的部分谈的很多，在正义的部分也给予了细致的讨论，但是在自然之德部分却论述得非常少。当

---

① James Fieser, "Hume's Wide View of the Virtues: An Analysis of his Early Critics", *Hume Studies Volume XXIV*, Number 2 (November, 1998), pp.295-312.

② James Fieser, "Hume's Wide View of the Virtues: An Analysis of his Early Critics", *Hume Studies Volume XXIV*, Number 2 (November, 1998), pp.295-312.

然，休谟没有明确地谈这个问题，在上面的部分也指出了这一点和其中包含的矛盾之处。但是，自然之德如果要成立，这种德性行为的动机就是必须要予以说明的。接下来我们依据休谟的伦理思想，尝试着回答这个难题。

根据我们此前的论述，行为的动机是情感。情感的一种分类是直接情感与间接情感，间接情感不能成为动机性的情感，而直接情感却可以。一般而言，作为动机性的情感是直接情感。当然，除了直接情感之外，还有两类情感也可以作为动机性情感，一种是原始本能，一种是道德情感。因为动机性情感有上述三类，所以自然之德的动机到底是何种情感还有待于进一步的分析。

首先我们来看原始本能，人性中的原始本能可以作为行为动机的来源，如慈善与愤怒，对儿女之爱，等等。这些原始本能源自人性的构造与组织，很难再继续追问下去并给出合理的解释。当代的神经科学、脑科学等在进行这方面的研究，但这超出了休谟伦理思想的研究范围。休谟在谈到仁爱，比如父母对子女的情感的时候，这种自然倾向就是来自于人性中的原始本能。但是，如果说仁爱完全是一种原始本能，恐怕休谟也不这么认为。因为，仁爱在大多数情况下，需要借助同情予以解释。仁爱可以分为两种，一类是狭窄的，源自原始本能；一类是一般的，依赖于同情原则。这两种仁爱都可以称之为自然倾向，出于这种倾向的行为被认为具有仁爱的德性。除了狭窄的仁爱之外，其他的自然之德，包括一般的仁爱，很难以原始本能得到说明。即使是狭隘的仁爱，也有缺乏的情况，并难以表现出相应的行为，如父母有时候可能缺乏对子女的仁爱的情感。

其次来看直接情感，直接情感主要包括了欲望与厌恶等六种情感。直接情感以快乐或痛苦的原始印象为基础而产生的，可以说快乐或痛苦是此类情感的来源。基于快乐或痛苦而产生的直接情感可以成为动机性情感，它们用以说明人类的一般行为。一顿美味的午餐可以刺激起我们的欲望，进而促发相应的行为。依据同情原则而激发的仁爱之心，可以促发利他的行为。这种情况产生的动机性情感可以说是一种自然情感，它的产生是自发的，由此激发的行为也是自发的。自然之德如果具有这样的自然情感，它们的动机就可以获得说明。那么，自然之德具有这样的自然情感？以仁爱为例，一般的仁爱依赖同情，也就受到同情的影响。当同情的对象与自己不相识，或者同情的程度超过一定限度，这些情况并不能有效地激发动机性的情感。也就是说，同情不是一种动机性情感，也不能保证受它激发的情感成为动机性情感。因此，自然之德中的作为动机的自然情感，虽然与同情有关，但同情并不能提供充足的动机资源。

再次是道德情感，道德情感作为一种动机性情感此前已有论述。道德感具有动机性与认知性的特征，前者用以说明道德动机，后者用以说明道德判断。某个行为或品质因其倾向，会给旁观者的我们产生快乐或痛苦的印象，进而产生道德的赞同与不赞同。一个行为显示了恶的品质，就会引起我们的痛苦进而产生厌恶；反之，一个行为显示了德的品质，自然地就会引起我们的快乐进而激发喜爱之情。这种道德感可以触发相应的行为。一方面，它们会成为我们的动机性情感并作出相应的行为；另一方面，它们可能会促使我们亲近或远离具有某种品质的他人，并形成爱或恨的间接情感。我们在关于某种品质的肯定性评价中，会激励自己保持和完善这种品质，这种影响用一个词来表示就是"鉴赏力"或"趣味"。① 道德趣味可以成为动机性情感的来源，它与道德品质或德性是紧密联系在一起的。正如休谟所言，"趣味，由于它产生快乐或痛苦并由此构成幸福或苦难之本质，因而就变成行动的动机，是欲望和意欲的第一源泉和动力。"②

道德上的"趣味"有着一些明显的特征。这种趣味的对象不是其他的，而是人的行为或品质的德与恶。所以，由该趣味而产生的欲望不同于其他的自然欲求，比如对于食物的欲求。这种趣味不是来自于人的原

---

① 休谟的趣味包括了审美的和道德的这两类，这两类都是产生自快乐或痛苦的感觉，而一旦形成并稳定之后，各自就可以激发快乐或痛苦的情感。二者的区别并没有被休谟所注意，因为审美的趣味并不产生动机性的情感，而道德的趣味却可以产生德性行为所必需的动机或情感。

② ［英］休谟:《道德原则研究》，曾晓平译，北京：商务印书馆 2001 年版，第146 页。

始本能，它的形成需要社会交往和道德认知能力的提升。在社会实践活动中，我们的行为总会给他人带来一定的影响，人们会依据我们的行为而对我们的品质给出恰当的价值评价。社会学家 C. N. 库里（C. N. Cooley）就提出了"镜像自我"的概念，我们通过设想别人如何评价我们的行为来了解自己和形成自己的品质。① 他人对于行为的判断总是会赋予行为主体的品质以相应的道德评价。正是在社会交往中，他人对于自己品质的期许和相反品质的憎恨，给自己提供了形成良好品质的压力和外部环境。他人的反应与评价转而影响我们的道德趣味，尤其是与我们联系紧密的人的评价更会强烈地影响我们的趣味。从他人的眼中，我们看到了自身品质所获得的喜爱与赞许之情，同时我们对此品质的价值也会产生一种强烈的骄傲。当他人的评价与自然义务相一致的时候，道德趣味也就内化了这种自然义务。一旦这种道德的趣味逐渐形成并稳定下来，它就如休谟所说可以"产生快乐或痛苦"，因为趣味使得我们会更偏爱此类德性的行为，完成此类行为可以获得某种快乐。如果我们做出了违背道德趣味的行为，我们内心就会产生某种痛苦，并产生一种强烈的谦卑感。

道德趣味表明了品质中的某种稳定的倾向，它是否可以解决自然之德的动机问题呢？答案是肯定的。先以仁爱为例来说明。仁爱的自然倾向会促发相应的行为，该行为能够获得我们的道德赞同。当某人缺乏仁爱的时候，内化了自然义务的道德趣味，也会给他提供一种道德动机。他会因缺乏仁爱而自我谴责，并且按照道德趣味调整自己的情感，重新激发自己的仁爱情感。即使这样不太成功，他也会按照道德趣味中的义务来要求自己，做出与社会的要求与期望相一致的行为。我们再以节俭为例进行说明。节俭这类自然之德，并没有相应的可以直接作为动机的自然情感。仁爱可以作为一种自然倾向，但节俭却不是。我们说父母自然地就会仁爱自己的小孩，但不能说一个人自然地是节俭的。节俭的自然倾向表明的是一种稳定了的道德趣味，这种道德趣味能够自然地产生

---

① 转引自郭永玉：《人格心理学》，北京：中国社会科学出版社 2005 年版，第175 页。

节俭的行为，而不需要在行为之前进行理性的思考。它因其对节俭行为的主体的有用性，引起了快乐的情感并获得了道德上的肯定。当我们稳定这种道德判断并成为道德趣味的时候，以它为基础会产生相应的行为。因此，自然之德的道德趣味，一旦形成就类似自然倾向，在受到某种条件的激发的时候，可以自然地给人们带来快乐或痛苦的情感，并产生动机性的情感。

根据休谟的意思，自然之德作为具有自然倾向的德性，它们或者有其自然情感作为动机，或者其单个行为自然的带来可欲的结果。休谟更多的关注后者，它的动机问题被忽视了。以上的论述力图解决的就是这个被忽视的问题，解决的办法是依据休谟的道德趣味的观点。道德趣味实际上类似某种稳定的情感或态度，它可以被包括在德性品质的范围之内。自然之德作为一种德性，除了自然具有的倾向之外，更重要的是要具有德性知觉意义上的道德情感作为行为倾向。

二、自然之德真的自然吗

通过上述对三种自然之德的讨论可以发现，休谟主要依据道德感与德性区分的理论对这些品质何以是自然之德进行了阐释。在他的阐释中，依据这些品质的自然倾向给我们带来的快乐或痛苦的情感，以此做出了德与恶的区分。某种品质的自然倾向是指它带来的结果，而不是这个自然倾向中的作为动机性情感的自然情感。但不具有动机性情感的德性如何是一种自然之德呢？我们在前面已经试着解决这个被休谟忽视的问题，但是这种方式会带来了进一步的问题。这个问题就是：自然之德真的自然吗？

自然之德真的自然吗？要回答这个问题，需要从自然一词的含义入手。在休谟那里，自然主要具有四种意思。[①]第一种是指某种品质具有自然情感作为动机；第二种是指某种品质单独产生的结果，并不依赖于

————————

① "自然"一词的意思，如果从反面来理解的话，它是与神迹、异常、人为、文明的、道德的相对。

一种行为体系；第三种是与异常、神迹相对，指通常的或一般的情况；第四种是指人类社会的绝对必需，侧重于指某种东西的地位与作用。我们依据这四种意思，探讨自然之德是否自然的问题。

我们先从与正义相关的自然含义开始。就第四种意思而言，自然之德与人为之德显示不出差异。休谟认为，正义等人为之德是人类社会维系合作所必需，否则人类社会将解体。同样，自然之德中的社会的德性，对于人类社会也是必需的。就是那些个体的德性，对于个体而言也是必需的。当然在社会绝对必需的程度上，人为之德与自然之德具有差异，这种差异是由二者在社会中的不同的地位与作用决定的。休谟写道："人类的幸福和繁荣起源于仁爱这一社会性的德性及其分支，就好比城垣筑成于众人之手，一砖一石的垒砌使它不断增高，增加的高度与各位工匠的勤奋和关怀成正比。人类的幸福建立于正义这一社会性的德性及其分支，就会好比拱顶的建造，各个单个的石头都会自行掉落到地面，整体的结构唯有通过各个相应部分的相互援助和联合才支撑起来。"[1] 休谟的这种观点，在斯密那里我们也可以发现。正义与仁爱相互区分，同时又都为社会所必需，这是已经获得了承认的观点。如果第四种意思不能区分开自然之德与人为之德，那么自然之德中的自然的含义就不是这种意思。

第三种意思与异常、神迹相对，就这种意思而言仍然不能区分开自然之德与人为之德。正义不是一种偶然的发现或发明，它依据我们些许的经验与观察就可以建立起来。正义作为一种德性，作出这种德性区分的道德感是非常自然的。依据休谟的道德心理解释，同情原则与因果原则都是人性中的一般倾向，它们并不具有神秘的来源，自身也不神秘。如果说正义等人为之德在这种意思上是自然的，那么自然之德就显得更加自然了。仁爱植根于人性，来源于我们的构造与组织。某人缺少了这一自然倾向，似乎就偏离了人性的正常或共同标准。这样的标准成为了我们对某种行为作出道德判断的一个依据，这么做是再自然不过的事情

---

① ［英］休谟：《道德原则研究》，曾晓平译，北京：商务印书馆 2001 年版，第 156 页。

了。依据上面的分析,自然之德的自然不适用于这种意思。

第二种意思是从结果来看,某个行为或品质单独的就可以导致社会效用的结果,它并不依赖于人类的行为体系。这种意思是休谟作出自然之德与人为之德的区分的一个主要依据。确实,正义的维系依赖于社会成员做出一致的行为,否则没有人愿意牺牲自己的利益而单独的按照正义的要求而行为。这是正义的条件性的一面,或者说正义具有警戒性的特征。一般来看,某个仁爱行为可以给他人带来利益,这是仁爱的利他特征。社会上更多人具有仁爱的行为,这是有利于人类的幸福与繁荣的。因此,在这种意思上,自然之德似乎是自然的。

仁爱行为或品质虽然是利他的,但它是否单独就可以获得道德赞同呢?答案是不一定的。仁爱的利他性不是绝对的,它导致的结果并不一定都是好的。我们通常会说好心办坏事,就是一个明显的例子。我们还可以找到其他的说法,如对敌人的仁慈就是对自己人的残忍等。休谟自己写道:"给予普通乞丐以施舍自然是受称赞的,因为这似乎是救困扶危;但是当我们观察到由此而导致鼓励游手好闲和道德败坏时,我们毋宁将这种施舍行为视为一种弱点而非一种德性。"① 这是休谟自己的看法,它表明仁爱的品质与行为在某些情况下可能会带来不好的结果。也就是说,为了避免这种不好的结果,社会需要恰当的仁爱的品质与行为。社会真正需要的仁爱的品质与行为,是由单个的恰当的仁爱的品质与行为构成的一种行为体系。从这个意义上说,某个单独的仁爱的行为是否恰当,依赖于社会所需要的相应的行为体系。因此,休谟认为某种自然之德的行为单独地可以带来好的结果的说法,严格来说并不成立。依据这种意思而得出的自然之德是自然的这一结论就有问题,实际上自然之德并不自然。

第一种意思指自然之德中的某种品质具有自然情感作为动机。在这一点上,我们已经指出休谟忽视了动机问题。仁爱确实具有爱与亲密这些自然情感作为动机,但有时候也未必。自然才能等休谟所认为的自然

———

① 〔英〕休谟:《道德原则研究》,曾晓平译,北京:商务印书馆2001年版,第33页。

的德性，大多都缺乏自然情感作为动机。我们完全可以依据这些方面，得出自然之德可能并不自然的结论。

在"德性中的动机""作为德性的自然之德"等内容中，我们都谈到了动机问题，并且依据休谟的思想尝试着给出解决方案。现在，所有的自然之德具有了情感性的动机，即作为德性知觉的道德情感，通过形成道德趣味而成为了某种行为的倾向。接下来的问题是，这些包含了动机的倾向或品质，它们还是自然的吗？

我们再次以仁爱的例子分析这个问题。先看仁爱的例子。休谟已经正确地指出了一种自然情感的普遍趋势或共同的标准可以成为义务感。巴特勒认为，"为父母者有对于其子女之爱：这种天性之爱使为父母者去照料、去教育、去供以适当的给养；可是反省到这是父母本分内的事，是属于父母的，这样地做去是正当的并可取的，这样的反省再辅以情感，就变成一个确定得多的原则，而令为父母者为了子女愿忍受比他只凭情感时所能忍受的更多的劬劳和艰辛。"① 巴特勒的这段话清楚地表明，仁爱的义务感与作为自然情感的仁爱可以相互作用，达到相互增强的效果。在某人不具有仁爱这种自然情感的时候，仁爱的责任感与义务感单纯可以成为仁爱行为的动机。休谟认为："当任何善良的动机或原则是人性中共同具有的时候，一个感到心中缺乏那个动机的人会因此而憎恨自己，并且虽然没有那种动机，而也可以由于义务感去作那种行为，以便通过实践获得那个原则，或者至少尽力为自己掩饰自己的缺乏那个原则。"② 义务感的形成通常不是自然的，否则就难以解释为何在失去自然情感的时候还会完全主动的以义务感来代替。义务感的形成与道德感和社会评价有很大的关系，离开了来自外部的道德压力或人为措施会难以形成。

既然义务感与道德感有紧密的联系，如果道德感在评价自然之德上不是自然的，那么义务感就很难说是自然的。休谟在论述自然与人为的

---

① 周辅成编：《西方伦理学名著选辑》（上卷），北京：商务印书馆1964年版，第853页。

② ［英］休谟：《人性论》（下），关文运译，北京：商务印书馆1980年版，第519页。

区分的时候，已经指出有些道德感是自然的，有些道德感是人为的。虽然这个区分非常重要，但是休谟并未严守二者的区分。一方面与正义相关的道德感是人为的，但同时又肯定对正义进行道德评价的道德赞同是自然的。这看似矛盾的情况源自于休谟认为正义依赖于人为协议，所以道德感具有人为的一面；同时道德赞同又依赖于同情，人为协议依赖于个人行为的行为体系，这个行为体系的自然倾向是社会共同利益，所以道德感具有自然的一面。那些自然的道德感也与这种情况类似。我们在论述第二种意思的时候，已经指出了仁爱的品质或行为也需要一个行为体系，否则单个的这种行为难以获得道德赞同。对于社会而言，必须对某种单个的行为作出必要的修正，才可以满足社会的需要。这种情况如同同情一样，同情也需要必要的修正或调整才可以满足道德判断的需要。

休谟强调道德情感的自然性有其合理的因素，但是这种自然性并不能够满足普遍性的要求，故而需要进行必要的调整。这种调整的动力来自于社会的需要，只有后者才能解释为何要做出调整。于是，自然之德的义务感就具有社会性的来源。从道德发生学的角度而言，这种社会性的来源是很明显的。父母从小就会要求儿童形成某些社会需要的品质，如正义与仁爱，并通过赞同与谴责的方式影响儿童的情感与选择。等这个儿童长大成人之后，为了顾及自己的名誉和品格，"都必须给自己立一条不可违犯的法则，即不受任何诱惑的驱使、去违犯一个正直而高尚的人所必须具备的那些原则。"①

所以，在第一种意思上，自然之德具有的动机虽然可以说有自然情感参与其中，但这种自然情感真正要成为道德动机还必须满足社会的需要，也需要一些人为措施来加强这种道德动机。可以这么说，自然之德的动机即具有自然的因素，也具有人为的因素。以自然之德中的动机的这样的特征来看，自然之德并不完全是自然的。从自然之德应包含的道德情感与道德趣味及其形成过程而言，它们似乎并不是休谟所认为的那

---

① ［英］休谟：《人性论》（下），关文运译，北京：商务印书馆1980年版，第541页。

么自然，因为其中都包含着社会交往和人类习惯与习俗的作用。①

综合上述四种意思的讨论，我们可以得出如下的结论：自然之德并不真正自然。在第四种和第三种意思上，自然与人为并未有差异。在第二种意思上，自然之德具有自然的一面，也需要人类的行为体系作为条件。在第一种意思上，自然之德中的义务感，它有着满足社会对于普遍性的需要。所以，休谟关于自然之德是自然的观点就不完全正确。

三、道德、德性与规则

在休谟的精神科学或精神哲学中，包括了如心理学、道德、社会学、政治学等内容。就精神哲学或哲学而言，一般可以分为思辨哲学与实践哲学。道德属于实践哲学，与心理学等内容联系紧密。在休谟那里我们可以发现，他试图把这些内容都融入进他的道德哲学中。道德既然属于实践哲学，它就会对我们的生活实践发生重要影响，它表现在道德会影响人的情感和行为。这种影响的方式可以分为两类，一类是解释道德为何具有这种影响，它的原理与机制是什么，这是道德哲学中的思辨部分。一类是道德的具体运用，通过道德劝说而影响人的行为，这是道德哲学中的实用部分。休谟从事的工作主要是道德哲学中的思辨部分，他认为这个部分可以更好地服务于实用道德学。② 他还用了解剖学家与画家的区分的例子，表明道德哲学中的思辨部分的意义和价值。

既然道德是实践的，它就要影响人的情感与行为。道德的这种影响与人性紧密相联，离开或反对人性的道德是无效的。休谟认为，人性主要由知性（或理性）和感性（或情感）两部分构成。休谟根据其对理性的理解，认为由理性得出的那些观念或信念无法单独地促发人的行为。根据道德是实践的观点，理性因无法影响实践或促发人的行为而不

---

① J. L. Mackie 认为自然之德是人为之德的一种形式，休谟对自然之德的心理学解释需要如正义那样的社会学解释才可以完全行得通。J. L. Mackie, *Hume's moral theory*, Boston: Routledge & K. Paul, 1980, p.123.

② ［英］休谟：《人性论》（下），关文运译，北京：商务印书馆 1980 年版，第 664—665 页。

能成为道德的基础。在排除了知性之后，道德的基础就是人性中的感性或情感。休谟认为，道德的概念本身"蕴含着某种为全人类所共通的情感"。① 这种情感如何成为道德的来源与基础呢？在价值或道德的来源上，情感通过类似投射的方式，赋予对象以价值。休谟在这一问题上，导致了价值或道德的实证主义与非实证主义的争论。

道德是相关于人的行为的价值判断。休谟认为，行为只是作为外在的标志，行为总是展现了它背后的动机与品质。道德判断的对象，通过人的行为而指向动机与品质。考虑到某种品质的自然倾向，会在作为旁观者的我们的心里感受到一种基于快乐或痛苦而产生的赞同与谴责的情感。比如，某个仁爱行为，因其有利于他人的倾向，激起了我们的赞同。这些情感在我们身上是共通的，甚至可以扩展到其他非人类的对象。这种共通的情感，依赖于同情原则。虽然某个行为并不给我们带来利益，但是通过同情，我们会感受到受该行为影响的人的情感。这些情感不仅是共通的，而且是普遍的。受同情原则影响的道德情感会受到多种因素的影响，可能会形成不一致的道德判断。但是，道德判断必须要求是普遍的。这种普遍的情感与普遍观点相联系，它确保了道德情感作出的道德判断是普遍有效的。正义等人为之德与仁爱等自然之德，都是通过这种方式获得我们的道德赞同。

对于以上德性的道德思辨要达到什么目的，会带来什么结果呢？"一切道德思辨的目的都是教给我们以我们的义务，并通过对于恶行的丑和德性的美的适当描绘而培养我们以相应的习惯，使我们规避前者、接受后者。"② 道德思辨的目的就是要使我们明白什么是道德义务，要具有什么样的品质或德性。一旦我们了解了这些，就会对德性充满激情与热爱，作出正确的道德选择以规范我们行动的倾向。当我们不断实践此类行为，在习惯与道德趣味的基础上就会形成某种道德品质或德性。在此，我们可以看出休谟道德思辨的实用指向。也就是说，休谟道德哲学

---

① ［英］休谟：《道德原则研究》，曾晓平译，北京：商务印书馆2001年版，第124—125页。

② ［英］休谟：《道德原则研究》，曾晓平译，北京：商务印书馆2001年版，第23页。

肯定道德义务，也注重道德品质。休谟十分强调道德对行为的激发这个方面，道德义务意味着行为的应当，这种应当包括了能够，即义务中包含着情感的因素。只有情感才能促发我们的行为，我们的义务中自然就包含了这种因素，这样的道德义务实际上是道德品质或德性。

按照一般的理解，道德义务意味着行为符合或出自某个普遍的规则。那么，休谟的道德义务中的普遍规则是什么呢？休谟道德哲学中具有普遍规则吗？存在着这样的质疑，即休谟道德哲学中缺乏普遍的规则。如果我们依据道德感与德性判断的观点，情况似乎确实如此。但是，如果我们联系普遍观点、正义与仁爱等内容，就会发现上述质疑是不成立的。休谟的道德哲学不仅包含了普遍规则，而且也强调了我们的道德义务与责任。下面我们将先解释休谟道德哲学中的普遍规则，然后在论述其中的道德义务与责任。

休谟详细地论证了作为人为协议的正义的起源及其内涵，正义是一种普遍规则。在我们所处的各种条件下，包括自然、社会与人性等，正义是社会之必需。正义主要作为财产权规则，维系人们之间的相互合作，稳定社会秩序并带来人类的繁荣与幸福。值得注意的是，正义是在一定条件下，立足社会实践，通过感性与知性的相互作用而产生的。如此产生的正义规则，因其社会效用而获得了我们的道德赞同。经由赞同的正义规则作为一种道德规则，能够激发我们的爱与尊重，从而调整、规范我们的情感与行为。正义能够规范我们的行为，主要是通过责任或义务感体现出来。一旦我们意识到违背或遵循了正义的时候，就会在内心产生相应的正义感，也能体验到社会的反应。在具有这种德性的自觉的同时，出于对名誉的热爱与内心的安宁幸福，都会促使我们作出正义的行为。

仁爱作为一种自然倾向，同时也是一种普遍规则或道德要求。仁爱作为一种普遍规则，来自于人性中的可作为共同标准的一般倾向或势力。如果某人爱陌生人甚于爱自己的亲人，会自然地受到我们的谴责。我们的谴责的依据，就在于仁爱的规则。仁爱行为给他人带来的利益与快乐，通过同情获得了我们的道德赞同。一旦某人内心缺乏仁爱，会站在旁观者的角度来看待自己，并在内心产生自我谴责的情感。这种自我谴责，对于自己的恨与贬低的情感，会产生仁爱的义务感。仁爱的义务感在我们不具备仁爱动机的时候，也能激发我们相应的行为。

基于上面的论述可以发现，正义与仁爱作为普遍规则，通过道德感对我们提出了道德要求，形成了道德义务与责任。从规则到责任的整个过程中，情感的地位与作用是十分明显的。规则的形成离不开人性中的感性因素，道德要求更为依赖我们的道德情感，道德义务主要是一种义务感。所有的这些方面，都凸显了作为应当的义务包含着能够的内涵。它们可以进一步形成道德趣味，通过习惯而发展成品质或德性。

通过对道德、德性与规则的论述，我们可以发现休谟道德哲学中具有的思辨性与实践性。思辨性中有知性的作用，也有经验与观察的作用。实践性凸显了道德具有的社会历史性。休谟的道德哲学展现了在具体的环境下人性所发出的光辉。

第七章　超越与对话

　　考察一种伦理思想，有两个方面是不能忽视的。第一个方面是这种伦理思想对于它那个时代的伦理问题或争论的理论贡献。任何具体的观点可能都有时代的局限，但是作者对于理论问题的把握和思考，他对问题的独特分析和理论创见则是留给后世的宝贵财富。第二个方面是该伦理思想给后世带来了什么影响。一种思想所带来的影响并没有那么直接和具体，而一种伦理思想所产生的影响同样也是如此。也许这种思想在它的时代所产生的变化是有限的，在后世却产生了深远的历史影响。休谟的哲学与伦理思想尽管在当时所遭到的误解要大于对其成就的肯定，但是这种情况并不减少他的思考与观点对于人类思想的理论贡献。休谟回应了他那个时代的理论问题，以其独特的视角和深刻的分析，怀着谦逊的态度和良好的哲学素养，提出了他对于伦理问题的独特看法与观点。休谟的伦理思考并没有给他带来一个大学教授的席位，但是后世的哲学与伦理学都从他的思想之中获益，并且这种影响一直持续至今。

第一节　休谟道德哲学的特征、地位和作用

　　17—18 世纪的英国情感主义伦理学在西方伦理学史上占有着重要地位，而休谟独具特色的理论是这个时期这个学派的思想的集大成者。在深入地探究了休谟情感伦理思想的基础上，有必要从宏观的角度做一鸟瞰，以求更明晰其思想的特征、地位以及意义。

　　首先来看休谟情感伦理思想的理论特征。在休谟所处的时代，伦理

学并没有获得今天的独立地位，是属于精神哲学或精神科学的范围，①
休谟也正是在这个范围之内来讨论伦理学的。休谟认为，所有的哲学或
科学，包括自然科学与精神科学，都是以人性科学的研究为基础的，人
的科学是一切科学的唯一牢固的基础。属于精神科学的伦理学，自然
也以人性的研究为基础。休谟认为，对人性的研究必须是经验主义的，
"关于人的科学是其他科学的唯一牢固的基础，而我们对这个科学所能
给予的唯一牢固的基础，又必须建立在经验和观察之上。"② 休谟对人性
的研究是依赖于经验和观察，这正如《人性论》的副标题所言。休谟之
所以要采用经验主义的方法，这与当时的自然科学所取得的成就是分不
开的。牛顿是那个时代的杰出代表，而牛顿进行科学研究的方法深得休
谟的赞同。休谟公开表明，自然科学的研究方法可以运用到精神哲学上
来，并且他自己就是这么做的。通过观察从各种现象中发现少数几条普
遍原则成为了休谟对人性研究的目的。通过对人的感觉、知觉的研究，
观念联想原则成为了重要的一个原则。观念联想原则不仅在知识论中解
释了我们的因果推理，而且也成为了分析情感，并进而成为了研究伦理
学的一个主要原则。这一原则不仅使理性在知识的范围受到了限制，甚
至颠覆了传统的看法，而且在伦理学上也造成了同样的效果。所以，休
谟情感伦理学的方法论上的重要特征就是经验主义的，对认识的分析研
究为伦理学的研究奠定了理论基础。

　　休谟十分清楚发生在他那个时代的一场关于道德的基础的伦理争
论：道德的基础到底是什么，是理性还是情感？对这个问题的不同回答
形成了截然不同的理论学派。理性主义的回答并不令休谟感到满意，反
而遭到了休谟的强烈反对。休谟在认识论中对理性的考察与怀疑，使得
理性在伦理学中的地位也随之发生了根本的改变。理性主义伦理学家对
道德的解释的一个严重缺陷就是不能说明道德行为所发生的动机，而这
一点恰是休谟反对理性主义伦理学的一个重要理由。道德不是理论知

---

　　① 休谟使用的精神哲学（moral philosophy），不仅包括了狭义的，也就是现在所
说的道德哲学，而且也包括了美学、政治学等其他的内容，休谟的这种用法是与他所处
的时代相符合的。

　　② ［英］休谟：《人性论》（上），关文运译，北京：商务印书馆1980年版，第8页。

识，不是观念之间的推理；道德也不是关于事实的知识，任何概然性的知识单独地也不能影响人们的行为。道德的基础不是理性，而是情感。在这个根本问题上，休谟遵循着这个时期情感主义伦理学家的看法，如沙夫茨伯利与哈奇森，道德或道德判断的基础是情感。一个行为在道德上的善与恶，并不是我们依据某个原则而推理出来的，而是来自于情感。休谟的观点又与哈奇森等人的看法不一样，他认为并不存在与外部感官相对应的内部感官，即道德感，以进行道德感知和道德判断。休谟力图揭示，道德上的善与恶对我们而言真正意味着什么，而这取决于我们的道德感觉或情感。道德感觉或情感不是观念，而是印象，而这就与休谟的认识论联系起来。对情感的分析，对情感产生的原因、过程、结果、原则的分析又是心理学的。所以，休谟的情感伦理学与认识论、心理学就有着紧密的联系，这种联系突出的表现就是观念联想原则在三个部分中的运用。把道德的基础建立在情感上，自然地就带有主观的色彩，这也是批评者认为休谟的伦理学是主观主义的原因。道德情感虽然是主观的，但有着自身的来源和规则。同情原则与普遍观点是和我们的道德情感紧密联系在一起的。

通过对人性的探究，以揭示人的情感与道德情感的经验事实，从这些情感经验事实中发现少数几条的重要原则，用以解释我们的道德现象。休谟的这种做法就不是传统所认为的怀疑主义，而是自然主义的。休谟对人性的看法不是纠缠于传统的"人是理性的动物"的理解，而是采用科学的态度来研究人性本身。人性与自然是不可分离的，自然的人性既不是神迹的，也不是人为的、偶然的。通过观察人性（主要的是心灵的运作）而发现的原则是与自然相一致的，它既是人类自身共有的原则，同时也是自然作用的结果、并与自然的秩序保持一致。"自然给予身体以某些欲望和倾向，并依照（身体上）各种液体和固体的情况而增减或改变这些欲望和倾向；同样，自然对心灵也是以同样方式进行活动。"① 不管是理性还是情感，都是基于自然在人性上面所绘制的蓝图而

---

① ［英］休谟：《人性论》（下），关文运译，北京：商务印书馆 1980 年版，第 405 页。

展开活动的。休谟的这种看法不仅在认识论中得到了体现，而且在伦理学中也同样如此。产生情感的快乐或痛苦的原初印象，就是依赖于人性的结构和倾向的，这可以认为是天赋的或者是自然活动的结果。情感或道德情感的运作方式与原则，如同情原则与观念联想原则也都是在人性的自然结构上展开的。所以，休谟以情感为基础的伦理学理论就是自然主义的，它的最终基础是自然人性。

休谟哲学与伦理学的理论创见奠定了他在哲学史上的重要地位。从泰勒斯到苏格拉底，哲学的发展经过了很长的历程，人类从关注自然到真正关心人类自身。休谟认为，这种状况就相当于从培根到他那个时代的研究人性的哲学家的转变，"从泰勒斯推算到苏格拉底，相距的时间，约等于培根勋爵到英国晚近若干哲学家相距的时间；到了这些哲学家才开始把关于人的科学置于一个新的立足点上，引起了人们的注意和好奇心。"① 这个新的起点是与当时的科学发展和哲学的进步联系在一起的。随着近代自然科学的发展，哲学也实现了从古代的本体论到近代认识论的转变。近代哲学出现了两种对立的思潮，即经验论和唯理论，休谟从这两种观点的争论中吸取了各自合理的成分。莱布尼茨在与经验主义的论争中，已经区分了理论的知识与经验的知识，前者是必然的，其反面是不可能；后者是概然的，其反面是可能的。休谟赞同莱布尼茨的这种区分，并且对概然的知识给予了彻底的经验主义的分析。洛克的知觉理论和对物体的两种性质的划分，同样影响了休谟。而哈奇森等人则进一步把这种观点运用到道德领域，认为善与恶，美与丑并不是事物自身所有的，也不是来自理性的推理。休谟赞同美和道德上的善与恶不是来自于物体或行为，相反是人们内心情感的投射。当我们说一个东西是红色的，不是我们的推理，不是因为某个观念或原则而推论出这个东西是红色的，而是来自于我们的感觉与知觉。休谟吸取了这些他认为合理的思想，他不仅清楚的区分了理论的知识和事实的知识，而且进一步区分了是与应该，并且力图对后者给予道德认识论和心理学上的分析。

休谟在明确区分两类知识之后，重点研究的是关于事实的知识，研

_____

① ［英］休谟：《人性论》（上），关文运译，北京：商务印书馆 1980 年版，第 8 页。

究这种知识所依赖的因果推理或原理。在观念论的框架下，把经验主义的分析运用到极致而得出了一个反传统的结论，即理性在知识的领域受到了严格限制。而在道德领域，理性的作用进一步受到了限制，这同样得出了一个反传统的结论，即理性是而且应当是情感的奴隶。这是一种革命性的观点，是休谟把实验科学的理论方法运用到精神科学而得出的结论，这种观点就完全颠覆了人性的传统概念和理解。

当然，休谟哲学的目的并不只是要终结传统观念，他也得出了肯定性的结论。在伦理学上而言，理性的基础地位被剥夺之后，代之而起的是人类的情感。情感在伦理学中的地位获得了真正的确定，这种地位的保障有着认识论和心理学的可靠基础。从英国情感主义伦理学的发展来看，休谟情感伦理思想的历史地位就会更加凸显出来。在沙夫茨伯利、哈奇森那里，情感与道德情感并没有达到系统化、科学化，还带有神秘主义的色彩。休谟运用牛顿式的实验哲学的方法，彻底否定了沙夫茨伯利和哈奇森伦理思想中的宗教成分，把伦理学的研究提高到更科学、合理的层次。休谟的伦理思想对以后伦理学的发展产生了深远的影响，功利主义、逻辑实证主义、现代情感主义等都受到了不同程度的影响。

我们在前面已经论述到，英国早期的情感主义伦理学已经蕴含着功利的思想，哈奇森就明确地提出了后来成为功利主义的首要原则的"最大多数人的最大幸福"原则。休谟在继承哈奇森的伦理思想的时候，同样也接受了功利的原则。在道德判断和道德评价中，功利标准既是产生快乐或痛苦情感的一个来源，同时也是人的德性品质的一个标准。在人为之德的正义中，社会效用或功利成为了正义规则与正义德性的标准。边沁自己承认关于功利的原理受休谟的影响很大，休谟的同情原则与功利原则的结合也得到了边沁的赞同，"显然，同情和厌恶原理往往会和功利原理不谋而合，很可能更经常的是相符而非相抵触。"① 当然，边沁在受到休谟的功利思想影响的同时也表现出了自己的理论独创性。休谟

---

① ［英］边沁:《道德与立法原理导论》，时殷弘译，北京:商务印书馆2000年版，第76页。

主要是从情感的道德心理学角度来谈功利原则的，休谟的功利原则在其伦理学中与习俗与惯例等现存的社会制度是一种肯定性的关系。而边沁的功利原则是理性的，更多地表现出对社会制度的批判性，关注社会制度、政治与经济等措施的改革。与休谟把功利原则与德性品质的评价相结合的做法不同的是，边沁关注的是行为，"功利原理是指这样的原理：它按照看来势必增大或减小利益有关者之幸福的倾向，亦即促进或妨碍此种幸福的倾向，来赞成或非难任何一项行动。"[①] 也就是，行为的应当与否，就是看该行为能否给多数人带来最大化的幸福。

休谟关于"是"与"应当"的区分对以后的元伦理学的发展影响甚大，摩尔所开启的现代伦理学（元伦理学）就与休谟的这种观点有关联。基于事实与价值的二分，摩尔对传统的伦理学理论进行了批判，认为这些理论都犯了"自然主义的谬误"。摩尔所采用的"开放式问题论证"，就被认为是休谟关于事实与价值二分思想的补充与发展。[②] 摩尔的做法相比休谟来说更加彻底，因为摩尔认为伦理学作为一门科学，不是回答善是什么的问题，而是回答什么是善，是对善进行语言学上的分析。正是因为排除了形而上的、神学的、外在事实与人性的基础，伦理学在摩尔那里及以后的元伦理学那里变得越来越形式化和抽象化，远离了人类的社会生活和道德实践。

休谟被逻辑实证主义者认为是其理论的先驱，他们把休谟的哲学更加彻底化，从根本上拒斥形而上学。在逻辑实证主义那里，科学的知识要么是数学、逻辑之类的知识，可以从逻辑上进行演绎与证明，要么就是经验的知识，可以获得经验或事实的证实。而伦理学不属于这两类中的任何一个，它既不能被证实也不能被证伪，也就不是科学的知识，不

---

① ［英］边沁：《道德与立法原理导论》，时殷弘译，北京：商务印书馆 2000 年版，第 58 页。

② 按照摩尔的自然主义谬误的观点，休谟伦理思想的自然主义特征是否也犯了这种错误呢？殷晓蓉认为，"总之，如果将'自然主义'定义为那些将价值术语等同于描述自然事实或形而上的、神学事实的语词的理论而言，休谟不是自然主义者；而如果以'自然主义'来指称那些将伦理学建立在'人性'、建立在心理学基础上的伦理学而言，休谟的伦理学则又与自然主义相联系。"殷晓蓉：《试论休谟伦理学的现代意义》，《复旦学报》1994 年第 3 期。

被包括在人类知识的范围之内。卡尔纳普就说到，"一个价值判断实在说来，不过是在迷误人的文法形式中的一项命令而已。它可能对人们的行为有影响，而且这些影响也可能符合或不符合我们的愿望；但它却既不是真的也不是假的。它并没有断定什么，而是既不能被证明，也不能被反证的。"① 伦理学所能做的就是对伦理语词和用法进行分析，得出的结论是认为伦理语词与价值判断只是个人主观情感的表达，没有任何像规范伦理学所包含的普遍规则的力量。休谟之所以被当代的情感主义者认为是先驱和同道，就在于休谟也有过类似的论述。休谟认为，善与恶表达了我们的赞美与谴责之情，而这种道德情感是以快乐和痛苦的道德感觉为基础的。我们的道德语言就表达了这种赞美与谴责之情，"每一种语言既有一套用作褒义的语词、亦有一套用作相反意义的语词"，② 休谟的观点似乎就被这样理解了，即道德语言表达的是我们的情感，而且是个体的情感。在史蒂文森那里，这种思想就被表达为"态度上的一致和分歧是伦理学的本质特征"。③ 道德语言所蕴含的情感意义变得越来越主观化和片面化了，在休谟那里它还体现了人类共有或普遍的情感，而在当代的情感主义者这里变成了只是个体情感的表达甚至宣泄。这种状况的出现也许是休谟没有预料到的，也背离了休谟本来的思想意图。这种情况无异于取消了伦理学，当代情感主义伦理学的发展，比如在黑尔那里就开始了对这种完全主观化和形式化的批判，逐渐回归到伦理学的真正意义上来。

不管现代情感主义对情感与道德判断之间的关系做了多么片面的理解，情感自身的认知特征及其在道德判断与推理中的重要地位已经得到了当代哲学与心理学的承认。罗伯特·所罗门对情感做出了认知的解释，并声明"我大体上采取的是现象学的路径，强调情感中'判断'的

---

① ［美］卡尔纳普：《哲学和逻辑语法》，上海：上海人民出版社 1962 年版，第 10 页。

② ［英］休谟：《道德原则研究》，曾晓平译，北京：商务印书馆 2001 年版，第 26 页。

③ ［美］斯蒂文森：《伦理学与语言》，姚新中等译，北京：中国社会科学出版社 1991 年版，第 22 页。

作用，追随亚里士多德、古代的斯多葛派和萨特等人"。① 罗伯特·所罗门对休谟的情感进行过仔细的分析，认为后者具有认知的特征。就现象学的路径而言，马克斯·舍勒对道德情感的研究影响非常深远。情感与道德情感都有其认知特征，并且有着经验性与明证性的独特结构。② 乔纳森·海特认为道德推理源于情感因素，并把这一观点追溯到休谟。在"道德之愣"的事例中，乔纳森·海特说道："他们推理的目的不是探求真理，而是为了找理由支持他们的情感反应""我为休谟的论调找到了证据"。③

在当代的伦理学中，休谟伦理思想得到的积极回应集中体现在休谟主义的动机理论中。休谟关于理性不能产生行动与理性是激情的奴隶的激进观点遭到了康德主义的反驳，引起了休谟主义与康德主义的争论。在行动的理由与可辩护的理由上，休谟主义为休谟的观点进行辩护。④ 休谟认为，激情（欲望）是行为的动机，理性为行为提供可靠的手段和证明对象的真实性。休谟或休谟主义都是把理性当做工具理性，休谟的激情与理性转变成休谟主义的欲望与信念的结构，行动的理由具有欲望与信念的结构。欲望是一个广义的概念，包括了休谟的激情、冷静情感、道德情感等，还包括态度、倾向或习俗的偏好等。广义的欲望，不像休谟那样绝对的排除理性的因素，而是包括了一定的理性因素。因此，这种欲望某种程度上具有可辩护性。在乔纳森·海特那里，他指出了欲望或情感具有的文化因素。在欲望的可辩护性，或欲望与信念的可辩护性上面，休谟主义维护和发展了休谟的基本观点。

在当代规范伦理学的复兴中，罗尔斯作出了巨大的贡献。罗尔斯深受休谟的影响，他在《道德哲学史讲义》和《政治哲学史讲义》中都把休谟作为重要哲学家进行讨论。罗尔斯在他的正义理论中，既考虑到休

---

① ［美］罗伯特·所罗门：《哲学的快乐》，陈高华译，桂林：广西师范大学出版社2015年版，第68页。

② ［美］安东尼·施泰因博克：《道德情感的独特性》，卢盈华译，载《思想与文化》第二十一辑，桂林：广西师范大学出版社2015年版，第68页。

③ ［美］乔纳森·海特：《正义之心》，舒明月等译，杭州：浙江人民出版社2014年版，第24页。

④ 徐向东：《休谟主义、欲望与实践承诺》，《自然辩证法通讯》2015年第2期。

谟对社会契约论的反驳，也借鉴了休谟关于正义的条件的观点。最重要的是，罗尔斯肯定了自我利益与正义的关系，也肯定正义感在正义论中的重要作用。在休谟那里，自我利益与正义感是正义两个阶段中的主要动机。罗尔斯对休谟的同情、观察者等理论进行了论述，但在正义原则的论证中他更多的依赖反思的平衡与合理的选择等更为理性的做法。正是因为上述事实，玛莎·纳斯鲍姆认为罗尔斯的正义论虽然处于社会契约传统中和具有康德式的因素，但休谟的思想"对罗尔斯而言是最重要的来源"。①

尽管休谟曾经构想自己是道德哲学中的牛顿，但他的《人性论》以及其他的著作在当时并未获得足够的回应以满足这种愿望。在休谟死后，休谟的哲学包括道德哲学得到了极大的传播，并且在已经逝去的20世纪产生了重要影响。莫斯纳写到，"毫无疑问，休谟为人类经典做出了卓越的贡献。"②在这里只是涉及休谟的道德哲学的影响，对经济学与历史学等其他领域的贡献还没有涉及。但即使这样，我们也已经看到了休谟哲学和道德哲学对后世的伟大贡献。

第二节　情感作为道德的基础何以可能

情感作为道德的基础何以可能？这个问题包括了两个紧密相关的方面：一个是该问题是否成立，另一个是它如何成立。

这个问题的出现有着特定的历史背景，它与当时的自然科学和哲学的发展是相关的，尤其又与当时伦理学的情况相关。自然科学领域的成功与成就，鼓舞了人们对精神哲学领域的研究，并且运用实验科学的方式来展开对精神科学的经验考察。休谟是这么做的，他的研究的结论是肯定的，就是情感可以作为道德的基础。

---

① ［英］玛莎·纳斯鲍姆：《正义的前沿》，朱慧玲等译，北京：中国人民大学出版社 2016 年版，第 32 页。

② ［英］欧内斯特·莫斯纳：《大卫·休谟传》，周保巍译，杭州：浙江大学出版社 2017 年版，第 650 页。

近代关于道德的基础的争论第一次把理性与情感的关系明确化了，情感在伦理学中的基础地位一直在近代才得以确立。这个时期的理性主义伦理学家认为，道德的基础是理性。当时英国的剑桥柏拉图学派，他们反对霍布斯把道德建立在人的自爱欲望的基础上。拉尔夫·库德渥兹（Ralph Cudworth）认为善与恶的区分是客观的，是可以被人的理性所认识的。善与恶相区分的客观性正如数学的客观性一样，都可以被人的理性所认识。亨利·摩尔（Henry More）提出了"仁爱原则"，认为大多数人甚至所有的人被提供良好的生活是善的，这是伦理学上真正的道德原则。塞缪尔·克拉克（Samuel Clarke）则提出了"公正原则"，认为人类理性的辨别力是关于环境和行为之间的一种"适合与不适合"。正确的行为总是适合于相同和相似的环境、情况的，而错误的行为总是不适合相同和相似的环境、情况。

剑桥柏拉图学派把道德建立在理性基础上的做法遭到了同时期苏格兰学派的反对。理性主义者的一个基本观点认为，道德行为必须要与"真命题"相符合。哈奇森认为，道德行为的性质不取决于与"真命题"相符合，因为不道德行为也是和"真命题"相符合，如抢劫行为也与"抢劫扰乱社会"的"真命题"相符合。哈奇森区分了道德的两个问题，即行为的动机和行为的判断标准。哈奇森正确的看到了道德行为的动机的重要性，并把动机和情感联系起来。针对有些理性主义者，如曼德维尔认为道德行为是出于自利动机的做法，哈奇森也提出了批评。哈奇森认为，"这种学说永远不能解释人类生活的主要行为：友好的协作、感恩、天然感情、慷慨、公共精神和同情。"① 这种学说同样不能解释我们为什么会赞许发生在遥远时代和遥远民族的道德行为，因为这些行为并不能增加我们的个人幸福。哈奇森还认为，符合理性的行为其实是预设了本能或感情的前提，因为推动行为的最终力量来自于我们的情感。

在对行为动机的说明方面，休谟是赞同哈奇森的观点，认为道德行为的动机是情感。在这个重要问题上，休谟在反驳了理性主义的做法

---

① ［英］弗兰西斯·哈奇森：《论激情和感情的本性与表现，以及对道德感官的阐明》，戴茂堂等译，杭州：浙江大学出版社 2009 年版，第 151 页。

后，却并没有专门而详细地阐明道德行为与动机性情感之间的具体联系。依据休谟的思想，作为动机的情感不是间接情感，而是直接情感。直接情感通过影响人的意志，进而发动行为。在直接情感中，父母对子女的慈爱、慈善、希望朋友得到幸福等这类情感是源自于人的本性或本能，因而这些情感可以说是天赋的或天生的。这类情感作用于意志是非常直接的，直接就激发了相应的道德行为。从进化论生物学和心理学上来看，此类情感的确存在，它们有利于人类种族自身的保存和发展。除了这类本能性的可以作为行为动机的情感外，大多数直接情感都是基于快乐或痛苦的原初印象而产生的。福利或祸害自然地就激发了快乐或痛苦的感觉，而这些苦乐感相应就产生了喜悦、希望、欲望，或者悲哀、恐惧、厌恶。当我们在思维或预期某种行为或品质时，他人的福利就产生了快乐的感觉，进而产生了对于他人福利的欲求，希望增进他人的福利，并且这么做自己会感到快乐。反之，他人的祸害就产生了痛苦的感觉，进而产生了悲哀、恐惧和厌恶情感。这类直接情感与利他行为是如何联系起来的，利他行为是如何产生的，他人的福利与祸害是通过什么原则而影响我们，我们的苦乐感又是如何激发的呢？

对这些问题的解决就要涉及到同情原则。休谟对同情的说明是借助于观念联想原则，因果关系的使用使得同情的过程呈现出原子式的心理活动特征。某种行为对他人的影响，或者他人的不利处境，可以通过同情而在作为观察者的我们内心产生快乐或痛苦的感觉，这种苦乐感直接的就产生了那些动机性的情感，也就产生了利他的行为倾向。换句话说，当我们面临着他人的痛苦的时候，这种痛苦会通过同情而传达给我们，使我们体会到相应的痛苦感觉，进而产生帮助他人减轻或消除痛苦的行为。这种同情更恰当的说是移情，基于移情而产生的利他行为倾向被称为"移情利他主义假设"。休谟认为，基于同情而产生的动机性情感具有强烈程度的差别，对亲人或关系密切的人的同情情感要胜过对其他人的同情情感，这在马丁·霍夫曼的道德心理学上也得到了确证。同时，马丁·霍夫曼还指出，对于他人的移情是人性的一种倾向，因而利他倾向被证明是一种普遍的倾向。

在同情与道德行为的关联上，叔本华也表达了同休谟相似的观点。

一个行为为什么会具有道德价值？要回答这个问题不能遵循思辨的方式，而只能采取经验的途径。也就是说，我们首先要观察一些具有真正的道德价值的行为。这些行为之所以是道德的，其原因就是它们是一些自觉的公正行事、纯粹发自仁爱的行为。这些道德行为的道德价值之所在，用叔本华的术语就是行为背后的"推动力"，其实就是行为的动机问题。叔本华认为，"这一独特的推动力，以及对这一推动力的敏感接受就是道德的最终原因。对这些道德原因的认识就成了道德的理据或说道德的基础。"① 这一道德的理据或基础就是愿望别人快乐的同情心。"这种同情才是发自内心做出的公正和仁爱行为的真正基础。只有发自同情的行为才具备道德的价值；而出于任何其他动因的行为都不具有这种道德的价值。"② 因此，从行为动机与价值判断的角度上看，道德的基础立足于人的同情的本性之中。

当我们表达或作出一个道德判断，如某个行为或品质是善的，我们是如何下这个道德判断的呢？休谟那个时代的理性主义会认为，这个行为符合了某条道德原则，因而是善的。道德的区分就在于理性把合符道德原则的行为推论为善的，不合符道德原则的行为则是恶的。理性可以进行一个三段论式的推理，从作为道德原则的大前提与这个行为符合这个道德原则的小前提，就可以推出这个行为是善的结论。休谟不赞同这种推论方式，而且对于理性主义者关于道德原则的来源的说明很不满意。当然，休谟并没有明确反对任何道德原则，这从休谟对于传统习惯与习俗的遵从就可以看得出来。休谟的主要意图就是要对道德的区分给出一个新的道德心理学的解释，这种解释是可以同道德原则相一致的。当我们说某个行为或品质是善或恶的时候，我们是在表达一种赞同和责备的情感。休谟举了一个杀人的例子表明，行为的道德属性不能从外界事实，而只能从我们内心的情感找根源。当一个行为或品质出现的时候，自然的就在我们心里产生了一种快乐或不快的感觉，正是这种感觉

---

① ［德］叔本华:《叔本华论道德与自由》，韦启昌译，上海：上海人民出版社2011年版，第130页。

② ［德］叔本华:《叔本华论道德与自由》，韦启昌译，上海：上海人民出版社2011年版，第146页。

构成了我们的赞同与责备。我们对某个行为的赞同就表明了这个行为是善的，相反则说明这个行为是恶的。这个下道德判断的心理过程，休谟认为并不是理性的推论，"我们并非因为一个品格是令人愉快，才推断那个品格是善良的；而是在感觉到它在某种特殊方式下令人愉快时，我们实际上就感到它是善良的。"①

休谟对道德区分的说明也借助于同情原则，这就给他的理论带来了不小的麻烦。我们知道，同情原则是因果式的观念联想而产生一种赞同与责备的感觉，这个过程就有推理的发生，同情主要发挥的认知上的作用。也许，休谟认为这不是理性的推理，而是对于道德情感在进行道德判断的一个说明。道德判断必须要求普遍性，而这又是如何保证的呢？因为，同情原则自身面临着一定的局限性，比如同情产生的强烈程度不同的问题。在休谟自身的理论资源中，观察者理论和普遍观点则有助于满足道德判断的普遍性要求。针对某个行为所造成的影响，我们不是立足于从自我利益来评价的，而是要跳出自我中心的圈子，从行为的相关者或影响者的角度给予考虑。功利原则和快乐原则成为了普遍观点中的两个要素，不是给自己，而是给行为相关者带来利益或快乐的行为或品质才是善的。从功利的角度来看，这似乎和功利主义是十分相同的。但休谟忽视了一个问题，如果行为的相关者是多个，或者是面对着多个利益要求者的时候，应该怎么来评价一个行为或品质。在这个问题上，功利主义则给出了明确的回答，也就是利益最大化原则。

休谟虽然注意到了行为动机对于一个道德行为的必要性，但是却没有详细地阐释道德判断对于动机性情感的影响。基于观察者和普遍观点而产生的道德感觉直接的蕴含着价值判断，而以道德感觉为基础的价值判断能否激发动机性的情感还有待说明。休谟认为，对于行为或品质的福与祸预期，经由扎根于普遍观点的同情而产生了快乐或痛苦的道德感觉。这种道德感觉具有两个方面的特征，一个是认知上的，可以作出道德判断；一个是意动性的，可以作为道德行为的动机，因为它激发了观

---

① ［英］休谟：《人性论》（下），关文运译，北京：商务印书馆1980年版，第511页。

察者的动机性情感。休谟的观察者理论既是进行道德判断的观察者，也是作出道德行为的行为主体。一个具有诚实品质的人，一旦他意识到自己的行为是一种欺骗行为，对他人伤害的同情就会使他意识到这是一种不道德的行为。这种道德判断立即就产生对于这种行为的厌恶感，进而制止这种行为的发生。所以说，一个真诚的道德判断就包含着相应的行为动机。这种蕴含着情感的道德判断，在心理学上被称为是"热认知"，它比单纯的依据道德原则而作出的道德判断显得更有力量。所以，道德判断和动机性的情感之间是相互关联的，二者可以相互促进，在道德行为实践中共同发挥作用。

以情感为基础的道德是否就是一种相对主义呢？通常看来，情感可能是任意而盲目的，是主观化的，以这种情感为基础道德还可以成立吗？规范主义伦理学的看法是，一个行为的道德特征取决于该行为是符合或者出自道德原则。康德就明确主张，除了对于道德原则的敬重，情感都应该被排除在道德之外，受情感影响的道德行为都是他律的，并不具有真正的道德价值。这里就给休谟的伦理学提出了一个问题，情感主义伦理学如何处理与道德原则的关系。规范伦理学是休谟之后的一种理论体系，休谟虽然没有提出与规范伦理学相似的结论，但是这并不代表休谟的以情感为基础的伦理学没有相关的道德原则，或者说是与道德原则完全相冲突的。经过仔细的考察之后，我们会发现，情感主义伦理学中的情感是与道德原则紧密联系在一起的。在情感主义伦理学中发挥重要作用的同情原则，就可以与道德原则的要求相一致。在进行道德区分的时候，我们会发现休谟就表现出强烈的功利倾向，功利标准成为了评价行为与品质的一个重要来源。他人的福利与祸害会强烈地影响着我们的情感，他人与社会的幸福深深地打动着我们的心灵，幸福原则成为德性的一个试金石。

具体而言，仁爱既是一种情感，一种德性，也是一种道德要求。休谟认为，仁爱是人的自然情感，对于亲人与朋友的情感是天赋的，是人性的一种自然趋势，并且成为我们的义务标准。一个人如果不是出于仁爱的情感而关怀自己的孩子，虽然他在生活中照顾了自己的孩子，但还是会受到人们的责备。人们不是说他没有履行相应的义务，而是谴责他缺乏对孩子的关爱，对孩子的关爱是与道德要求相一致的。对他人幸福与不幸的同情，使得我们在别人出现困难的时候主动地帮助他人，并且做到不伤害他人。基于同情而产生的情感，就与不伤害他人与帮助他人的道德原则是相一致的。当代的关怀伦理学，在强调仁慈、对他人的关怀上与休谟是极为相似的。

休谟对于人性有清醒的认识，人在某种程度上是自私的，同情首先就要保证不会因为人的自爱自利本性对他人造成伤害。避免这种情况的有效方法就是让行为者想到被伤害者的悲哀和痛苦，被伤害者的这种情感或状况所传递给我们的情感会抑制我们的自私动机和克制伤害他人的行为。不伤害他人的行为也就是公正的行为，它保证他人不被伤害，同时也不会使自己受到他人的伤害。在不伤害他人的公正原则之下，个人追求自利的行为就是合理的行为。不仅自己追求自我利益是合理的，同时他人追求他们自己的利益也是合理的。公正或正义大多数情况下被看作是一种消极美德，而与仁爱相比，它是社会的首要德性。不仅休谟持这种观点，亚当·斯密和叔本华也都是持此种观点。亚当·斯密就说到，"与其说仁慈是社会存在的基础，还不如说正义是这种基础。虽然没有仁慈之心，社会也可以存在于一种不很令人愉快的状态之中，但是不义行为的盛行却肯定会彻底毁掉它。"① 因此，没有了公正或正义，一个社会必将面临解体的危险。

同情除了保证不伤害他人，主要的意思还具有或要求达到更高的层次，也就是说要积极对他人施以援手。如果说同情在公正德性或规则中发挥的是否定性的作用，那么在仁爱德性中则发挥的是肯定性的作用。同情使我们真切地感受到了他人的痛苦，别人的痛苦也就直接成为了我要作出行为的动因。根据我对别人痛苦的同情的强烈程度和迫切程度，我接受了纯粹道德动因的推动，从而做出减轻或消除别人的痛苦的道德行为。出自仁爱的行为，完全是不计回报的，因为这是我们对别人痛苦的本能直觉式的关切或同情。这种行为会使我们体会到某种内心的满足，也会引起观察者的赞扬和钦佩。

---

① ［英］亚当·斯密:《道德情操论》，蒋自强等译，北京:商务印书馆 1997 年版，第 106 页。

以上从道德动机、道德判断、与道德原则的关系三个方面阐释了情感在道德中的基础地位，这种考察应该是合理的。基于同情而产生的道德情感，在道德实践中可以激发道德行为的动机，并且这种行为是合符我们的道德判断，而与道德要求相一致。因而，休谟的道德情感不完全是主观的，而是包含了道德要求，是一种道德或德性的自觉，通过习惯而逐渐内化成品质。

第三节　情感伦理学：超越休谟的思考

同情理论在休谟的情感伦理学中发挥了重要的作用，对其伦理思想的反思从同情入手应该是一个不错的出发点。这种反思是基于情感伦理学的基本问题，同时也是从以后伦理学的发展来反观而形成的。休谟的情感伦理学提供了分析道德问题的独特视角，形成了富有启发意义的思想。如何在休谟思想的基础上进一步拓展我们的伦理思考，这不得不说是令人鼓舞的。

休谟对同情的说明是在其观念论的框架内，通过观念与印象的相互转化而完成的。同情的过程基本上就是对他人情感的感知的一个过程，而以这种方式所获得的情感作为道德区分的基础有可能存在问题。休谟自己就意识到了这个问题，并且作出了相应的辩护。但是，休谟所作的辩护似乎并没有使亚当·斯密满意。从根本上说，对于他人情感的同情是以这人的情感是恰当的为前提的。所以亚当·斯密认为，"同情与其说是因为看到对方的激情而产生的，不如说是因为看到激发这种激情的境况而产生的。"① 一个不知道自己犯了某种严重疾病的人，他在生活中表现出快乐的情感，而对于了解这个情况的我们来说，不是对他人快乐的同情，而是设身处地产生的情感才是恰当的。亚当·斯密提出的适宜而恰当的原则指出了休谟同情理论的一个问题之所在。

① ［英］亚当·斯密：《道德情操论》，蒋自强等译，北京：商务印书馆1997年版，第9页。

　　由此而导致的另一个问题是，以经由同情而产生的快乐感觉作为行为或品质是善的道德判断似乎就有问题。虽然休谟采用了功利标准和快乐标准作为产生快乐感觉的来源，但是谁应该得到帮助的问题还是没有解决，具体应该采用什么功利标准也是不清楚的。当需要帮助的两个人，一个是自己的朋友，一个是陌生人时，休谟的同情会如何处理这种情况呢？休谟认为，情感之间只有生动与强烈程度之间的区别，那么对于朋友的同情在强度上就会强于陌生人，这种快乐感觉就表明了帮助朋友是更道德的行为。但是，当这个陌生人十分迫切需要我们的帮助，他的困境要大于朋友，而这个时候我们的同情也会变得强烈起来。这种情况又说明了我们对于这个陌生人的帮助是应当的，他很需要我们的帮助，我们的帮助会给他带来更大的利益。由此说明的一个问题是，同情不仅只是简单地与所谓的普遍观点相联系，还需要进一步地作出思考。

　　休谟在阐释同情的过程中，作为观察者的我们当看到他人面对着某种处境时，要经过一个依据自己过去的经验这么一个步骤，正是这个步骤容易导致出现心理学上的移情的"自我中心的转换"，会导致移情的中断。当看到一个人的痛苦经历，这也就激发了我们自己曾经在相似情况下的痛苦感觉和情感。这个时候我们不再是关注他人的情感，而是把注意力放在了我们自己的情感体验中。当激发我们同情的情况是非常强烈或不足时，又会产生移情的过度唤醒或不足的问题。马丁·霍夫曼指出，"忧伤的线索越强烈、越突出，观察者的移情忧伤就越强烈。但是，如果忧伤的信号过于强烈或突出，观察者的移情忧伤就会变成厌恶，而不能转化为对个人忧伤的感受。"[1] 不管是移情的"自我中心的转换"，还是过度唤醒或不足，都会影响我们的移情，也就影响我们的亲社会行为。这些情况不仅导致休谟依据同情而产生的道德判断，而且还会影响作为动机性情感的产生。

　　以上这些问题就给同情以及休谟的情感伦理思想带来了一定的困难，如何面对这些问题就是需要仔细考虑的。基于同情而产生的道德情

---

　　① ［美］马丁·霍夫曼:《移情与道德发展：关爱和公正的内涵》，杨韶刚等译，哈尔滨：黑龙江人民出版社 2002 年版，第 223 页。

感与普遍观点的一致，这表明休谟试图把情感的片面化、主观化、自我中心、相对主义等特征予以调和。普遍观点实际上也是休谟的道德判断所最终依据的原则，有利于自己或他人的福利的功利标准与增加自己或他人快乐的快乐标准是产生快乐的道德感觉的来源。我们在前面已经论述：休谟所诉诸的功利标准其实还是有待进一步深化的。而且，休谟对于这两个标准的信赖还产生了对于德性评价的泛德性特征，对道德的德性和其他的德性或品质未能够进行严格的区分。在哪些品质是道德德性上，休谟的观点就易于遭到其他人的反驳与质疑。休谟把同情与普遍观点联系起来的做法可能表明，他已经意识到了情感与道德原则的关系，同情与道德原则是可以在道德中共同发挥作用的，"道德准则刺激情感，产生或制止行为。"①

虽然休谟意识到了道德规则与情感的联系，但是他只是把这种联系用作反驳理性在道德中的作用的证据，道德规则与情感的具体联系他并没有探讨。休谟根据道德规则对情感的作用，就得出了道德规则不是来自理性的结论，这本身是存在问题的。康德从实践理性出发，对于道德原则的解释是很有说服力的。但是，康德同样也忽视了道德原则或规则与情感的联系。因为，来自实践理性或自由意志的道德准则，像是一种法则，这对于行为主体而言是必须遵守的，看似自由其实根本没有自由。如果说帮助他人是一个道德要求与规则，但是我为什么要这么做呢？如果有一天我心情很不好，在路上遇到一个陌生人问路，我直接就拒绝了他。我这么做对吗？如果完全按照道德的要求，我是应当告诉这个陌生人的，但是当时我的情绪很坏，并不想这么做。也许，我们并不会否认帮助他人这个道德要求，但是这个例子也表明了情感在道德实践中的作用，而且在道德行为中道德规则与情感是互相联系的。

道德规则与情感之间的联系，可以合理地解决因同情的局限性而产生的上述问题，这是道德规则对于情感的积极影响。而情感也对道德规则有积极的影响，用休谟的术语就是可以增强动机性的情感，促进道德

---

① ［英］休谟：《人性论》（下），关文运译，北京：商务印书馆1980年版，第497页。

行为的实践。在面对移情的过度与不足缺陷时，道德规则可以提醒我们自己，不能忽视道德的要求，从而为我们调整自己的情感提供了一个必要的契机。而对于他人痛苦的同情，在我们知道帮助他人是道德所要求的情况下，我们也就会更主动地帮助他人。对道德规则的认知不是冷冰冰的，而是一种"热认知"，这种情况很好地表明了道德规则与情感的良性互动。进一步而言，这种良性互动的状态如果可以稳定和发展的话，就会形成某种品质，表现出某种的行为倾向，也就是德性。休谟的道德的德性品质可以从这个角度给予一定的说明，但休谟在此问题上的观点是非常含混的。这是因为，有些品质很难说有相应的动机，而有些令人赞同的品质又不是道德的德性。在德性要求与道德规则相对应的情况下，比如正义与仁爱，上述情感与道德规则的稳定结合而形成的德性品质是可以成立的。

正义与仁爱虽然有时会表现出共同的一面，但在休谟看来二者是性质不同的两种德性。休谟认为正义中的道德感是人为的，而仁爱中的道德感则是自然的。休谟认为正义规则是人类的发明与创建，它对于人类完全是必需的，其作用的发挥需要整个社会的共同支持。因而，休谟把它作为社会赖以存在的基础，并且体现为社会制度。相对而言，仁爱代表了人性的一种共同的趋势或倾向，自身就可以成为义务的标准，不需要人为的发明与社会制度的支撑。

同情在正义作为规则和作为德性两个层面都发挥了重要的作用，对这个的阐释也可以再次证明情感与道德规则相互作用的情况。人在本性上既不是完全的自私，也不是完全的仁慈与慷慨，而是有限的慷慨，这种情况和外部的自然环境是相似的。在这种情况下，人类要想获得幸福，就必须进行合作而组成社会。稳定财物的占有就成为了最重要的问题，因为这是人们赖以生存和发展的基础。如何确立财物的占有呢，休谟借助于知性，利用他的观念论来解决这个问题。客观来说，休谟这个时候更多的是依赖于理性而不是情感来说明的。[①] 既然财物对于人们福

---

① 罗尔斯在解释处于无知之幕中的理性人会选择什么正义原则时，完全排除了情感的作用。虽然他极为重视正义感，但这是一种与实践理性和正义原则紧密联系的道德情感。

利是非常重要，那么对于财物的稳定占有也就十分的在意。所以，随意占有别人财物的行为必然会给他人造成伤害。你从一个小孩的手中抢走他的玩具，他马上就会伤心地哭起来。对于他人痛苦的同情也就给我们带来相似的情感体验。我们也可以换位思考，如果别人把我们的财物随意的夺走，那么我们同样也会感到很痛苦，并且还会感到气愤。这种行为在其他人看来，也会引起相似的情感体验，并且对于这种行为予以谴责。所以，稳定财物的占有就成为了一个原则，破坏这一原则就会遭到惩罚，同时也会遭到他人的谴责。而对于受害人的同情，也会使自己感到内疚，对于道德规则的破坏也使我们良心上感到不安。在这里我们可以发现，同情、情感与道德规则是互相联系的。正义的德性就是具有很强的正义感，对于违背正义的行为会感到内疚和自责，而遵守正义的行为会使自己感到心安，获得对自我价值的肯定，也会受到来自他人的赞赏。

人们在达成稳定财物占有的约定后，在具体的规则上的协定同样也包含了上述的情感因素。休谟对于正义的思考带有他那个时代的特征，财产权的确立和稳定受到非常重要的强调。相对而言，休谟又显示出保守的一面，他对于社会习俗与习惯的遵守就是一个证明。从现在看来，正义的范围无疑比休谟的正义范围要更加的广泛。休谟的正义主要是关于分配正义，而分配正义不仅包括了私人财物，在现在看来也包括了其他的社会公共资源和机会。从分配所考虑的原则来看，也从现实占有发展到了考虑贡献、平等与需要等原则。罗尔斯关于正义的理论，就考虑了自由与平等原则的结合。休谟关于正义的思考也许忽视了一个问题，那就是社会上占有财物较少的人为什么要达成那样的正义规则，所以平等与需要也就成为了不得不考虑的问题。对于弱者的考虑也正体现了仁爱的要求，更多地表现出对这些人的同情。

休谟曾涉及了情感自身的发展与道德规则的关系，并且把它和道德教育相关联，这种观点是非常有见地的。他说道，"正像公众的称赞和责备增加我们对于正义的尊重，私人的教育和教导有助于同样的效果。"①

———

① ［英］休谟：《人性论》（下），关文运译，北京：商务印书馆1980年版，第541页。

马丁·霍夫曼在《移情与道德发展：关爱和公正的内涵》一书中，对于同情（移情）与道德发展的过程作出了富有意义的研究，这也就为道德教育提供了一个很好的参考。马丁·霍夫曼从心理学上证实了移情与道德的发展是正相关的关系，这也就印证了休谟的观点，只不过前者做了出色的说明。比如，父母如果使用诱导的方法，使孩子能够设身处地考虑他人的感受，这既有助于孩子移情能力的培养与发展，同时也有助于道德规则的接受与内化。与道德规则相结合的内疚，比单纯的移情内疚是更有力的亲社会行为动机。休谟的观察者虽然采用了普遍观点，但是并没有反思到自己的内疚层面，这种内疚而且是与道德原则相结合的，而且是与个人形象，对自我的肯定联系在一起的，也就是休谟说的荣誉，或者在他人眼中的好品质的个人。父母在进行道德教育的过程中，对于自己权威的使用要恰当，不然孩子只能被动地接受大人所施加的一套道德规则。而通过诱导，让孩子体会到自己的行为对于他人所造成的影响，通过移情他会产生相应的情感体验，并且易于接受道德规则。当再次遇到类似的事情时，他们也就会被激起相似的情感，更倾向于作出与道德规则相符合的亲社会行为。

以上关于休谟情感伦理学的思考都是围绕同情而进行的，这既是因为同情在休谟伦理思想中的重要地位，也是因为同情对于道德本身所具有的积极影响。在休谟那里，他并没有把同情的认知特征与意动特征明确的区分开来。休谟也主要是从认知上论述到了同情在道德中的作用，在道德区分和德性评价中可以体现出来。而同情在意动方面的作用，如果清楚的揭示出来的话，就可以用于分析动机性情感的激发和形成机制。同情的这两个方面的特征，可以把情感与道德规则联系起来，从而可以更好地说明道德以及个体道德的发展。

第四节　他山之石：与儒家伦理的初步对话

在西方近代特别是休谟的伦理学中，情感主义力图确立情感在道德中的地位与作用的努力，开启了不同于理性主义的另一传统。情感主义与理性主义的理论交锋，是在西方文化内部展开的。如果我们在思考道德的基础等问题的时候，跳出西方文化背景，从一个更大的视野进行比较和反思，可能会在不同文化中获得某些道德上的共识。在中国文化特别是儒家伦理那里，休谟的情感主义道德哲学可以找到他的同道者。

正如西方现代一些哲学家重视近代的情感主义道德哲学一样，中国现当代也有一些哲学家和学者非常重视中国传统哲学中的情感资源。蒙培元认为，从比较哲学的角度看，西方哲学是"理性哲学"，中国哲学包括儒学是"情感哲学"。① 从中西比较哲学的视角持类似观点的哲学家还有梁漱溟、李泽厚、牟宗三等，黄玉顺甚至利用仁爱这个道德情感探讨中国传统包括儒家的正义理论。② 这样的比较给儒家伦理与休谟的道德哲学提供了一个初步的相通之处，即都与理性主义相对。一些学者已经在进行儒家伦理如孟子的伦理思想与休谟道德哲学的比较，力求仁爱与同情在二者中的相似之处。③ 当然，其中的相通之处在道德哲学中还需要接受进一步的检验，如道德的基础与德性等，在这个过程中儒家伦理与休谟道德哲学进行跨文化对话的意义会逐渐显现出来。

休谟对精神哲学的研究置于人性的基础上，精神哲学中包括道德哲学等内容，人性则包括知性与情感两个主要部分。具体而言，道德哲学主要置于人性中的情感部分之上。在此，我们可以发现人性、情感、道德三者之间的联系。这种联系在儒家伦理中也存在，而且被明确为性—情—道这样的关系结构。孟子的心性说，《中庸》中的"天命之谓性，率性之谓道"等，都蕴含着这样的结构。在楚简儒家性情说中，这一关系结构非常明确，"道始于情，情生于性。"丁原植认为，楚简性情说显现出清晰的观念结构，"强调以'性'为人所本有之自然本质，以'情'作为这种本质显发的情状，并由之构成'性情'的论述，以作为人道建构的始源。"④ 人道类似休谟的精神哲学，其中包括了道德等诸多内容。如果我们在不严格的意义上把"道"置换成"德"或"道德"，就可以

---

① 蒙培元：《情感与理性》，北京：中国人民大学出版社 2009 年版，第 356 页。

② 黄玉顺：《中国正义论的形成》，北京：东方出版社 2015 年版。

③ Xiusheng Liu, *Mencius, Hume and the Foundations of Ethics*, Routledge, 2017.

④ 丁原植：《楚简儒家性情说研究》，台北：万卷楼 2002 年版，第 5 页。

获得一个一般的结论，即休谟的道德哲学与儒家伦理都存在性—情—德这样的关系结构。

在这个关系结构中，性、情、德的内涵还有待阐明。在儒家哲学或儒家伦理中，性、情、德的含义并不是单一的，而是非常复杂的。一般而言，性与生有关，"生之谓性"，是一种自然本性，它是非人为的。万物各有其本性，它来自于天或天命。人都有来自于天命的本性，人所具有的本性是相同的，后来又分为天命之性与气质之性。这个相同的本性又是可以变化的，"性相近习相远""性日生而日成"。情，一般指情感，它来自于性，是性的显发。情感大致可以分为道德情感与自然情感，如我们熟知的四端与七情的区分。就道德情感来自于人性而言，它也可说是自然的。德可以指通常意义上的道德，它不仅包括行为的评价规范，而且还包括德性、德行等。德既包括人类的道德，也可以指自然之德，如上天有好生之德。

在休谟的道德哲学中，性特指人性，可视为自然本性，人性中的两个主要部分是知性与情感。休谟对情感的来源与分类进行了考察，可分为自然情感与道德情感。在道德情感中，有些是自然的，有些是人为的，但都可称之为人的自然倾向。道德主要指人类道德，休谟主要探讨了道德或价值的来源与基础、道德动机、道德评价、道德规范等内容。

在性—情—德的关系结构中，儒家伦理的一个突出之处是其形而上的特征。因为性可以追溯到天，所以在性—情—德的结构背后，还有一个性—命—天的结构。在休谟那里，因其自然主义与经验主义特征，儒家伦理中的那种形而上的特征是不可能存在的。在性或人性的观念中，休谟的人性更多的是自然本性，是研究与观察的对象。儒家伦理中的人性的含义要丰富很多，关键的是它可以变化、发展、完善、提高、实现。休谟的人性观念已经蕴含了情感与知性或理性的分离或对立，儒家则没有这样的分离与对立。在孟子那里，是非之心是理智或是理智德性的端绪，它既是情感的也是理性的。就狭义的含义而言，儒家的道德与休谟的道德基本相同，限于人类社会。但是，儒家的道德范围更广，自然万物都有各自的本性与规则，它们与人类的道德存在一定的相通之处。因而，儒家的道德在境界上存在"天人合一"，人可以与天地合其德。

在辨析了性—情—德的结构的同与异之后，情感与道德的关系是接下来要讨论的重要内容。休谟认为，道德的来源与基础是情感。"道德这一概念蕴含着某种为全人类所共通的情感，这种情感将同一个对象推荐给一般的赞许，使人人或大多数人都赞同关于它的同一个意见或决定。这一概念还蕴含着某种情感，这种情感是如此普遍如此具有综括力，以至于可以扩展至全人类，使甚至最遥远的人们的行动和举止按照它们是否符合那条既定的正当规则而成为赞美或责难的对象。唯有这两个不可或缺的因素才属于我们这里所坚持的人道的情感。"① 较之于早期，休谟后期十分强调仁爱或人道的情感，它是人类共有的和普遍的情感，"实存于人类本性之中的"。②

在儒家伦理中仁爱处于非常基础和重要的地位。孔子在继承先前的周礼等传统的时候，通过援仁入礼而开创了以仁为核心的儒学，儒学又可以称为仁学。"仁者人也"，仁成为了人的本质规定。仁虽然含义丰富，但仁爱情感是一种主要的意思，"仁者爱人"。在孟子那里，仁爱主要体现为四端之一的恻隐之心，并成为了性善论的一个主要根据。仁爱作为一种自然情感，它是先天的，基于人性并最终来自于天。同时它又是一种道德情感，是道德的基础，是人的德性发展与完善的开端。孟子赋予了仁爱以道德本能或直觉的特征，同时也强调了其能动性的一面。人可以发挥能动性而扩展仁爱，"亲亲而仁民，仁民而爱物"。

休谟与儒家伦理都强调仁爱，它是人性中共有和普遍的情感，在道德中处于基础地位。仁爱情感作为一种心理机能，它的运作与同情联系起来，这一点在休谟和儒家伦理那里都是类似的。可以说，休谟的普遍的仁爱是通过同情而实现的。休谟对同情进行了理论阐释，依据观念论和想象凸显了同情的认知特征，同时也揭示了同情的局限并对此进行修正。这使得仁爱作为道德情感更加稳定。在仁爱的扩展上，孔子的"忠

① ［英］休谟:《道德原则研究》，曾晓平译，北京:商务印书馆2001年版，第124—125页。

② ［英］休谟:《道德原则研究》，曾晓平译，北京:商务印书馆2001年版，第150页。休谟在这条脚注中把一般的仁爱或人道与同情的情感相等同。

恕之道"作为"黄金法则"最为人熟知。在孟子那里，仁爱作为恻隐之心，它的移情特征更为明显。在孺子入井等例子中，孟子凸显了仁爱情感的利他一面，不限于休谟式同情中仅对他人情感的感知。在此，我们会发现休谟与儒家伦理在仁爱上的一个关键区分。休谟强调情感或同情在道德判断中的地位，儒家更为强调利他的一面，重视情感对他人与万物的关怀取向。

　　仁爱作为道德的基础，主要体现为它在道德判断、道德规范、德性自觉、德性发展、德性目的等方面的积极作用。就道德判断而言，休谟认为它包含知性或理性，同时也必须包含某种情感，这种情感就是仁爱。"这种情感不可能是别的，只能是一种对人类的幸福的同情和对人类的苦难的愤恨，因为这些正是德性和恶行各自趋向于促进的不同的目的。因此，在这里，理性给我们指示行动的诸种趋向，人道则为了有利于那些有用的和有益的趋向而做出一种区别。"[①] 在儒家伦理那里，仁爱在道德判断中是不可或缺的，同时也肯定理性的作用。孔子说道："仁者安仁，知者利仁。""唯仁者能好人，能恶人。"[②] 仁爱不仅是一种道德情感，而且还是一种包含了理性的情感。在孟子与王阳明的良知中，"这些被称为良知的道德情感具有先天性、普遍性、直觉性、认知性等特征，它们在道德主体那里被认为是本性自足的，是从人的本性中产生出来的。"[③] 就仁与智的关系而言，仁可以包含智。在广义的仁德中，仁是一种包含了义、礼、智、信诸种德目的整体的德性。这种仁自然体现在道德判断中，甚至自身就可以做出道德判断。

　　接下来看仁爱与道德规范之间的关系。仁爱不仅是一种道德情感，而且还是一种道德规范，是一种自然义务。仁爱作为道德规范，它符合我们人性中仁爱情感的自然的和普遍的特征。这样的仁爱情感成为共同的标准并确立了义务感，"我们的义务感永远遵循我们情感的普通的、

---

　　① ［英］休谟:《道德原则研究》，曾晓平译，北京:商务印书馆 2001 年版，第138 页。

　　② 《论语·里仁》。

　　③ 胡军方:《论王阳明的道德情感》,《贵州师范大学学报》2015 年第 3 期。

自然的途径"。① 如果一个人缺乏应有的仁爱情感，他也可能按照仁爱的义务感而行事；当他意识到仁爱是我们普遍具有的，他因不具备仁爱情感而受到责难的时候，会在内心中产生一种义务感。休谟认为，在仁爱的自然义务中，仁爱情感是这种义务的主要动机，义务感是一种辅助动机。如同休谟一样，儒家也视仁爱为一种主要的道德规范和要求。在家庭中，儒家更为强调父慈子孝，孝在中国传统社会是一个基础性的义务。当然，仁爱还有其一般性或普遍性，即仁民爱物、民胞物与等。仁爱的展开蕴含着这样一个规范结构，即仁—义—礼，仁爱在具体情境中追求一种合宜与恰当，并体现和符合一定的礼仪或礼制。在此仁爱与正义的关系是一个难题。如果我们简单地把儒家的义理解为西方或休谟意义上的正义的话，儒家与休谟就显示出差异来。在休谟那里，仁爱与正义的关系是很弱的，正义产生的原始动机不是仁爱，而是个体的自我利益这种欲望或情感。在儒家伦理中，仁爱与正义的关系是较强的，甚至仁爱是正义的基础，这具有一种泛道德主义的色彩。在儒家的"十义"中，仁爱与亲情的关系非常牢固。在道德与政治不断区分的现代社会，儒家的仁爱与正义观面临着如何保护个人的权利与善的问题。②

仁爱除了是一种道德情感和规范要求，还是一种重要的德性。仁爱作为德性，需要回答这种德性的来源、德性的自觉、德性的发展与目的等方面的问题。休谟在仁爱德性的来源这个问题上，他的观点可能会有含混之处。一方面，依据其价值来源和德性评价理论，仁爱是因其结果而获得赞同并被认为是一种德性。一方面，仁爱作为人类的本性，同时作为规范要求，我们具有仁爱并成为仁爱之人就不取决于结果。虽然仁爱可以带来休谟所言的结果，但是仁爱成为德性是因其本身之故而不是因其结果。这一点正是儒家强调的方面，仁爱德性与人性的本质相关。

在休谟道德哲学与儒家伦理那里，都强调人的道德主体性与能动性，在德性上体现为德性的自觉。在休谟的观察者理论中，我们可以对

① ［英］休谟：《人性论》（下），关文运译，北京：商务印书馆 1980 年版，第524 页。

② 赵广明：《情感的道德意义与孟子的"四端"说重释》，《齐鲁学刊》2017 年第5 期。

仁爱德性进行道德反思，通过考虑给他人带来的影响和他人对于自己的评价而达到德性的自觉。道德反思可以增强德性的吸引力，产生德性的爱与尊敬的情感。同时，道德反思还可以产生义务感，仁爱的义务感就是道德反思的产物，其他的义务感也可以因道德反思而产生。休谟在《道德原则研究》中刻画了一个具有完美德性的克利安提斯的典范形象，这是道德反思中对德性自觉的突出表现。儒家伦理中关于德性自觉有非常丰富的论述，如三省吾身、反躬自问、持静、敬与诚、慎独等。儒家的德性自觉与君子形象结合在一起，君子与休谟的克利安提斯都是完美德性的典范。

德性内在包含了道德情感，仁爱德性自然也包括了仁爱的情感，仁爱德性的发展也蕴含了仁爱情感的发展，二者是相互促进的。仁爱的德性自觉给这种德性的发展提供了动力，同时也使仁爱情感得以稳定和扩展。在这个方面，相较于休谟，儒家给出了更为详细的探讨。在儒家伦理中，德性的展开体现为一系列的过程，包括开端、保持、发展与完善等诸多环节。在实践中，德性的展开与修身联系在一起，儒家的"八条目"是关于这方面的经典概括。德性的发展会达到孔子所言的"随心所欲不逾矩"的境界，这是德性自觉之上的自由与自主的体现。

仁爱因其自身之故而为德性，也就在一定程度上说明德性自身就是目的。在休谟那里，德性可以带来可以获得赞同的结果，因其赞同而令我们快乐。同时，休谟强调了德性的快乐和德性的尊严。当一个并未带来结果或获得他人赞同的德性与行为，它仍是一种德性，我们仍会对我们具有此种德性体验到快乐与幸福。休谟写道："心灵的内在安宁、对正直的意识、对我们自己行为的心满意足的省察，这些是幸福所不可或缺的因素，将被每一个感觉到它们重要性的诚实的人所珍爱和所培育。"① 在德性自身就是目的和德性的快乐上，儒家也有相同的观点。我们非常熟悉孔颜之乐，便是儒家关于德性快乐的集中代表。"寻颜子、仲尼乐处，所乐何事"，成为了儒家关于人格理想与道德境界的命题。②

---

① ［英］休谟：《道德原则研究》，曾晓平译，北京：商务印书馆2001年版，第135—136页。

② 《二程遗书》卷二。

在德性是人性本质的体现上，儒家非常重视仁爱与其他德性的培育，这是人格修养中最为核心的部分。

从上述分析中已经可以发现，休谟道德哲学与儒家伦理都强调情感在道德中的基础地位，具有性—情—德的结构，体现在道德判断、道德规范、德性等方面。如果我们把强调情感作用的道德学说视为情感主义（不同于 20 世纪注重语言分析的元伦理学的情感主义），它与以康德为代表的理性主义道德学说形成鲜明的对比。在中西道德哲学中，其实都存在情感主义与理性主义两种不同的道德学说。理性主义否定情感在道德中的基础地位，特别是在道德判断和道德规范上；反之，情感主义肯定情感的基础地位，并且也承认理性的作用。李明辉以康德之后的现象学中的情感伦理学作为理论参照，对儒家伦理中的四端与七情进行了研究。[①] 杨国荣认为，以休谟为代表的西方情感主义与以孟子为代表的儒家情感主义有很多的共通之处，比如仁爱与同情。[②] 情感主义作为不同于理性主义的道德学说，它揭示了理性主义的局限并在克服这些局限等方面发挥了重要作用；甚至可以说，它本身就是一种独立的道德学说。在这一点上，通过休谟道德哲学与儒家伦理之间的对话，后者提供了不同文化的理论资源。

---

① 李明辉：《四端与七情：关于道德情感的比较哲学探讨》，上海：华东师范大学出版社 2008 年版。

② 杨国荣：《心性之辨：从孟子到王阳明》，载《国际儒学研究》第二辑，1996 年。

参考文献

（一）英文部分

1.Hume, David, *A Treatise of Human Nature*, edited,with an analytical index by L. A. selby-bigge, Oxford: The Clarendon Press, 1896.

2.Hume, David, *An Enquiry Concerning the Principles of Morals*,Illinois: The Open Court Publishing Company,1938.

3.Hume, David, *Concerning the Human Understanding and Concerning the Principles of Morals*, edited by L. A. selby-bigge,Oxford University Press, 1902.

4.Hume, David, *Essays, Moral, Political, and Literary*, Edited by Eugene F. Miller. Indianapolis: Liberty Fund, 2005.

5.Árdal, Páll S., *Passion and value in Hume's treatise*, Edinburgh: Edinburgh University Press, 1989.

6.Baier, Annette C., *A progress of sentiments: reflections on Hume's Treatise*, Cambridge: Harvard University Press. 1991.

7.Baier, Annette C., "Good Men's Women: Hume on Chastity and Trust"，*Hume Studies Volume V*, Number 1（April, 1979）.

8.Baillie James, *Hume on morality*, London and New York：Routledge,2000.

9.Blackburn Simon, "Morals and Modals"，in *Essays in Quasi-Realism*, Oxford: Oxford University Press, 1993.

10.Brand, Walter, *Hume's theory of moral judgment*, Dordrecht；Boston: Kluwer Academic Publishers, 1992.

11.Brieke, John, *Mind and morality: an examination of Hume's moral psy-*

chology, Oxford: Clarendon Press, 1996.

12.Brink David O., *Moral Realism and the Foundations of Ethics,* Cambridge: Cambridge University Press, 1989.

13.Brown Charlotte, "From Spectator to Agent: Hume's Theory of Obligation", *Hume Studies* Volume XX, Number 1 (April, 1994).

14.Cheshire Calhoun, Robert C. Solomon, *What Is an Emotion*, New York: Oxford University Press, 1984.

15.Cline Erin M., "Two Senses of Justice: Confucianism, Rawls, and Comparative Political Philosophy", *Dao* (2007) 6.

16.Cohon Rachel, "The Common Point of View in Hume's Ethics". *Philosophy and Phenomenological Research*, Vol. 57, No. 4 (Dec., 1997).

17.CrisP, Roger and Slote, Michael (ed), *Virtue Ethics*, Oxford: Oxford university Press.1997.

18.Fieser, James (ed.), *Early responses to Hume's moral, literary and political writings*, Sterling, Va.: Thoemmes Press, 1999.

19.Fieser, James (ed.), "Hume's classification of the passion and its precursors", *Hume Studies Volume XVIII*, Number 1 (1992).

20.Fieser, James (ed.), "Hume's Wide View of the Virtues: An Analysis of his Early Critics", *Hume Studies Volume XXIV*, Number 2 (November, 1998).

21.Flew, Antony, *David Hume, philosopher of moral science*, Oxford: Basil Blackwell Ltd,1986.

22.Glossop Ronald J., "Is Hume a 'Classical Utilitarian'", *Hume Studies* Volume 2, Number 1 (April, 1976).

23.Harrison Jonathan, *Hume's theory of justice*, New York: Oxford University Press, 1981.

24.Herdt, J.A., *Religion and faction in Hume's moral Philosophy*, Cambridge,U.K: Cambridge University Press, 1997.

25.HoPe, V.M., *Virtue by consensus: the moral Philosophy of Hutcheson, Hume, Adam Smith*, Oxford: Clarendon Press, 1989.

26.Hursthouse Rosalind, "Virtue ethics and human nature", *Hume Studies*

Volume XXV, Number 1 and 2（April/November, 1999）.

27.Jenkins, John J., *Understanding Hume*,Edinburgh: Edinburgh University Press,1992.

28.John P. Wright, *Hume's 'A treatise of human nature'*: an introduction, New York: Cambridge University Press, 2009.

29.Jones Peter（ed.）, *The reception of David Hume in Europe*, London and New York : Thoemmes Continuum, 2005.

30.Levey Ann, "Under Constraint: Chastity and Modesty in Hume", *Hume Studies Volume XXIII*, Number 2（November, 1997）.

31.Lilli Alanen," What are emotions about", *Philosophy and Phenomenological Research*. Vol.67, No. 2（Sep. 2003）.

32.Mackie J. L., *Hume's moral theory,* Boston: Routledge & K. Paul, 1980.

33.Macleod Alstair: "Rule-Utilitarianism and Hume's Theory of Justice", *Hume Studies* Volume VII, Number 1（April, 1981）.

34.Macnabb, D. G. C., *David Hume: his theory of knowledge and morality*, Aldershot, Hampshire: Gregg Revivals, 1991.

35.Mathews, Bernard Reese, *Hume's theory of sympathy*, Ann Arbor, Mich: UMI, 1968.

36.McDowell John, "Value and Secondary Qualities", in *Morality and Objectivity: A Tribute to J. L. Mackie*, ed. Ted Honderich, London: Routledge and Kegan Paul, 1985.

37.McDowell John, "Projection and Truth in Ethics", in *Moral Discourse and Practice: Some Philosophical Approaches*, Oxford: Oxford University Press, 1997.

38.Norton, Fate David, *The Cambridge companion to Hume*,Cambridge: Cambridge University Press,1993.

39.Rachel Cohon（ed.）, *Hume: moral and political philosophy*, Burlington, Vt.: Ashgate, 2001.

40.Radcliffe Elizabeth S.（ed.）, *A Companion to Hume*, Malden, MA: Blackwell Publishing, 2008.

41.Radcliffe Elizabeth S.（ed.）, "Hume on the Generation of Motives:

Why Beliefs Alone Never Motivate", *Hume Studies* Volume XXV, Number 1 and 2（April/November, 1999）.

42.Radcliffe Elizabeth S.（ed.）, "Hume on Motivating Sentiments, the General Point of View, and the Inculcation of 'Morality'", *Hume Studies* Volume XX, Number 1（April, 1994）.

43.Radcliffe Elizabeth S.（ed.）, "How Does the Humean Sense of Duty Motivate", *Journal of the History of Philosophy* - Volume 34, Number 3, July 1996.

44.Roderick Firth, "Ethical Absolutism and the Ideal Observer", *Philosophy and Phenomenological Research*, Vol. 12, No. 3（Mar., 1952）.

45.Russell Paul, "Moral Sense and Virtue in Hume's Ethic", in *Values and Virtues: Aristotelianism and Contemporary Ethics*, Tim Chappell, ed., Oxford University Press, 2006.

46.Smith, Norman Kemp, *The philosophy of David Hume*, London: Macmillan and Co., Ltd. 1941.

47.Smith Michael, "The Humean Theory of Motivation", *Mind*, New Series, Vol.96, No.381（Jan.1987）.

48.Strawson Peter, *Freedom and Resentment,* London: Methuen, 1974.

49.Xiusheng Liu, *Mencius, Hume and the Foundations of Ethics*, Routledge, 2017.

50.Yeghiayan, Eddie, *Hume's theory of moral sentiments*, Ann Arbor, Mich: UMI, 1975.

（二）中文部分（包括中文译本）

1.[英] 休谟:《人性论》, 关文运译, 北京: 商务印书馆, 1980 年。

2.[英] 休谟:《道德原则研究》, 曾晓平译, 北京: 商务印书馆, 2001 年。

3.[英] 休谟:《道德原理探究》, 王淑芹译, 北京: 中国社会科学出版社, 1999 年。

4.[英] 休谟:《人类理解研究》, 关文运译, 北京: 商务印书馆,

1957年。

5.[英] 休谟:《人性的高贵与卑劣》,杨适译,上海:上海三联书店,1988年。

6.[英] 休谟:《休谟政治论文选》,张若衡译,北京:商务印书馆,2010年。

7.[英] 休谟:《休谟经济论文选》,陈玮译,北京:商务印书馆,1984年。

8.[英] 休谟:《休谟经典文存》,李瑜青主编,上海:上海大学出版社,2002年。

9.[英] 休谟:《休谟散文集》,肖聿译,北京:中国社会科学出版社,2006年。

10.[英] 休谟:《休谟政治论文集》(影印本),北京:中国政法大学出版社,2003年。

11.[英] 休谟:《自然宗教对话录》,陈修斋、曹棉之译,北京:商务印书馆,1962年。

12.[英] 休谟:《宗教的自然史》,徐晓宏译,上海:上海人民出版社,2003年。

13.[古希腊] 柏拉图:《理想国》,郭斌和、张竹明译,北京:商务印书馆,1986年。

14.[古希腊] 亚里士多德:《尼各马克伦理学》,王晓凤、陈晓旭译,北京:中国社会科学出版社,2007年。

15.[英] 霍布斯:《利维坦》,黎思复、黎廷弼,北京:商务印书馆,1985年。

16.[英] 洛克:《人类理解论》,关文运译,北京:商务印书馆,1959年。

17.[英] 洛克:《政府论》(下篇),叶启芳等译,北京:商务印书馆,1964年。

18.[英] 贝克莱:《人类知识原理》,关文运译,北京:商务印书馆,2010年。

19.[法] 卢梭:《社会契约论》(第3版),何兆武译,北京:商务印书馆,2003年。

20.［荷］斯宾诺莎:《伦理学》，贺麟译，北京:商务印书馆，1983年。

21.［荷］伯纳德·曼德威尔:《蜜蜂的寓言》，肖幸译，北京:中国社会科学出版社，2002年。

22.［英］弗兰西斯·哈奇森:《论激情和感情的本性与发现，以及对道德感官的阐明》，戴茂堂等译，杭州:浙江大学出版社，2009年。

23.［英］弗兰西斯·哈奇森:《论美与德性观念的根源》，高乐田等译，杭州:浙江大学出版社，2009年。

24.［英］亚当·斯密:《道德情操论》，蒋自强等译，北京:商务印书馆，1997年。

25.［英］弗格森:《文明社会史论》，林本椿、王绍祥译，沈阳:辽宁教育出版社，1999年。

26.［英］边沁:《道德与立法原理导论》，时殷弘译，北京:商务印书馆，2000年。

27.［英］边沁:《政府片论》，沈叔平等译，北京:商务印书馆，1995年。

28.［英］约翰·穆勒:《功用主义》，唐钱译，北京:商务印书馆，1957年。

29.［德］康德:《道德形而上学原理》，苗力田译，上海:上海人民出版社，1986年。

30.［德］康德:《实践理性批判》，邓晓芒译，北京:人民出版社，2003年。

31.［德］叔本华:《伦理学的两个基本问题》，任立、孟庆时译，北京:商务印书馆，1996年。

32.［德］叔本华:《叔本华论道德与自由》，韦启昌译，上海:上海人民出版社，2011年。

33.［英］艾耶尔:《语言、真理与逻辑》，尹大贻译，上海:上海译文出版社，1981年。

34.［英］亨利·西季威克:《伦理学方法》，廖申白译，北京:中国社会科学出版社，1993年。

35.［英］乔治·摩尔:《伦理学原理》，长河译，上海:上海人民出版社，2005年。

36.［英］罗素：《西方哲学史》（上下卷），马元德译，北京：商务印书馆，1976年。

37.［美］查尔斯，L.斯蒂文森：《伦理学与语言》，姚新中等译，北京：中国社会科学出版社，1991年。

38.［英］C.D.布劳德：《五种伦理学理论》，田永胜译，北京：中国社会科学出版社，2002年。

39.［美］卡尔纳普：《哲学和逻辑语法》，上海：上海人民出版社，1962年。

40.［美］弗兰克纳：《伦理学》，关键译，北京：三联书店，1987年。

41.［美］汤姆·L.比彻姆：《哲学的伦理学》，雷克勤等译，北京：中国社会科学出版社，1990年。

42.［德］石里克：《伦理学问题》，张国珍、赵又春译，北京：商务印书馆，1997年。

43.［美］马丁·L.霍夫曼：《移情与道德发展》，杨韶钢、万明译，哈尔滨：黑龙江人民出版社，2002年。

44.［英］冯·哈耶克：《法律、立法与自由》（第一卷），邓正来等译，北京：中国大百科全书出版社，2000年。

45.［美］约翰·罗尔斯：《正义论》，何怀宏等译，北京：中国社会科学出版社，1988年。

46.［美］约翰·罗尔斯：《道德哲学讲义》，张国清译，上海：上海三联书店，2003年。

47.［美］约翰·罗尔斯：《政治哲学史讲义》，杨通进等译，北京：中国社会科学出版社，2011年。

48.［美］弗兰克·梯利：《伦理学导论》，何意译，桂林：广西师范大学出版社，2002年。

49.［美］阿拉斯代尔·麦金太尔：《德性之后》，龚群译，北京：中国社会科学出版社，1995年。

50.［美］麦金太尔：《追求美德》，宋继杰译，南京：译林出版社，2008年。

51.［美］阿拉斯代尔·麦金太尔：《伦理学简史》，龚群译，北京：商务印书馆，2003 年。

52.[美] 雷切尔斯：《道德的理由》（第 5 版），杨宗元译，北京：中国人民大学出版社，2008 年。

53.[澳] 约翰·L.麦凯：《伦理学：发明对与错》，丁三东译，上海：上海译文出版社，2007 年。

54.[美] 大卫·刘易斯：《约定论：一份哲学上的考量》，吕捷译，北京：三联书店，2009 年。

55.[英] 伯纳德·威廉斯：《道德运气》，徐向东译，上海：上海译文出版社，2007 年。

56.[德] 马克斯·舍勒：《伦理学中的形式主义与质料的价值伦理学》（上下册），倪梁康译，北京：三联书店，2004 年。

57.[德] 马克思·舍勒：《道德意识中的怨恨与羞感》，林克等译，北京：北京师范大学出版社，2004 年。

58.[德] 罗伯特·施佩曼：《道德的基本概念》，沈国琴等译，上海：上海译文出版社，2007 年。

59.[美] 列奥·施特劳斯，约瑟夫·克罗波西主编：《政治哲学史》，李天然译，石家庄：河北人民出版社，1993 年。

60.[美] 克里斯蒂娜·科尔斯戈德：《规范性的起源》，杨顺利译，上海：上海译文出版社，2010 年。

61.[美] 内格尔：《利他主义的可能性》，应奇等译，上海：上海译文出版社，2015 年。

62.[英] 布莱恩·巴里：《正义诸理论》，孙晓春、曹海军译，长春：吉林人民出版社，2004 年。

63.[美] 伊丽莎白·S.拉德克利夫：《休谟》，胡自信译，北京：中华书局，2002 年。

64.[丹] 努德·哈孔森：《立法者的科学》，赵立岩译，杭州：浙江大学出版社，2010 年。

65.[美] 乔纳森·海特：《正义之心》，舒明月等译，杭州：浙江人民出版社，2014 年。

66.[英] 玛莎·纳斯鲍姆：《正义的前沿》，朱慧玲等译，北京：中国人民大学出版社，2016年。

67.[英] 欧内斯特·莫斯纳：《大卫·休谟传》，周保巍译，杭州：浙江大学出版社，2017年。

68.[美] 夏洛特·兰德尔·布朗、威廉·爱德华·莫里斯：《从休谟出发》，孙礼中、李肖飞译，哈尔滨：黑龙江教育出版社，2017年。

69.[美] 余纪元：《德性之镜》，林航译，北京：中国人民大学出版社，2009年。

70.《论语》。

71.《孟子》。

72.《礼记》。

73.《二程遗书》。

74.罗国杰主编：《伦理学》，北京：人民出版社，1989年。

75.罗国杰、宋希仁编著：《西方伦理思想史》，北京：中国人民大学出版社，1985年。

76.姚新中：《道德活动论》，北京：中国人民大学出版社，1990年。

77.姚新中：《儒教与基督教——仁与爱的比较研究》，北京：中国社会科学出版社，2002年。

78.焦国成：《中国伦理学通论》（上册），太原：山西教育出版社，1997年。

79.龚群：《当代西方道义论与功利主义研究》，北京：中国人民大学出版社，2002年。

80.龚群：《现代伦理学》，北京：中国人民大学出版社，2010年。

81.李萍主编：《伦理学基础》（第2版），北京：首都经济贸易大学出版社，2009年。

82.周辅成主编：《西方著名伦理学家评传》，上海：上海人民出版社，1987年。

83.周辅成编：《西方伦理学名著选辑》（上、下），北京：商务印书馆，1964年。

84.蒙培元：《情感与理性》，北京：中国人民大学出版社，2009年，第356页。

85.万俊人:《现代西方伦理学史》(上、下),北京:北京大学出版社,1990年。

86.徐向东:《道德哲学与实践理性》,北京:商务印书馆,2006年。

87.徐向东编:《美德伦理与道德要求》,南京:江苏人民出版社,2007年。

88.慈继伟:《正义的两面》修订版,北京:三联书店,2014年。

89.唐凯麟主编:《西方伦理学名著提要》,南昌:江西人民出版社,2000年。

90.高兆明:《伦理学理论与方法》,北京:人民出版社,2005年。

91.郭永玉:《人格心理学》,北京:中国社会科学出版社,2005年。

92.郝立新主编:《仰望星空:当代哲学前沿问题论集》,北京:中国人民大学出版社,2011年。

93.杨国枢等主编:《华人本土心理学》(上),重庆:重庆大学出版社,2008年。

94.丁原植:《楚简儒家性情说研究》,台北:万卷楼,2002年。

95.李明辉:《四端与七情:关于道德情感的比较哲学探讨》,上海:华东师范大学出版社,2008年。

96.张钦:《休谟伦理思想研究》,北京:中国社会科学出版社,2008年。

97.黄玉顺:《中国正义论的形成》,北京:东方出版社,2015年。

98.[美]安东尼·施泰因博克:《道德情感的独特性》,卢盈华译,载于《思想与文化》二十一辑。桂林:广西师范大学出版社,2015年。

99.P.福特:《休谟论道德判断》,《哲学译丛》1987年第4期。

100.[美]普特南:《戴有人类面孔的实在论》,江怡译,《世界哲学》2007年第1期。

101.迈克尔·斯洛特:《情感主义德性伦理学:一种当代的进路》,《道德与文明》2011年第2期。

102.杨国荣:《心性之辨:从孟子到王阳明》,载《国际儒学研究》第二辑,1996年。

103.罗伟玲、陈晓平:《理性与情感的张力——评休谟的道德哲学》,《华南师范大学学报》(社会科学版)2008年第1期。

104.徐向东:《休谟主义、欲望与实践承诺》,《自然辩证法通讯》2015年第2期。

105.孙小玲:《道德情感是自然的抑或是非自然的?》,《哲学研究》2010年第6期。

106.萨·巴特尔:《论休谟的德性效用价值论》,《北京师范大学学报》2008年第6期。

107.王淑芹:《近代情感主义伦理学的道德追寻》,《中国人民大学学报》2004年第4期。

108.吴亚玲:《论休谟的同情理论》,《江西社会科学》2009年第8期。

109.殷晓蓉:《试论休谟伦理学的现代意义》,《复旦学报》1994年第2期。

110.赵广明:《情感的道德意义与孟子的"四端"说重释》,《齐鲁学刊》2017年第5期。

111.王淑芹:《休谟的"道德篇"与〈道德原理探究〉比较》,中国人民大学硕士论文,1989年。

后　记

　　本书是在我的博士论文的基础上修改完成的。在 2012 年博士论文的后记中，当时写下了如下一段话："博士论文的完成意味着博士生阶段行将结束。博士阶段的前半段，忙于修学分；后半段主要是撰写论文。在看似程序化的过程中，有着个人独特的经历与体验。在姚老师的指导下，考虑到自己西方哲学的背景，选择了研究休谟的伦理思想。确定选题后，仔细研读休谟的著作，才真正体会到好好读一本书的意义。每次阅读，都会有不同的问题与想法。有时候遇到了难题，我就问作者为什么，我这么想对不对。论文的写作就是在这种情况下进行，遇到问题我就问，然后把自己粗浅的想法写下来。这样坚持下来，总算把论文写完了。面对已经写完的论文，又发现有许多的问题，还需要不断的修改与完善。这个修改的过程无疑会超出博士生阶段，从而意味着下一个开始。"现在想来，这段后记中说到的"不断的修改"的想法成为了后来的事实。

　　2012 年从中国人民大学哲学院博士毕业之后，这本博士论文有一段时间被束之高阁了。虽然在 2013 年有过想要把它出版的念头，但最后还是放弃了。这么做的原因有很多，其中一个主要原因是考虑对它进行修改但没有完成。这个要进行修改的想法，与我的导师姚新中老师有关。在博士论文的写作过程中，姚老师就提醒不要写成休谟的伦理思想史，而是要结合最新的研究成果。虽然已经了解了这一点的重要性，但是在博士论文中不是做得很好。正是因为这个缺憾的存在，故在 2013 年和以后一直未能把它出版。

　　此后的这几年，我一直留意国内学术界对休谟特别是他的道德哲学的研究。不管对休谟研究的是著作还是论文，都非常有意的关注以便能够及时地了解最新的研究现状。依作者的浅薄之见，国内对休谟道德哲学的研究还很难尽如人意。一方面，作者在收集文献的过程中，发现中文论著较少；一方面，关于休谟道德哲学的研究，国外已经有很多的论著，但是有些重要的论著被翻译成中文的非常少。以上两个方面也许有相互的关联，同时说明了对休谟道德哲学的研究还有待进一步深入。

正是因为不断修改的动力与有感于国内研究的不足，促使我继续对博士论文作出力所能及的完善。本书与原来的博士论文相比，作出了以下几个方面的主要修改。第一，增加了本书第二章的内容。在博士论文中，对行为与动机并未给予很多的关注。考虑到休谟的动机理论在当今的重要影响，因而增加了这个部分的内容。第二，增加了本书第四章第二节的内容。现代规范伦理学的两种主要理论是后果论与义务论，休谟的道德哲学难以归入其中的任何一种。休谟的德性思想，有可能作为一种德性伦理而提出来，这一点在第四章第二节中进行了论述。第三，增加了与儒家伦理的初步比较的内容。有些学者已经把休谟的道德哲学与孟子或王阳明进行比较，有些学者提出了中国哲学是"情感哲学"，这些做法也促使我关注和思考休谟道德哲学与儒家伦理的比较。当然，本书进行的比较还是非常的有限，只是论述了文化背景下的正义感以及"性-情-道"结构中的伦理思想这些内容。除了以上主要的修改之外，其他方面也做了必要的改动，更加凸显了情感与道德情感在休谟道德哲学中的地位与作用。

本书是以博士论文为基础，在此我要再次表达对博士生求学阶段老师们的诚挚谢意！在博士生阶段，论文能够顺利地完成，首先感谢我的导师姚新中教授。姚老师学贯中西，知识渊博，为人谦和，品格高尚。当时老师虽然在国外工作，但每次回国都会召见我们这些学生，悉心给予指导。平时通过邮件或电话联系，关心学生的学习和生活，尽力帮助学生遇到的各种问题。即使毕业几年以来，老师仍然一如既往地关心和帮助学生，使我更加感受到至为珍贵的师生之情。唯愿日后学有所成，以谢恩师！还要衷心地感谢龚群老师和焦国成老师，自己能够非常幸运地到人大学习，缘于两位老师的帮助和指导。在平时的学习和生活中，两位老师总是给予最好的教益，使我受益匪浅。感谢李萍老师为修改我的论文所付出的辛劳，李老师诲人不倦、关怀备至，常让我心怀感恩！

工作以来，学院的领导和老师给予了我无私的帮助，正是他们的支持和鼓励以及学院良好的工作氛围和人际关系，本书才可以最终修改完成和出版，在此也向这些可爱的良师益友们表示感谢！

最后，我把这本书献给我的家人，感谢他们多年来对我的支持、理解、包容与爱！这些是滋养自己不断前行的动力！

责任编辑：洪　琼

图书在版编目（CIP）数据

休谟道德哲学研究／胡军方　著 .—北京：人民出版社，2019.10
ISBN 978 - 7 - 01 - 021046 - 9

I.①休… II.①胡… III.①休谟（Hume, David 1711–1776）- 伦理学 -
研究　IV.① B561.291 ② B82-095.61

中国版本图书馆 CIP 数据核字（2019）第 142714 号

休谟道德哲学研究
XIUMO DAODE ZHEXUE YANJIU

胡军方　著

人民出版社 出版发行
（100706　北京市东城区隆福寺街 99 号）

北京汇林印务有限公司印刷　新华书店经销

2019 年 10 月第 1 版　2019 年 10 月北京第 1 次印刷
开本：710 毫米 ×1000 毫米 1/16　印张：18.75
字数：300 千字

ISBN 978 - 7 - 01 - 021046 - 9　定价：69.00 元

邮购地址 100706　北京市东城区隆福寺街 99 号
人民东方图书销售中心　电话（010）65250042　65289539